JN439532

금물결 은물결

국립중앙도서관 출판시도서목록(CIP)

금물결 은물결 : 김재환 수필집 / 김재환. -- 서울 : 신아출판사, 2011
p. ; cm

ISBN 978-89-5925-934-2 03810 : ₩15000

한국 현대 문학[韓國現代文學]
수필집[隨筆集]

814.7-KDC5
895.745-DDC21 CIP2011004960

銀波 김재환 수필집

금물결 은물결

수필과비평사

| 책머리에 |

게으름뱅이의 넋두리

청소년 시절 ≪무진기행≫의 김승옥을 흠모하며 짝사랑했습니다. 무척 부러워했습니다. 저명한 소설가가 되겠다는 허황된 꿈을 꾼 돈키호테였습니다. 젊은 문학도 시절 애달픈 절망의 순간이 두 번 있었습니다. 새파란 청춘에 그 고비를 넘기지 못하고 고뇌와 방황, 체념과 좌절의 세월이었습니다. 평생 회한을 안고 오늘에 이르렀습니다.

한창 문재 발랄하던 1960년대 중반, 특출한 천재 문학소녀 ≪혼불≫의 작가 최명희를 만난 일이 그 첫 번째입니다. 그는 전주 K여고 졸업반이었고, 나는 이웃 S고 신입생이었습니다. '공포의 자주색 가방'은 그 시절 전국 고교 백일장을 평정한 그에게, 이 고장 예비 문학도들이 붙여준 닉네임이었습니다. K여고 교복 색깔이 진자주색이었습니다. 우리는 덕진공원, 다가공원, 경기전 등에서 백일장이 있을 때마다, 그가 나타나면 주눅 들어 꽁지 내린 강아지들이 되었습니다. 장원은 늘 그의 몫이었습니다. 전북을, 삼남을 휩쓸고, 전국을 제패했었습니다. 각종 백일장에 공포의 자주색 가방이 나타나면, 난다 긴다 하는 각 학교를 대표한 문예반 정예멤버들은 아예 발걸음을 돌렸지요. 그의 재능을 부러워했고 현실에 절망했었습니다. 공포의 자주색 가방 선배가 졸업하고 나서야 조금 기를 펼 수 있었습니다.

1972년, ≪동아일보≫ 신춘문예 단편소설 부문에 〈4월의 끝〉으로 당선된 경희대 영문과생 한수산이란 걸물이 등장합니다. 군사독재가 활개친 유신 시절, 나는 강원도 S시에서 군복무 중이었습니다. 군 장병들의 비정상적인 병영생활, 군대의 비리와 부조리, 군인의 부재자 투표 등을 그린 작품으로 용감하게 응모했었습니다. 물론 필명으로 말입니다. "특이한 소재와 작품성이 돋보이나, 이 시대 상황에 시의적절치 못하여 제외한다. 가능성이 보이므로 정진하여 다음 기회를 기약하기 바란다." 심사위원장 황순원 선생의 심사평이었습니다. 당선작 〈4월의 끝〉은 정말 멋진 황홀한 작품이었습니다. 한수산은 넘지 못할 군사분계선이었습니다. 두 번째 절망했습니다. 붓을 꺾었습니다.

두 사람은 나에게 절필이란 쓰라린 선물을 안겨주었습니다. 글쓰기 공부를 제대로 하지도 않고 그저 좋아 읽고 쓰고 문학을 짝사랑하면서 허황된 꿈을 꾸었나 봅니다. 그동안 글도 아닌 잡문을 쓰고 발표하며 자위했는지도 모릅니다. 그렇게 세월을 허송하며 나이를 채웠습니다. 희미하게 꺼져가는 잿불에 불씨를 지펴준 김학 수필가님께 감사드립니다.

신혼 초 7년간 삼대三代, 열 식구가 함께 살았습니다. 시골생활이 서툴고 힘에 부친 살림살이에 가냘픈 아내는 큰아이를 조산하였습니다. 안쓰러운 아이를 꼭 껴안고 볼 비벼 주고 싶었으나, 어른들과 많은 동생들 앞에서 부끄러워 먼발치에서 바라다만 보며 사랑을 되새김질한 아픈 기억이 있습니다. 지금이 그때 그 심정입니다. 졸저를 세상에 내놓는 기분이 부끄럽고 쑥스럽습니다. 영 개운치 않습니다.

수필집을 세상에 선보입니다. 순서에 어긋난 것 같아 도리가 아님에 민망합니다. 새로운 도약을 위한 디딤돌로 삼으렵니다. 최근 여행한 기행수필을 몇 편 실었습니다. 이다음엔 그동안 모아둔 객수단상客愁斷想을 한 권 수필집으로 엮어 보겠습니다. 역마살 기가 심한 저의 의무이기도 합니다. 유소년 시절의 아름답고 영롱한 영혼이 깃든 고향을 수장시킨 죄인이며 수몰민입니다. 수몰민의 아픔을 몇 편 소회素懷해 보았습니다. 지금까지 미완성 진행 중인 이야기[小說] 한 편 선보이겠습니다. 독자 여러분과의 약속이며 저 자신과의 약속입니다.

2011년 깊은 가을날

山幕 垈一苑에서 금물결 은물결 銀波 **金 載 煥**

차 례

3부 잎-葉-가을-秋

4부 눈-雪-겨울-冬

5부 바람-風-비움-空

6부 향수-水葬-고향-鎭安

1부

꽃 — 花 — 봄 — 春

마이산의 봄

화 · 우 · 엽 · 설花雨葉雪

— 꽃 피네 꽃 지네

매서운 칼바람도 남쪽에서 불어오는 꽃바람 때문에 잠시 주춤거린다. 계곡 음지의 잔설이 서서히 녹으며 실개천을 이룬다. 우수가 지나더니 어느새 경칩이 코앞이다. 버들강아지는 제일 먼저 봄을 맞을 준비를 하고, 잔설 속에서 깃털같이 가녀린 복수초와 K 전 대통령이 좋아한다던 인동초가 추위에 떨고 있다.

산 중턱엔 생강나무가 노랗게 꽃을 피우고 동네 골목길 돌담 옆엔 산수유가 노랑 저고리로 갈아입고, 개구리들은 덜 깬 겨울잠 때문인지 쉰 소리로 울어댄다. 바람은 이따금 강가의 안개를 산 위로 밀어 올린다. 산수유 꽃이 지기도 전 매화는 봉긋봉긋 피어난다. 홍매의 자태는 사뭇 여성적이다. 화사한 목련이 며칠간 뽐내며 예쁜 자목련에게 차례를 넘겨준다. 3월이 간다. 봄이 서서히 무르익고 있는 것이다. 시방은 꽃(花)의 계절이다.

뜨락 한 모퉁이에서는 할미꽃이 수줍은 듯 고개를 숙여 제자리를 지킨다. 올해 고로쇠나무는 지구 온난화 탓인지 제 목숨을 보전하려는 것인지 수액을 무척 아끼면서 병아리 눈물만큼만 준다. 제일 먼저 움이 돋은 난초는 제법 자랐고, 튤립도 땅을 박차고 빠끔히 하늘을 쳐다본다. 이슬비가 보약처럼 내린다. 초우初雨다.

벚꽃은 눈부시게 사나흘을 피려고 일 년을 인고했고 산벚꽃은 수채화처럼 온 산을 점으로 찍는다. 진분홍 진달래꽃과 샛노란 개나리꽃은 원색을 자랑이라도 하려는 듯 해님에게 윙크를 한다. 청초한 배꽃은 눈부시게 소복단장을 하고, 무릉도원 복숭아꽃은 요염한 자태로 벌 나비를 유혹한다. 시샘이나 하는 듯 자두나무와 살구나무도 서둘러 백의의 천사가 된다. 화단에선 이름값이나 하려는 듯 금낭화의 모습이 화려하다.

논에서는 자운영 꽃이 붉게 빛나 봄바람에 하늘거린다. 숲에선 온갖 새들이 낭랑한 목소리로 노래를 부르며 봄을 찬미한다. 산과 들에는 철쭉꽃이 피고 정원에는 라일락꽃이 눈과 코를 마비시키며 순진하고 가녀린 소녀의 마음을 홀린다.

보라색 등나무꽃은 치렁치렁 열아홉 큰애기 댕기마냥 늘어지고 창백한 박 덩이 같은 수국과 귀티 나는 작약이 의젓하다. 나른한 4월이 가고 있다.

앞산의 층층나무가 소박한 부챗살 같은 하얀 꽃을 피우고 산비탈 언덕 위의 찔레꽃과 아까시꽃 향기가 머리를 지끈거리게 한다. 담벼락 너머엔 빨간 넝쿨 장미꽃과 백장미, 흑장미가 자존심 대결을 하느라 한 치 양보가 없다.

봉황새만이 앉는다는 장독대 뒤 오동나무의 진한 남보라색 꽃이 귀족답다. 모란꽃은 시원한 바람결에 졸음에 겨운지 두 눈을 지그시

감는다. 때죽나무는 은방울꽃처럼 앙증맞게 작은 초롱을 만들었다. 박달나무는 또 다른 흰 도라지꽃을 피웠다. 들판엔 온갖 야생화가 지천으로 피어나 계절을 충만하게 살찌운다. 5월이 가고 있다.

지금 서해안 어느 바닷가엔 핏빛보다 붉은 해당화가 떼 지어 피어 있을 게다. 하늘이 낮고 습기가 많은 여름날이 오면 외로운 싸리꽃과 청초한 도라지꽃이 동무를 할 것이며, 산골짝 적막한 계곡의 산나리꽃은 외롭게 홀로 서서 인기척을 기다린다. 공작새의 화려한 깃털을 닮은 자귀나무꽃은 무지개색으로 현란함의 극치를 이룬다.

아침에 피었다 저녁에 지고 마는 연약한 나팔꽃, 장마 속에 피고 지는 은은하고 끈질긴 무궁화, 기린처럼 큰 키를 자랑하는 도도한 접시꽃, 막내 이모가 손톱에 곱게 물들여주던 봉선화, 화무십일홍을 비웃으며 석 달 열흘이나 꽃을 피우는 백일홍, 화단에서는 해당화보다 더 붉은 칸나가 정염을 토한다. 고매한 글라디올러스는 단아함을 뽐낸다. 흙탕물 속에서 품위를 지키는 연꽃은 이 세상 온갖 번뇌를 품에 안고 삼라만상을 정화시키고 의연히 제자리를 지킨다. 바람결 위로 빨간 고추잠자리들이 떼 지어 날면 작열하는 태양빛도 슬그머니 높아가는 푸른 하늘 속으로 연기처럼 빨려들어 간다. 여름(雨)은 그렇게 갈 것이다.

하늘거리는 코스모스와 태양의 아들 해바라기꽃이 즐거워할 때, 이효석의 하얀 소금밭인 메밀꽃은 오히려 처연한 자태를 보일 것이다. 달밤에 보이는 언덕배기 달맞이꽃과 초가지붕의 박꽃은 청승스럽고, 샐비어꽃은 에스파냐의 집시처럼 정염의 불을 지필 것이다.

토방 아래선 귀뚜라미가 계절의 변화를 알리려고 한 통의 엽서를 부쳐온다.

모든 꽃들의 잔치가 끝날 무렵, 서릿발이 내릴 때 고고한 국화는 자태를 선보인다. 철새는 날아가고 또 날아오고 그리도 무성했던 잎새들은 작별을 고한다. 가을[菊]은 그렇게 갈 것이다.

산록에 서설이 내리고 문풍지가 북풍에 시릴 때 상고대에는 지상 최고의 아름다운 꽃, 수만 개의 눈꽃이 핀다. 나무 위에, 마른 풀포기 위에, 바위 위에……. 흰 모시적삼처럼 희고 고운 눈꽃이 세태에 찌들고 병든 우리 가슴속에 피어 아낌없는 평안을 준다. 겨울[雪]은 그렇게 깊어 갈 것이다.

또다시 봄은 어김없이 올 테고 돌아오는 해에도 다음 해에도 그 다음 해에도 또, 또……. 몇 번이나 꽃이 피고 지고 윤회하는 이 꽃들과 이름 모를 다른 꽃들의 삶을 볼 것인지. 수많은 꽃들이 피고 지는 데도 순서가 있는데 올해는 그 순서가 서서히 파괴되고 있다. 자연의 순리가 무너지고 있다. 지구 온난화로 인한 자연환경의 변화이리라. 자연은 우리 인간에게 환경파괴의 중지와 자연보호의 중요성을 경고하는 것 같다. 아니 이미 오래전부터 경고 메시지를 보내왔다. 시방 지구촌 여기저기서 경고의 신호탄이 터지고 있지 않는가?

2008. 6. 4.

≪전북문단≫ 2009년 57호 게재, ≪참 좋은 사람≫ 2009년 4월호 게재.

할미꽃

기억하기조차 싫은 나의 서글픈 유소년 시절, 4월이 오면 나는 어김없이 호된 열병을 앓았다. 유년의 우리 집과 큰집 그리고 외가, 내 어린 날의 몹쓸 기억들조차 지금은 용담호에 수장되어 버렸다. 그러나 서글픈 4월의 유령 같은 기억은 그림자처럼 너무나 또렷이 각인되어 문신처럼 지워지지 않는다.

마을 앞 개울을 건너 드넓게 펼쳐진 들판엔 푸른 보리밭이 바람에 파도처럼 일렁이고, 자운영이 빨갛게 피어 벌 나비를 불러들였다. 방천 둑을 지나면 파란 잔디밭과 모래자갈이 어우러진 강변이 있었다. 그리고 두 줄기 시내가 합수되어 도도히 흐르는 강물, 그 강은 금강 상류다. 아지랑이가 피어오르는 나른한 봄날, 종달새는 높이 떠 봄을 노래하고, 물 건너 대덕산 숲에선 산 꿩이 울었다. 강변엔 소먹이 풀들과 할미꽃, 클로버, 쑥 등 잡풀들이 지천으로 피었고, 모래밭에서는 개미귀신이 함정을 파고 사냥감을 유인하는 4월 하순의 나른한 오후, 학교에서 돌아와 목동이 되어 소꼴을 한 망태 베어놓고, 나는 풀밭에 누워 흐르는 구름을 바라보며 해가 지기를 기다렸다. 초등학교 3학년 어느 봄날의 일이었다.

한국전쟁이 끝나고 어수선하던 여섯 살 때 나는 할머니 손에 이끌려 초등학교에 입학했다. 조숙하고 남달리 영특해서 큰아버지가 조기 입학을 시켰다고 했다. 아버지가 군인이었기에 어머니와 여동생은 부산에서 살았고, 나는 할머니와 백부모님, 사촌 형제들과 큰댁에 얹혀살았다. 나는 소풍이나 운동회, 학예회가 싫었다. 다른 애들은 아버지 어머니가 맛있는 먹을거리를 가져오고 응원도 했지만 나는 항상 할머니 혼자였다. 우리 동급생들은 두 살 많은 육촌형을 비롯하여 나이가 무려 다섯 살까지 차이가 나기도 하였다. 내가 제일 어렸다. 그해 가을운동회 때 어머니와 같이 뛰는 100m 달리기 경주가 있었다. 어머니 대신 환갑이 지난 할머니와 함께 달렸으나 꼴찌였다. 왜 그리 서럽던지 북받치는 분을 못 이겨 울음을 터뜨린 일은 지금도 잊지 못한다. '어머니만 있었다면, 큰어머니만이라도 있었다면!' 하는 생각이 들었다. 공책 한 권이 날아갔고, 어머니가 사무치게 그리웠다. 그 이튿날 학교에 가지 않고 외가로 도망쳤다. 외가는 십여 리나 떨어진 큰 내를 두 번 건너야 하는 곳이었다. 그 다음날 외가에는 학교에 간다고 하고 뒷동산에서 흐르는 구름을 바라보며 한나절을 보내다 다시 외가에 들르니 할머니가 와 계셨다. 이유 없이 이틀이나 결석을 했더니 노처녀 임문자 선생님이 할머니한테 찾아와 사실을 알렸단다.

"학교 가기 싫어요!"

할머니께 말씀드리고 나니 닭똥 같은 눈물이 흘러내렸다. 할머니는 등을 토닥거리며

"네 뜻대로 해라!"

나의 초등학교 1학년은 일곱 달 만에 허망하게 끝났다. 나뭇잎이 빨갛게 단풍이 드는 10월 초였다. 큰집과 외가를 오가며 어머니를 그리다 그다음 해 4월 또다시 초등학교에 입학하였다.

어머니는 할아버지 제사 때나 명절 때 등 1년에 한두 번씩 오셨다. 오랜만에 보면 여동생도 제법 많이 커 있었다. 아버지의 모습은 어떤지 상상조차 안 되었다. 매일 소꼴을 베었고 저녁이면 사촌 동생의 밥은 놋쇠 식기에 하얀 쌀밥이 담겼지만, 내 밥은 항상 덮개도 없는 그릇에 보리가 반이었다. 나는 소꼴도 베는데 왜 사촌 동생 밥그릇과 다른지 도무지 이해할 수가 없었다. 그럴 때마다 할머니가 보내던 측은한 눈길을 잊을 수가 없다. 쌀밥이 먹고 싶으면 외가로 갔다. 외가도 큰집 못지않게 머슴 둘을 거느린 부잣집이었다. 외가엔 인자하신 외할머니와 아홉 살 위의 중학생인 외삼촌과 여섯 살 위인 막내 이모가 있었다. 나를 몹시 예뻐했고 언제나 고기반찬과 쌀밥을 먹을 수 있었다.

본가와 외가를 오가던 3학년 어느 여름날, 아버지와 어머니가 또 하나의 남동생을 데리고 오랜 군대생활을 마치고 집으로 돌아오셨다. 아버지는 외할머니께 인사를 간다면서 나를 데리고 갔다. 시냇물을 두 번 건너야 하는데 학천鶴川은 작고 얕았으나 금강錦江은 크고 깊었다. 늦가을엔 섶다리를 놓았다가 초여름이면 다리를 헐곤 했다. 그땐 튼튼한 다리가 없었다. 아버지가 넓은 등을 내밀었다. 업히기가 영 낯설어 망설이자 큰 팔로 끌어당겨 나를 업고 강을 성큼성큼 건넜다. 짧은 시간이었지만 그때 아버지의 등은 왜 그리 크고 넓었던지…….

큰집에서 멀지 않은 새집으로 이사를 하고, 새로운 삶이 시작되었으나, 내 기억으론 아버지가 영 낯설었다. 아버지를 부르는 것도 어색하고 입이 잘 열리지 않았다. 할머니 회갑 때도 아버지는 오시지 못했다. 내가 다섯 살 때였다. 두 분 할머니가 아버지 어머니보다 더 좋았다. 나중에 알았지만 아버지와 나는 5년 만의 만남이라 했다. 유년기 부모의 정에 목말랐던 나는 소년기와 청년기, 장년기를 넘기면서도 그 갈증은 해갈되지 않았다.

나는 친할아버지와 외할아버지를 뵌 적이 없다. 두 분의 할머니께서는 일찍 할아버지를 여의고 4남매씩 기르고 가세를 번창시킨 공통점을 갖고 계셨다. 두 분 할머니로부터 근검절약과 자립의지를 배웠고, 인내와 용기, 자애, 사랑을 익혔다 그러기에 두 분을 한시도 잊은 적이 없다. 친할머니보다 연치가 적은 외할머니가 초등학교 5학년 때 지병으로 먼저 세상을 떠나셨다. 죽음이 뭔지도 모르고 하염없는 눈물만 흘렸다.

할머니는 조종사의 꿈을 이루기 위한 나의 공군사관학교 입학을 어린애마냥 기뻐하셨고, 건강하게 내 나이 스물두 살 때까지 장수하셨다.

나는 할미꽃을 좋아한다. 할미꽃은 장미꽃처럼 화려하지도 않고, 해바라기처럼 정열도 없다. 또 도라지꽃처럼 청초하지도 않고, 무궁화처럼 끈질기지도 않다. 이른 봄 양지 녘 어느 곳에서나 다소곳이 소박하게 피어나는 두 분 할머니를 닮은 꽃이 바로 할미꽃이다.

할머니 산소에 할미꽃을 심고 해마다 4월이면 할머니인 양 보러 간다. 비료도 주고 잡풀도 뽑아주며 소중히 가꾼다. 친할머니와 외할머니는 유년 시절 내가 수없이 건넜던 강물을 사이에 두고 서로 마주 보고 누워 계신다. 두 분이 가신 지도 어느덧 오랜 세월이 흘렀다.

키는 작고 목은 굽어 미인은 아니지만 선홍빛 꽃잎과 샛노란 꽃술은 어떤 꽃보다도 더 은은하고 자애롭고 아름답다. 집안 뜨락에 할미꽃을 여러 포기 심었다. 매화가 질 무렵 송이송이 피어나 자태를 뽐내더니 4월의 끝자락이 되자 시들어간다. 올핸 오랫동안 피어 있어 두 분 할머니를 어느 해보다 긴 시간 그리워했다.

오월이 사월을 밀치며 다가온다. 부모님은 살아계셔서 그런가?

부모님보다 오래전 돌아가신 두 분 할머니를 그리워하는 것은 삶과 죽음의 차이도 아니고, 촌수의 차이도 아니리라. 그것은 위대한 사랑과 정情의 힘일 것이다. 시들어가는 할미꽃에게 사랑과 정성을 주며 내년을 기약한다. "할머니! 외할머니! 보고 싶습니다."

2008. 4. 30. ≪수필과비평≫ 99호 신인상 수상작.
≪수필과비평≫ 2009. 1/2 게재.

남풍 따라

농협을 퇴직한 지 갓 석 달을 넘기며 조금씩 지쳐가고 있을 때였다. 재충전을 위해서 쉰다면 나태해지고 생활의 맛이 없을 것 같아 1년의 계획을 짭짤하게 짜보았다. 최대한 충실하게 하려다 보니 만만한 일이 아니었다. 직장 시절엔 '주 5일 근무'였는데 '주 7일 근무'를 하려니 더 힘들 수밖에 없었다.

청명인 그저께 밤, 동남쪽에서 25년째 터를 잡아 살고 있는 서로 형님이라 우기는 벗, 재엽이한테서 한식날 만나자는 전화가 왔다. 4월 4일은 절기상 청명이고 그 이튿날은 한식이었다. 토요일 오전 급한 일들을 마무리하고 봄볕이 곱게 내리쬐는 오후 3시 초막을 뒤로하고 경남 창원으로 향했다. 몇 년 전만 해도 전북에서 경남에 가려면 육십령을 굽이굽이 넘어야 했으나 35번 고속도로와 터널 덕분에 빨리 갈 수는 있지만 주변 경관의 멋스런 정취는 잃고 말았다. 주말 오후인데다 진해군항제 기간과 맞물려서 정체를 예상하고 오후 6시 약속시간에 맞추고자 하였다.

우리 집은 아직도 산수유와 매화, 목련이 한창인데 함양과 산청은 진달래와 벚꽃이 자태를 뽐내고, 남풍은 남강을 파랗게 물들이고, 배나무는 소복으로 치장하고 있었다. 진주에 이르니 논개의 절개와 푸른 대나무가 어우러져 따스한 봄기운이 농익고 있었다. 남해고속도로가 밀리는 바람에 주변 남도의 4월 냄새를 진하게 맡을 수 있었고, 눈이 즐거워 성질 급한 나도 짜증을 낼 수가 없었다.

경남 도청소재지 창원은 약 20여 년 전에 건설한 우리나라 최초의 계획도시다. 창원대로를 지나 도청 앞 광장으로 달렸다. 창원은 벌써 벚꽃이 지고 있었다.

경남 도청 광장에서는 친구 부부가 우리 부부를 반갑게 맞아 주었다. 벤치에서 담배를 한 모금 들이키고 친구에게 자동차 키를 건네주었다. "안 기사, 운전해!" 대한민국 해군의 본산 진해로 향했다. 전국에서 모여든 상춘객과 차량으로 북새통이었다. 가로등 불빛을 받은 벚꽃 가로수들은 웨딩드레스를 입은 신부처럼 눈부셨다. 마산과 창원은 장복산과 불모산으로 이어지는 산줄기를 경계로 진해시와 나뉘어지나 이들 3개 시는 한 생활권이다. 새로 생긴 안민터널을 거쳐 진해시의 야경을 구경하면서 진해만 해양공원 전망이 좋은 호텔에 여장을 풀었다. 벚꽃 향기와 비릿한 갯냄새가 그만인 횟집에서 술을 곁들여 개똥철학을 논하며 50년 우정을 다졌다. 진해의 벚꽃은 절정이었다.

진해는 이번이 네 번째 방문이다. 중학교 수학여행 때 스쳐지나갔고, 해군으로 30년 넘게 복무한 후배의 초대로 또 한 번, 고등학교 클럽 모임 때도 이곳을 찾았다. 그때는 벚꽃은 보지 못했고 물개들(해군, 해병대)은 왜 그리 많았던지 모르겠다. 그런데 이번엔 군인은 보이지 않고 목화송이 같은 벚꽃과 선남선녀만 보이니 참으로 얄궂은 일이다.

아내는 세 해 전 장모님과 막내 처부모님을 모시고 벚꽃 관광열차 여행을 한 일이 있다. 그때 나는 휴가를 낼 수 없어서 아쉬움이 많았다. 아내는 이번 46회 군항제가 세련되고 멋지다고 평했다. 우리는 해마다 휴가를 내어 효도를 한답시고 세 분 혹은 장모님을 모시고 울릉도를 비롯한 유명 관광지를 잘 돌아다녔다.

이튿날 가벼운 조깅 뒤 경화시장을 둘러보고 여좌천의 정원 같은 벚꽃군락, 해군기지사령부의 호사스런 벚꽃들과 별장 같은 군사시설물들, 해군사관학교와 충무공의 후예인 생도들, 거북선과 충무공 이순신 장군의 애국심과 7년간의 임진왜란, 밤낮으로 손에 피가 나도록 노를 저으며 남해바다를 지킨 이름 없는 수군들, 최신예 해군 구축함 6,000톤의 강감찬함, 구세대 5,000톤의 향로봉함, 이 충무공의 동상들, 제황산 공원과 시내관광을 마치고 안민고개를 드라이브했다. 안민고개는 그 옛날 마산과 진해, 부산을 잇는 10여 ㎞의 간선도로다. 지금은 진해에서 마산 창원 방면으로 가는 일방통행로이며 벚꽃터널이 장관이다. 안민고개 전망대에서 바라보는 진해시는 온통 꽃동네였다. 진해루를 좌우로 동서로 이어지는 해안선, 검푸른 그러나 아름다운 진해만, 만개한 벚꽃은 불야성을 이루지만 킹콩같이 흉물스러운 아파트들이 이맛살을 찌푸리게 하였다. 서북쪽의 마산과 창원시의 벚꽃은 산 능선 하나 사이로 시들고 있었다.

재엽이, 이 친구는 우리나라 냉동업계의 엘리트 엔지니어였다. 한국냉동의 간부직을 중도하차하고 회사를 설립한 잘 나가는 중소기업인이었다. 그러나 IMF 때 파산한 뒤 지금은 다른 회사의 기술고문으로 일하고 있다. 그가 사업을 할 때는 바쁘다는 핑계로 내가 이끌고 있는 초등학교 동창모임에도 장기 결석을 했었다.

나는 법정 스님의 수필집 ≪무소유≫란 책 한 권을 사들고 창원으로 달려가 마음을 비우고 욕심을 버릴 것을 종용하며 밤새도록 설득하였다. 사업실패란 열병을 앓은 뒤 그 친구는 안정을 되찾아 우리 집에도 자주 오고 동창모임에도 잘 나오는 모범생으로 바뀌었다.

나와는 극과 극인 성격의 소유자다. 운동을 잘하지만 말과 행동은 소같이 굼뜬 녀석이다. 나와는 여덟 살에 만나 52년 동안 한 번도 다투지 않고 오늘에 이르렀다. 팔자려니 자위도 해 본다. 재엽이, 앞으로 같이할 여생 동안 건강하게 지금 이대로의 그 친구가 좋다. 그러나 마음만은 가난하지 말았으면 더 좋겠다.

안민고개 창원 쪽 중턱에는 '하늘마루'란 이름의 전망 좋고 분위기 있는 식당이 있다. 늦은 점심을 먹으려고 들렀다. 마산만에서 불어오는 상큼한 해풍과 떨어지는 하얀 꽃잎, 푸르름이 돋는 잎새를, 봄이라는 투가리에 듬뿍 넣고, 파란 하늘 한 아름과 청정한 공기 세 수저를 맵싸한 고추장에 전주비빔밥같이 비벼 먹었다. 오늘은 참 배부르고 기분도 좋은 날이다. 귀향길 봄바람에 꽃잎이 흩날렸다. 새벽처럼 상쾌한 하루였다.

2008. 4. 8.

대나무

이른 새벽 누가 창문을 살폿살폿 두드린다. 여명을 알리는 봄의 여신이겠지, 눈길을 주지 않았다. 서재의 창호지가 살핏하게 호수의 파문처럼 젖어 번진다. 읽던 책을 접어두고 동이 트는 뜨락으로 새벽을 마중 나갔다.

정원의 나무 위에도 뜰 안의 화초에도 하얀 눈이 소복하게 쌓였다. 활짝 피기를 몇 번이나 망설이던 매원梅園의 매화를 포근히 감싸고 있다. 오랜만에 설중매를 만나는 기쁨에 가슴이 벅차오른다. 한참을 그냥 멍하니 바라다보았다. 달빛 아래가 제격임을 알지만 그래도 이것만으로도 어딘가. 정원 등을 켜 분위기를 고조시키고, 마음을 달빛 아래 설중매 감상으로 모아갔다. 뒤란 장독 위에도 앙증맞게 동그라미를 그린 눈이 소복이 쌓여 있다. 장독대 뒤 대나무 한 무리는 일제히 나에게 큰절을 하고 있다. 가슴이 벅차오른다.

4월 중순, 한참 봄이 농익을 때다. 음력 3월 초다. 때 아닌 눈이 이렇게 많이 내렸을까. 기온은 영하를 가리킨다. 이곳 산막山幕으로 거처를 옮긴 지 10년째지만 올해같이 변덕스런 날씨는 처음이다. 봄을 여는 산수유꽃과 매화는 시련의 세월을 보내고 있다. 특히 매화는 꽃망울을 맺고 접기를 서너 번이나 반복하고 있다. 매화꽃을 시샘하는지 눈과 찬바람을 동반한 영하의 날씨가 훼방꾼이다. 지구촌 곳곳에서 이상기후의 조짐을 진즉부터 인류에게 경고하지 않았던가?

산이 섬세하고 물이 명징한 이곳이 좋아 대덕산 산록으로 거처를 옮겨왔다.

헝클어진 머리와 지쳐 쇠약해진 가슴을 추스르고, 자연과 동무하며 내 조그만 기쁨을 찾으려고 산중한인山中閑人이 되었다. 조그맣고 허름한 산막을 지었다. 선비 근처에도 못 간 주제에 선비 흉내라도 낼 양 사군자를 주변 경관에 어울리게 심고 가꿨다. 아침 해 떠오르는 동편 정원엔 군자의 기상 서린 국화 몇 포기, 이상향 개혁의지를 꿈꾸다 꺾인 인백仁伯 정여립鄭汝立의 원혼이 서린 천반산天盤山을 향한 남쪽 정원엔 난초 몇 포기, 저녁노을과 새벽달이 처연한 서쪽 한 마지기 비탈진 밭뙈기엔 청·홍매 쉰 그루를 심었다. 검붉은색 호랑이 바위 앞, 집 뒤란 북쪽은 자연 기개 높은 대나무의 자리였다. 하늘을 뚫는 왕대라 불리는 청죽, 검정색과 자주색이 오묘하게 어우러진 오죽, 조릿대 산죽, 화살이나 붓대로 이용되는 신이대를 대여섯 그루씩 섞어 심었다. 이젠 제법 자라 대숲을 이루고 있다. 비 갠 뒤 바람결에 살비비는 소리도 좋았다. 아침이면 이름 모를 산새들의 속삭임은 오묘했다. 달빛 아래 취객의 비틀거림 같은 흔들림도 좋기만 했다. 대숲 바람소리가 아닌 바람의 대숲 소리가 명징한 사유와 청량한 기쁨을 주었다. 그리고 처연한 추억과 연민마저 되살려 주기도 했다.

대나무의 쓰임새는 각양각색이다. 소쿠리, 바구니, 삼태기, 통발,

대자리, 조릿대 등 생활용구를 만들어 사용했고, 부채와 죽부인으로 삼복더위를 다스리기도 했다. 악사樂士에겐 훌륭한 악기가 되었고, 낚시꾼에겐 훌륭한 낚싯대가 되었으며, 간짓대와 감장지로도 변신했다. 생명줄을 끊는 화살로도 사용되었고, 죽창竹槍은 수많은 전쟁터에선 훌륭하나 잔인한 무기가 되기도 했다.

5월이 되면 죽순은 단단한 땅을 헤집고 하늘을 향한 힘찬 용틀임을 한다. 기氣와 세勢에 따라 튼실하고 혹은 가냘프게, 아침이슬을 마시며 하늘을 뚫을 양, 로켓 치솟듯 솟아오른다. 일주일이면 하늘길 오르기를 포기한다. 구들장도 뚫는다는 대나무 뿌리, 휘어진 마디마디에서 인생 역경과 굽이굽이 애절한 사연의 흔적을 발견한다.

큰할아버지 집 뒷동산엔 커다란 대숲이 있었다. 묵향 그윽한 큰할아버지 사랑방에는 열두 폭 병풍이 성벽처럼 진을 치고 있었다. 달빛 어린 으슥한 대숲 속에 집채만 한 호랑이가 보름달을 향해 포효하는 한 폭의 그림이 단연 압권壓卷이었다. 낚싯대로 사용할 대나무를 자르고 싶어도 호랑이가 금방이라도 튀어나와 으르렁거릴 것 같은 두려움에 가까이 갈 수 없었던 금단의 성역 그 대숲을 잊을 수 없다.

고향 금강錦江은 우기가 되면 며칠씩 붉은 흙탕물로 넘실거렸다. 한국전쟁 뒤 황폐해진 발가벗겨진 산들의 탓이었으리라. 강변의 버드나무는 물속에 며칠씩 잠겨 있었다. 키 큰 미루나무는 목을 내밀고 당당히 거센 강물과 맞서고 있었다. 장마가 그치고 강물이 줄어들면 강변은 처참한 전장戰場이 되어 있었고, 늘씬한 포플러는 전사자가 되어 있었다. 그러나 질식사했을 것 같던 버드나무는 나 보란 듯이 싱그러운 자태를 뽐내고 있었다.

사람은 모두 평등하다. 하지만 등급과 서열이 있나 보다. 기분 좋은 향기와 훌륭한 식견, 고매한 인품, 자애심과 따뜻한 마음의 소유자, 이런 사람들은 뭇 사람들로부터 존경과 추앙을 받는다. 그러나 아이러니하게도 부와 권력 고위직 앞에서 갖은 아부와 그것도 모자라 읍소泣訴하는 꼴불견이 이 시대의 초라한 자화상이다. 안타깝게도 이런 좁쌀 인간들이 큰절을 받는 세상이 되어버렸다.

한나절이 지나고 어스름이 다가와도 대나무는 허리를 펴지 않는다. 그들은 임금 앞에 엎드린 신하들의 모습이다. 석고대죄席藁待罪하는 죄인의 모양새다. 내 나이 이순이 되도록 누구한테 이처럼 오랫동안 큰절을 받아본 일이 있었는지 되돌아본다. 나 또한 어느 누구에게 경의 어린 큰절을 한 일이 있었는지 반추해 본다. 없는 것 같다. 단 한 번도 없었다. 젊은 시절 대나무 같은 삶이 필요했건만 미련스레 우직한 소처럼 소나무 같은 삶을 살아왔다. 시류에 영합하지 못하는 외고집 때문에 부러지고 꺾이고 짓밟히며 살아온 지난날이 통탄스럽다. 대나무처럼 때에 따라 올곧고 강인하면서도 머리를 굽혀 조아릴 줄도 알아야 하는 지혜도 모르는 미련곰탱이였다. 때늦은 회한만 한 아름이다.

허리 굽히지 않은 소나무는 여러 갈래 가지가 무참히 부러져 있다.

오늘 밤이 지나면 어김없는 내일이 올 것이다. 태양은 또다시 떠오를 게고 햇빛은 봄눈을 녹일 것이다. 대나무는 아픈 허리를 펴고 하늘을 향할 것이다. 언제 그랬었느냐는 듯이 꼿꼿이 머리를 들고 하늘을 우러러 기개를 뽐낼 것이다. 인생도 이러하리라. 이제 남은 세월 소나무가 아닌 대나무 같은 삶을 살리라. 성격 바꾸기가 어려워 힘들고 고통스럽겠지만, 나잇살이나 훔친 사람이 이제 와 무슨 노망기가 들었느냐고 비웃을지라도…….

2010. 4. 20.

마지노선 마하 1.0

진안에서 전주 가는 길 양쪽의 산과 들에 피어나는 온갖 꽃과 잎새를 보며, 훈풍에 실려 오는 종달새 소리를 들으니 가슴이 마냥 부풀어 올랐다. 나는 한 마리의 파랑새가 되어 훌쩍 창공으로 날고 싶은 충동이 일었다.

오늘은 아름다운 모래재 길을 선택했다. 개나리, 진달래, 목련, 싸리꽃들이 흐드러지게 피었고, 멀고도 가까운 산에는 산벚꽃이 피어 그림보다 더 아름다웠다. 봄의 마력에 취해 한눈을 팔다가 그만 과속 단속카메라에 찰칵 찍히고 말았다. 승용차의 계기판 속도계는 시속 90km를 가리키고 있었다. '4만 원!' 실업자인 나로서는 적잖이 큰돈이다. 거의 날마다 다니는 길인데 그만 순간적으로 방심하고 만 결과다. 나는 스스로 봄의 요정에게 홀린 탓이라며 애써 자위를 했다.

오늘 오전까지는 썩 기분 좋은 날이었다. 수필창작반 문우들을 만나고, 내가 쓴 수필 〈오드리 헵번〉으로 즐거운 수업을 하고, 교수님으로부터 분에 넘치는 격려를 받았기 때문이다.

문우들과 점심식사를 마친 뒤 경마장에서 한 시간가량 승마를 하고 조심조심 집으로 가던 중이었다. 진안읍 2km 전방 강정골재 도착 무렵 손전화에서 〈로망스〉 시그널 뮤직이 흘러나와 전화기를 켜니 먹통이었다. 이상하다면서 접는 순간, 또 찰칵하고 이동 단속경찰이 사진을 찍었다.

KBS FM 음악방송에서 〈로망스〉가 흘러나오고 있지 않는가? 계기판의 속도계는 95km라고 알려주고 있었다. 30년 운전 경력에 100만 km 무사고 운전자인 내가 하루에 두 번, 그것도 몇 시간 차이로 속도를 위반한 범법자가 되었다.

속도를 나타내는 단위로는 마하(Mach)가 있다. 340M/S로 시속은 1,224km/H이다. 항공기의 속도를 나타내는 것인데 마하 1.0이다.

마일(Mile)은 약 1.61km이며 미국의 자동차 속도표시이다. 노트(Knot)는 1해리라고도 하며 1,852km로 선박의 속도를 표시한다. 우리나라 자동차의 속도는 km로 표시한다.

여객기의 평균 속도는 마하 0.5~0.8이며 전투기는 1.0~2.5이다.

일반 여객선은 15N, 쾌속정은 40~50N, 미 핵항모 엔터프라이즈호의 최고 속도는 45N로 알려져 있다. 우리 자동차는 시속 180km~200km로 생산되는데 그게 최고의 속도이다.

우리나라 고속도로에서의 최고 시속은 110km이며 국도는 80km 내외이다. 나는 비행을 하는 관계로 마하에 익숙하다.

자동차도 통상 시속 100km를 M.H 1.0이라 정해놓고 고속도로 이외엔 음속을 초과하지 않는다. 실은 0.08이지만.

내가 기록한 최고 속도는 165km이다. 1994년 서울 한남대교에서 전주 요금소까지 1시간 40분 만에 도착한 부끄러운 기록을 갖고 있다. 회덕을 지나 논스톱으로 평균 150km로 주행하였는데 동승한 친구의 천둥소리 같은 코골이와 홀아비 냄새에 정신이 혼미하여 M.H 1.5로 질주를 하였던 것이다.

약 15년 전 출근시간에 난폭하게 질주하는 빨강색 프라이드가 있었다. 나와 같은 시간대에 출근을 하여 매일 만났다. 과속과 추월이 습관화되었고, 그 당시 나 또한 상습 과속운전자였다. 남이 앞서는 것을 못 보는 불량운전자로서 그냥 둘 리가 없었기에 어느 날 뒤따르는 걸 확인하고 정차시킨 뒤 옐로카드를 내밀었다. 그 뒤 전북 2나 83××는 내 차를 추월하지 않았다. 그리고 몇 달이 지났다. 한동안 빨강 프라이드는 보이지 않았다. 궁금하였다. 30대 초반의 J초등학교 교사인 미스 H는 교통사고로 죽었다는 말을 들었다.

그 뒤 나의 주행속도를 하향 조정하였다. 국도 0.8 고속도로 1.2 그러나 운전 중 잡념에 뒤엉키면 15% 정도를 초과한다.

오늘은 재수 없는 날이다. 실업자인 주제에 범칙금 8만 원을 내게 되었으니 보통일이 아니다. 모레쯤 경찰서에 가서 한 건을 면제해달라고 떼를 써볼까? 자칭 살아 있는 전국 지도라며 으쓱댔지만 이제 나도 네비게이션을 장착해야 할까 보다. 고의는 아니었지만 8만 원을 벌려면 막노동을 이틀이나 해야 하고, 고사리 10kg은 채취하여 팔아야 할 것 같다. 이왕 엎질러진 물이니 빨리 고사리나 끊으러 가야겠다.

2008. 4. 16.(수)

말로만

국회의원 보궐선거가 다가온다. "이 한 목숨 다 바쳐 나라와 겨레를 위해, 지역사회 발전을 위해, 혼신의 노력을 다하겠습니다."

후보들은 거창한 캐치프레이즈와 함께 현실과 너무 먼, 실현 불가능한 공약을 남발하며 우리에게 연인처럼 달콤하게 다가온다. 새빨간 거짓말임을 알면서도 우리는 속아 왔고 또 속는다. 자격이 있든 없든 당선만 되면 신분상승의 가장 빠른 지름길이다. 명예, 부, 권력에 앞서 희생, 봉사, 책임, 정직이 중요한 덕목임을 금세 잊는다. 선거철만 되면 유흥가의 화려한 네온불빛보다 더 휘황찬란한 후보자들의 경력이 소개된다. 그런데 후보자의 양심은 알 수가 없다. 유권자가 스스로 판단해야 할 몫이다.

대부분의 정치가(후보자)들이 존경하는 인물로 백범 김구 선생, 충무공 이순신 장군, 미국 링컨 대통령 등을 꼽는다. 그중에서도 독립의 아버지 백범 김구 선생이 존경하는 인물 1위라는 걸 어느 일간

지에서 본 기억이 난다. 새로운 지폐 10만 원권의 도안인물로 김구 선생이 여론조사 결과 결정되었는데, 이 정부는 무슨 이유인지 전면 취소해 버렸다니 야릇한 일이다. 뉴 라이트 세력의 반대와 실용노선을 표방한 현 정부가 이념논쟁으로 놀아나는 꼴이 참으로 가증스럽다. 10만 원권 수표발행 비용은 결코 녹록지 않다.

위 세 분들은 하나같이 명예, 권력, 부귀영화와는 거리가 먼 인물들이다. 자기 희생과 봉사, 정직과 책임의식, 나라사랑이 유달랐고 사생활이 불행한 삶을 살았던 분들이다. 존경한다는 것은 그분의 인격과 행위를 배우고 뒤따르며 공경한다는 뜻일 게다.

그러나 정치가들은 자기 자신과의 약속도 어기고 존경하는 인물에게도 먹칠하는 사람이 너무도 많다. 정치政治란 무엇인가? 정치가들은 아이러니하게도 정치란 뜻도 모르고 정치를 하려 한다.

백범白凡 김구金九와 우남雩南 이승만李承晩은 독립운동가 동지요, 동향의 친구이며, 정치적 라이벌이었다. 백범은 인도의 독립운동가 간디와 비교되는 걸출한 위인이다. 남한만의 단독정부 수립을 반대하며 38선을 넘어 김일성과의 담판을 벌였으나 무위로 돌아가고, 반외세주의자인 백범과는 정반대로, 미국을 등에 업은 이승만은 남한만의 단독정부 수립에 박차를 가한다. 유학, 동학, 불교, 중국, 한학과 중국어에 능한 백범에 비해 기독교, 미국, 영어, 고등교육을 받은 우남이 유리한 고지를 선점한다. 그러나 민족과 국가를 위한 애국심에서는 우남이 김구에 미치지 못했다. 우리나라 독립의 헤게모니를 쥔 미국은 국민의 염원을 외면하고 말 잘 듣는 이승만을 택한 것이다.

우리 국민이 존경하는 인물로서 우남은 백범에 미치지 못한다. 그만큼 백범은 외롭고 험난해도 조국독립과 단일정부 수립을 위하여 자신을 버리고 바른길을 걸었던 애국지사였다. 나는 오래전부터 대한민국 초대 대통령이 백범 선생이었다면 우리나라의 운명은 지금보다 훨씬 더 높은 위상에서, 세계를 이끌어가는 선진국이 되었을 거라는 확신을 가지고 있다. 단독정부 수립으로 국력이 증대됐을 것이고, 남북의 대립으로 인한 민족 간의 갈등이나 한국전쟁도 없었을 것이다. 슬프게도 지금까지 분단국으로 남아 있는 지구상 유일한 민족이 바로 우리가 아닌가.

요즘 정치인들 가운데 ≪백범일지≫를 읽어본 사람이 몇이나 될까? 호기심이 간다. 읽어보고, 적어도 존경한다면 열에 하나라도 닮고 실행해야 할 텐데 그렇지 못한 게 현실이다. '말로만' 존경한다고 할 뿐 속내는 권력과 출세욕만 가득한 권력지향주의자들이다. 백범 선생이 도산 안창호 선생을 찾아가 "우리나라 대한민국이 서거든, 내가 그 집 마당을 쓸고 유리창을 닦고, 문지기 노릇을 해야겠다."라고 말한 소박한 염원을 오늘의 우리 정치인들은 귀담아 듣고 가슴 깊이 새겨야 할 것이다.

2009. 3. 30.(월)

아까시 꽃향기를 밟고 가신 어머니

오월의 나뭇잎은 화려한 봄꽃들을 여지없이 휘감아 버리고 만다. 대부분의 이른 봄꽃들은 꽃이 핀 뒤 잎이 난다. 그러나 늦은 봄이나 초여름의 꽃들은 잎이 핀 뒤 꽃을 피운다. 또 오월의 꽃은 가시로 무장하고 있다. 찔레꽃이 그렇고, 장미와 아까시꽃이 그렇다.

완산칠봉 아래 동완산동 청학루 주변은 아까시 천국이었다. 오월 어느 봄밤, 잠을 못 이루던 나는 그곳을 서성이며 진한 아까시 향내에 취하였다. 낮에는 벌 나비가 꿀에 취하고, 밤에는 나 같은 불나비가 몽유병 환자처럼 방황하며 카페인에 중독된다.

≪살얼음을 딛는 소녀≫란 책을 누가 청학루 난간에 놓고 갔을까? 하숙집으로 돌아와 그 책을 단숨에 읽었다. 이튿날 친구에게 그 책을 가지고 저녁에 청학루로 가보라고 권하였다. 친구는 그날 밤 그곳에서 책 주인을 만났고 열애가 시작되었다. 친구는 대학입시도 뒷전으로 미루고 길고 호된 사랑의 열병을 앓았다. 비극으로

끝났지만, 그로 인하여 공부에 소홀했던 친구는 손등에 자해행위도 불사했다. 그 풋사랑 때문에 1차 목표했던 대학 진학을 포기하고 진로를 바꿔야 했다. 지금은 어엿한 초등학교 교장 선생님이 되었지만…….

어제 내린 비로 하늘은 청명하고 산하는 더 짙푸르러졌다. 계곡에 선 제법 물소리가 우렁차다. 잠 못 이루는 밤, 그때처럼 뭔가를 써 보려니 심란하여 손에 잡히지 않는다. 불어오는 바람결 따라 창밖 풍경소리가 나를 밖으로 불러냈다. 자정이 한참 지난 이 시각, 뜰에 서니 사월 보름달이 힘없이 산막을 비추고, 소쩍새는 나처럼 청승맞게 밤을 새며 울고 있다. 대바람 소리 청아하고 산골짝의 새벽안개 흰 비단처럼 드리워져, 어슴푸레한 산의 능선이 여인의 맵시처럼 부드럽다. 새벽별은 달빛에 치어 얼마 보이지 않았다. 그저 달빛만 교교히 적막을 적시고 있었다. 이따금 산짐승의 울음소리가 숲 속의 고요를 깨웠다. 초가지붕의 박꽃은 달밤에 봐야 제격이듯, 아까시 꽃도 달밤에 보는 게 제격이다. 환한 보름달 밤이면 더더욱 좋다.

나는 오월을 사랑한다. 초파일이 있어서 좋고, 어린이날과 어버이날, 스승의 날이 있어서도 좋지만, 생명이 꿈틀대는 신록과 젊음이 있어서 더 좋다.

그런데 올해 오월은 왠지 서럽고 비통하다. 5 · 18은 제쳐놓고라도, 소설가 박경리 선생의 타계와 지구촌 곳곳에서 들려오는 대재앙, 그리고 새 정부의 한미쇠고기협상으로 인한 어린 학생들의 촛불집회가 나의 오월을 더 우울하게 한다. 평생의 은사님을 모시고 떠나는 단 하루의 여행, 40년간 이어온 그 중요한 약속마저도 지키지 못하는 신세가 되었으니 말이다.

가슴이 메어지는 일이 이런 건가. 오늘이 어머니를 하늘나라로 보내드린 지 여드레째다. 건강에 큰 문제가 없던 어머니는 나에게 회한과 불효의 멍에를 지우고 그렇게 소리 없이 조용한 봄바람 따라 먼 길을 가셨다. 지난달 〈할미꽃〉이란 글을 쓸 때 두 분 할머니를 쓰지 말고 어머니만을 썼더라면…….

어머니의 올해 춘추 여든! 조금은 아쉽지만 그게 당신의 운명이려니 자위할 수밖에 없다. 시골 부잣집 둘째 딸로 태어나 공부도 어느 정도 하고 근천스럽지 않게 사셨다. 일제강점기와 한국전쟁을 겪으며 남자처럼 활달하고 시원스럽게 사신 어머니! 진취적인 사고와 행동으로 앞서 가시던 어머니! 아버지와 불화와 갈등을 빚으며 황혼에 별거의 아픔까지 간직하신 어머니! 끝내 화해를 못하고 이승을 떠나셨으니 얼마나 한이 되셨을까? 아버지를 용서하고 가벼운 마음으로 학처럼 훌훌 떠나셨으면 좋았을 텐데…….

어려운 시절, 넉넉지 못한 살림에서도 우리 6남매를 훌륭히 키워 공직자 다섯과, 사업가 한 명을 만든 어머니다. 우리 6남매가 잘 자란 것은 건강한 몸과 훌륭한 정신을 주신 하늘 같은 어머니의 은덕이다. 아버지는 오랜 군대생활에 젖어 원리원칙 주의자시다. 포근하고 따뜻하게 사랑으로 감싸기보단 근엄하게 나무라고 질책하는 분이셨다. 어머니는 아버지의 사랑에 굶주렸던 우리 6남매를 늘 포근한 솜 포대기로 감싸주셨다.

아버지는 국군이셨고 큰아버지는 마을 이장이어서 인민군의 표적이 되었다. 6·25한국전쟁 때 어머니는 인민군을 피해 어린 나를 업고 남의 집 측간에 숨어 내 목숨을 구하고 그 후유증으로 오랫동안 고생하셨다.

60년 가까이 함께한 세월은 아까시꽃과 함께 막을 내렸다. 입관 때의 어머니 모습은 약간 야위었지만 아침 호수처럼 평온하고 고우셨다.

어머니는 수장된 고향 동네 뒤편 함정산 남쪽 기슭 양지 녘에 고이 잠드셨다. 멀리 어머니의 고향 마을 뒷동산이 보이고, 용담호 물속에 잠긴 우리 집과 논밭이 잘 보이는 자리다. 네 아들과 며느리, 두 딸과 사위, 열다섯 명의 친손과 외손들이 이별의 눈물을 흘리며 보내드렸다. 내가 손수 짓고 쓴 묘비도 세웠다. 토·일요일과 초파일이 낀 황금연휴라 가까운 친족들에게만 어머니의 부음을 알렸는데 상상 외로 천여 명의 조문객들이 어머니를 정중히 배웅해 주셨다. 어머니는 결코 외롭지 않게 떠나셨다.

"하도 답답해서 저는 지금 뜰에 나와 담배를 태우고 있습니다. 담배연기는 새벽을 재촉이나 하듯이 빠르게 하늘로 퍼져 날아갑니다.

어머니, 언제 어디서나 저는 당신의 큰자식입니다. 해마다 오월 현충일이 군경유가족 아픔의 날이듯 오월은 제게도 무거운 아픔의 달이 될 것입니다. 어머니! 몇 달만이라도 더 살고 백설이 흩날릴 때, 금강변錦江邊 눈보라 휘날리듯 가시지, 뭐가 그리 급해서 하필이면 계절의 여왕이라는 이 좋은 오월에 떠나셨습니까?"

2008. 5. 19.

≪전북수필≫ 68호(2009년 6월)특집 꽃 이야기 수록 작품.

오드리 헵번(Audrey Hepburn)

그녀와의 첫 만남은 1966년 후덥지근하고 찌는 듯한 한여름밤이었다. 공부하기도 짜증스럽고, 하숙방을 탈출하고 싶은 유혹을 견딜 수 없었다. 그래 탈출이다.

공보관 사거리에 공보관公報館 건물인 다목적 공연장이 있었다. 팔달로가 확장되고 구 전북은행본점과 미원 탑, 구 전주시청, 전주우체국, 산업은행, 이시계점으로 이어지던 중앙로. 전주의 가장 번화가 중앙동 주변 금융가와 금은방은 다가동 쪽으로 연결되며, 남북으로 구 도청과 옛 지방경찰청이 남문시장으로 이어지고, 고사동 오거리는 서서히 시가市街 형성이 시작되고 있었다. 공보관 1, 2층은 전주의 유일한 풍남백화점이었고, 3, 4층은 극장(영화관)이었다.

TV 출생 전 라디오 세대라 영화의 전성기였다. 최신 시설을 갖춘 대형 삼남극장과 코리아극장이 지근거리에 개장하여 영화 팬을 싹쓸이했다. 그 연유로 오거리부터 코리아극장까지가 지금 영화의 거리가 된 줄로 알고 있다.

그 당시 전주에는 오스카극장, 중앙극장, 시민극장, 도에서 직영하는 공보관, 개봉관인 삼남극장, 코리아극장이 성업 중이었다. 그 중에도 외화外畵 전문관은 공보관이었고, 공관公館이라 관람료가 반값이며 1회 두 편을 상영했다.

가난한 고교생이던 나의 단골영화관이 될 수밖에 없었다.

다목적 용도의 시설이었기에 극장으로서는 음향시설, 좌석의 안락함, 냉온방 시설, 시설물의 배치 등이 평균 수준 이하였다. 가끔 필름이 끊겨 사과방송을 하고 잠시 후에 다시 상영하곤 하였다.

돌이켜보면 나는 지독한 영화광이었나 보다. 다음날 시험이 있어도 보고 싶은 영화는 꼭 보아야만 직성이 풀렸다. 미성년자 관람불가 영화를 보기 위해서 변장을 수없이 하며 학생주임 선생님의 감시망을 뚫었다. 학교 생활지도 선생님들의 합동단속에 걸린 때도 한두 번이 아니었다. 다행히 공부깨나 하는 장학생이어서, 영어공부를 한답시고, 또는 장래 영화감독 수습 중이라며 너스레와 임기응변으로 위기를 넘기기도 했다.

〈로마의 휴일〉은 세기의 명감독 윌리엄 와일러가 감독했고 파라마운트사가 제작, 미국의 미남배우 그레고리 펙과 벨기에 왕족 출신인 오드리 헵번이 주연한 1953년 작품으로, 그 이듬해 오스카(아카데미) 여우주연상을 수상한 흑백 작품이다. 이 영화는 워낙 명화이기 때문에 50대 이상은 대부분 한두 번 이상 관람했으리라.

유럽 한 왕국의 공주가 국빈 자격으로 주변국 외교 순방길에 오른다. 이태리 로마를 방문 중 피로와 일상의 단조로움에 짜증을 느끼며 히스테리에 사로잡힌다. 수면제를 먹고 잠을 청하지만 바깥세상의 유혹에 못 이겨 비서의 평상복으로 갈아입고 대사관을 탈출한다.

졸음이 어둠처럼 서서히 밀려오고 이름 모를 거리에서 잠이 든 천사, 귀가하다 공주를 발견한 미 아메리칸 뉴스 특파원 그레고리 펙. 이틀 밤 하루 동안 이루어지는 해프닝과 로맨스, 마지막 기자회견장에서의 만남. 공주 몰래 촬영한 초 특종감 트레비 분수 등 로마 유적지에서의 생생한 사랑의 기록인 사진을 건네주는 장면은 씁쓸한 감동과 애린을 준다.

세기의 요정 오드리 헵번은 1929년 벨기에에서 출생하여 1993년 스위스에서 대장암으로 타계했다. 백학처럼 늘씬한 174㎝의 키와 새털처럼 가벼운 49kg의 몸무게, 20인치의 개미허리, 사슴처럼 긴 목, 토끼처럼 크고 해맑은 눈, 약간 기형 같으면서도 잘 조화된 세련미, 여린 듯하면서도 카리스마가 넘치고 기품과 우아함이 잘 빛은 국보급 백자와도 같다.

컬러보단 화이트 블랙이 훨씬 매력인 그녀를 가리켜 세기의 요정이라고들 말한다. 청초, 청순, 신비, 순수, 단아함을 느끼게 하는 정숙한 공주, 겁먹은 소녀, 단발머리 요정, 이슬 맞은 풀잎이다.

〈로마의 휴일〉을 비롯하여 20여 편의 작품 중 우리나라에서 상영된 〈파계〉, 〈사브리나〉, 〈전쟁과 평화〉, 〈파니 페이스〉, 〈하오의 연정〉, 〈티파니의 아침〉, 〈샤레이드〉, 〈어두워질 때까지〉, 〈마이 페어 레이디〉 등을 보았으나 〈로마의 휴일〉만은 10여 회 이상 보았으며 카피본 필름을 갖고 있을 정도다.

두 번의 결혼과 이혼이 그녀를 슬프게 했지만 그것은 그녀의 유명세에 주눅 든 남편들의 부정 때문이었다. 그녀는 그의 부와 명성을 기아에 허덕이는 아프리카의 소말리아, 에티오피아, 수단, 아시아의 빈민국 베트남의 굶주린 어린이에게 돌려주었다. 아프리카에서 유니세프 친선 대사로 봉사와 헌신의 말년을 보냈다.

죽음의 그림자를 안고 사랑을 몸소 실천하며 대장암으로 몸무게가 30kg에 이를 때까지, 그야말로 피골이 상접하고 마른 가시가 될 때까지 아름다운 천사, 사랑의 메신저가 되어, 몸소 굶주리는 어린이를 위해 사랑과 박애를 실행함으로써 만인의 존경과 숭앙을 받았다. 우리 시대의 진정한 위인이고 연인이었다.

그분이 간 지 어느덧 15년. 요즘같이 삭막한 우리나라의 꼴들을 보고 있자면 진짜 아, 더, 메, 치이다.

봄을 부르는 비가 조용히 내린다. 꽃과 새싹이 생명을 불사르기 위해 피어나고 돋아 오른다. 1966년 그분과의 첫 만남의 설렘이, 그로 인하여 행복했던 지난 세월이 오늘 불현듯 강 건너 등불처럼 아련히 깜박인다.

오늘 오드리 헵번이 죽음의 문턱에서 아들에게 남긴 유언 아닌 유언 한 구절을 소개한다.

> "네가 더 나이가 들면 손이 두 개인 이유를 깨닫게 될 것이다. 한 손은 네 자신을 돕는 것이고, 다른 한 손은 다른 사람을 돕는 것이다."

2008. 3. 27.(목)

수필과비평작가회의 동인지 ≪생각을 겨냥한 총≫ 게재(2009년 8월)

요절天折

지난밤 비바람이 몹시 불었다. 이른 새벽 동이 트자마자 주변의 밭과 과일나무와 정원수를 점검하려고 순찰을 나섰다. 비바람은 그치고 고요와 청량한 새벽공기가 알싸하게 가슴 깊이 스며들었다.

진초록의 나뭇잎 위에선 빗방울이 영롱한 이슬방울처럼 반짝였다. 참 곱고 맑고 깨끗했다. 빗물과 바람 탓에 나무들은 제 몸무게를 못 이겨 축 처져 있었다. 매실나무 서너 그루가 토실토실한 열매와, 널따란 잎새에 실린 빗물의 무게를 못 이긴 탓인지 축 처지고, 연약한 새 가지들이 조금씩 뒤틀려 있었다. 그래도 이 정도면 다행이구나 싶었다. 건너편 참깨밭과 고구마밭을 둘러보고 돌아왔다. 지난밤 비바람의 피해는 없었다.

"2008년 6월 6일 일조점호 인원보고, 총원 200, 사고 무, 현재 200, 이상 일조점호 보고 끝!"

여덟 해 전 이곳으로 거처를 옮긴 뒤 꽃도 보고 매실주도 담글 겸 매화나무 열 주를 심었다. 두 해 뒤 한 마지기 남짓한 비탈진 밭에 고사리와 40그루의 청매와 홍매를 기르기 시작했다. 올해 여섯 살인 매화나무는 제법 틀을 갖춘 잘생긴 미소년으로 자랐다. 그동안 비료 주기, 제초 작업, 약제 살포, 가지치기, 지주목 설치 등 자식을 기르듯 온갖 정성을 다하여 돌봤지 않았던가.

자기들을 예뻐해 준 것을 아는지 올봄엔 예쁘게 꽃을 피워 오랫동안 내게 즐거움을 주었다. 나무란 놈들은 참 요상하다. 똑같은 조건인데 40주 가운데서도 우열이 분명하게 성장했다.

그중에서도 가장 출중하게 튀는 놈은 밭 한가운데서 상장군처럼 품위있게 자란 녀석이다. 다 같은 동기인데 우람한 체격과 윤이 나는 색깔, 다닥다닥 달린 열매를 보니 그는 우량종임이 분명했다.

숲 속에서 나이 지긋한 선녀는 매실농원 사이에서 고사리를 채취하고 있었다. 황급히 산지기 나무꾼을 불렀다. 가보니 상장군이 쓰러져 있었다. 교접부가 작신 부러져 두 동강이 난 채 벌렁 누워 있었다. 구제 불능이요, 회생가능성이 없어 보였다.

철 이른 열매가 주렁주렁 달린 채 고사리 섶 위로 뻗어 있었다. 이게 웬일인가? 지주목도 세 개씩 두 곳에 잘 받쳐주었는데, 총을 맞은 것도 아니고 사약을 받은 것도 아닌데 그 정도의 비바람을 못 견뎌 현충일 아침에 전사하다니, 참으로 기막힌 일이었다. 묘목 교접부가 부실했던가 보다. 여섯 살을 일기로 대일원 매실농원의 상장군은 우리 집을 떠났다. 육 년간 보살핀 은혜에 보답이라도 하듯 아직 미숙아인 매실 15킬로그램을 유산으로 남기고서 말이다. 광양 섬진강가, 홍쌍리 여사의 매실농원엔 80세나 되는 매화나무도 있건만…….

죽은 자식이 크고 똑똑하다더니. 아쉬움과 미련 속에 그 나무를 보냈다. 천재는 단명한다던가. 역사를 되새겨 보아도 요절한 천재는 참으로 많다. 〈초혼〉의 소월 시인도 30대에 갔고, ≪그리고 아무 말도 하지 않았다≫의 전혜린과 정열의 화가 빈센트 반 고흐, 〈이유 없는 반항〉의 제임스 딘도. 이제 요절한 상장군을 위하여 그 자리를 비워 주어야겠다. 영원한 축구 황제 펠레의 등번호 10번이 영원한 결번인 것처럼…….

2008. 6. 6.

장끼와 까투리

푸름이 온 산하를 채색해가던 3년 전 아마 오월 초순 어느 날이었을 게다. 싱그런 풀냄새는 논밭의 구릿한 두엄냄새와 뒤엉켜 차창을 넘나들며 아지랑이와 함께 내 오감을 즐겁게 해주고 있었다.

관내 지사무소 업무 점검 차 시골길을 기분 좋게 달리고 있었다. 용담댐을 끼고 도는 지장산智藏山 기슭, 굽잇길에서 갑자기 옆 산 쪽에서 꿩 한 마리가 비상을 시도하다 내 차 범퍼와 본 네트 사이에 부딪친 것이다.

급정거를 하고 자동차를 살피니 약간의 핏자국만 있고 꿩은 보이지 않아 주변을 살피니 자동차 밑에 숨어 있지 않는가? 엎드려 잡으려 하니 사력을 다해 신작로를 가로질러 논 쪽으로 100여m 날다 충돌의 충격 탓인지 논바닥에 곤두박였다.

논두렁을 따라 까투리가 떨어진 곳으로 가니 논바닥엔 빗물이 고여 있고, 자운영이 무성히 초록을 뽐내고 계절의 여왕 오월이 무르익고 있었다.

까투리를 잡으려는 찰나 꾸-꾸-꾸-꾸 하며 장끼 한 마리가, 전폭기가 잽싸게 목표물을 공격하듯 도로 건너편 숲 속에서 급하강하며 날아와 날개로 나의 뺨을 치고 지나가더니 좌회전을 한 후 또 다시 공격해 오는 것이었다.

아픈 뺨을 한 손으로 움켜쥐고 한 손으로 유선형의 긴 꼬리털이 멋진 날쌘돌이의 공격을 방어태세로 응전하니, 내 주위와 제 짝의 주변을 계속 선회하며 괴성을 질렀다.

아하! 얘들은 부부지간이구나. 지금은 짝짓기의 계절이구나. 필사적으로 덤비는 것이 막말로 너 죽고 나 죽자는 식이었다. 순간 암꿩을 잡아 점심때 동료들과 샤브샤브 디너파티의 허황된 꿈을 꾼 내가 정말 속물이었구나 하는 깨달음이 번개처럼 뇌리를 스쳤다.

암꿩은 논바닥 물속에서 퍼덕이며 삶과 죽음의 문턱에서 극심한 공포에 떨고 있었다. 나의 우둔과 어리석음을 자책하며 발길을 자동차로 옮겼다.

종족 번식기이고 천생연분인 그 부부에게 낯부끄러워 몸 둘 바를 몰랐다. 분명 꿩은 유해 조수이다. 그러나 포란기 때만은 포획을 금해야 한다는 평범한 상식을 깨달았다. 자동차에 앉으니, 그제야 장끼는 까투리 옆에 앉아 함께 피난을 시도했다. 암꿩은 살아 날아갔을까?

원앙새가 가장 금실이 좋아 백년해로 하는 줄 알았더니, 꿩도 그 이상인가 보다. 아니 생명이 있는 모든 동식물들이 다 그러하리라 생각하니 이순耳順을 코앞에 둔 내가 너무 아둔했고 이제껏 헛 세상을 살았다는 수치심이 엄습하였다.

우리 인간들은 어떻게 살고 있는가?

퀑을 만나고 나는 문화의 발전 속에 점점 타락해가는 성문화와 윤리문제를 심각하고 심도 있게 성찰하는 시간을 가졌다. 자괴감에 우울한 하루였고 그날 밤은 뒤척이며 오랫동안 잠을 이룰 수 없었다.

2008. 3. 20. ≪진안문학≫ 16호(2008 겨울호) 게재.

산막 대일원山幕 垈一苑

새천년이 슬며시 내게로 다가왔다. 어제와 오늘, 내일이 별반 다를 리 없건만 매스컴은 유난히 요란스럽다. 다가오는 새로운 시대는 숫자에 불과할 뿐이나 기대와 희망, 새천년에 대한 동기 부여가 희망적이어서 왠지 기분이 나쁘진 않다.

어느새 내 나이 쉰을 넘었다. 저벅저벅 다가오는 발자국 소리에 가슴이 섬뜩하다. 7년 뒤 2007년을 상상하지 않을 수 없었다. 33년간의 공직생활에 마침표를 찍어야 한다. 내 인생의 커다란 한 고비인 정년퇴임이란 강을 건너야 한다.

동생들과 자식들의 교육문제로 산촌인 고향을 떠나 전주에서 20년 넘게 살고 있었다. 주말과 휴일이면 고향집에 가 많지 않은 농토를 가꾸었다. 고향은 용담댐 축조로 어수선하고 황량한 폐허로 변해가고 있었다. 순박하고 후덕했던 인심마저 실종되어 흉흉한 바람만을씨년스럽게 휘몰아치고 있었다. 6백 년 가까이 조상 대대로 살아온 삶의 터전이 뿌리째 수장되는 쓰라림을 안고 있었다. 지역문화나 유물, 고장의 역사 보존에는 전혀 관심이 없고, 다들 그저 한 푼이라도 더 받으려는 수몰 보상금에 눈이 어두웠다. 수몰 뒤의 지역축소와 인구감소, 생산기반의 약화, 그로 인한 경제력의 감소 등 훗날을 걱정하는 사람은 많지 않았다. 관과 민 지도자들의 자세가 부족한데도 댐의 물은 빠른 속도로 차오르고 있었다. 1년이면 겨우 한두 번 고향집을 찾던 촌부의 자녀들이, 주말과 휴일이면 어김없이 찾아와 집안일을 거들고 노부모를 서로 모시겠다는 신세대 효자가 대량으로 탄생하는 걸 지켜보자니 어둡고 답답함만이 내 가슴을 짓누르고 있었다. 이주민을 보듬고 끌어안아 고향에 정착시킬 준비가 부족하여 아들딸들을 따라, 연고자를 따라 전주나 서울, 대전, 부산 등 전국 대처로 뿔뿔이 흩어지는 정든 이웃들을 눈물로 전송했다. 이산의 아픔을 지닌 수몰민들이 6개 면 4,000여 가구에 15,000여 명이나 되었다. 아름다운 금강 상류의 강줄기에 형성된 전답이 해발 200m부터 270m까지 수장되었다. 내 고향 상전면은 댐 상류에 위치했으나 비교적 넓은 들과 금강의 지류들이 합수되는 지역이었다. 6개 리 25개 마을 중 5개 리 20개 마을이 수몰되는 가장 큰 수몰지역이다. 농지와 마을 81%가 수몰됨으로써 고향을 떠나기 싫은 원주민은 300m 이상 높은 곳에 터를 잡고 노후를 준비하고 있었다. 교육요람인 5개 학교가 폐교되고 수많은 석기시대의 유물도 채 발굴하지 못한 채 댐에 수장하는 아쉬움과 아픔을 겪어야만 했다.

도시에 살면서 나는 단독주택을 고집하였다. 아내와 아이들은 편리한 아파트에서 살자고 끈덕지게 조르곤 했다. 그러나 나는 아니었다. 마당 한 귀퉁이에 나무와 꽃 몇 그루라도 심어 삭막한 도심에서 자라는 아이들에게 흙, 꽃, 나무, 풀, 벌, 나비들과 가까이 하게 해주고 싶었기 때문이다. 골목길 안에서 이웃들의 땀 냄새를 맡으며 어울리고 내가 좋아하는 강아지 한 마리쯤 기를 수 있는 공간이 필요했다. 어릴 적에 산과 내와 들녘이 잘 어우러진 자연 속에서 자란 탓이리라. 불편한 대로 20년 넘게 살다 보니 아이들이 어느덧 성년이 되었다.

오늘도 고향 이웃집 정필이네가 도시로 떠났다. 허공을 나는 낙엽마냥 공허하고 쓸쓸했다. 사람들은 자꾸만 하나둘 정든 고향을 떠난다. 텅 빈 집을 헐어내는 중장비들이 괴물처럼 혐오스럽다. 할아버지, 할머니가 묻히고 아버지, 어머니가 한평생을 살아온 애환이 서린 이 땅을 떠나야 할 시간이 시계의 초침 소리처럼 가까이 울려온다. 시간은 이제 얼마 남지 않았다. 나도 노부모 모시고 어디론가 떠나야 한다.

6 · 25때 피난온 이북 동포들은 언젠가 통일이 되면 고향땅을 밟을 수 있겠지만, 우리 수몰민은 태를 묻은 고향땅과 고향집을 영원히 가슴에 묻어야만 한다. 이산의 비애와 더불어 물속에 수장시켜야 한다.

나는 이미 귀향을 꿈꾸고 있었나 보다. 아니 벌써 실행에 옮긴 것이다. 아내 몰래 조그만 언덕 위에 하얀 집을 짓고자 이곳저곳을 찾기 시작했다. 내 유년의 추억이 깃든, 추억할 수 있는 가장 좋은 곳으로 서너 군데 찾고 저울질을 시작했다. 교통, 전망, 경관, 위치, 집짓기의 편리성, 높이와 물 문제 등등. 제법 큰 집에서 살아왔지만 한옥은 유용성과 편리함과는 거리가 있다. 20대 초반 언젠가 나도 집 한 채를 근사하게 지어야겠다고 생각하여 만들어둔 설계도를 꺼내 보며 2차 설계를 했다. 다시는 수몰되지 않을 산 중턱 높은 곳에 집을 짓자. 호수가 내려다보이고 불어오는 바람결에 강여울의 재잘

대는 소리가 들리는 확 트인 곳에 서재를 만들고, 안락한 소파에서 좋은 책과 음악을 듣고, 잘 가꾼 정원과 수련 몇 포기와 꽃 잉어가 노니는 작은 연못이 보이는 정자에서, 흉허물 터놓고 이야기할 친구 서너 명과 향 좋은 두견주를 마시며 담소하는 아름다운 노년을 꿈꾸었다. 흥이 솟구치면 탱고 한 곡 출 수 있을 만한 거실도 있어야겠지. 소쩍새 우는 밤이면 달과 별들도 불러들여 이야기할 다락방도 있어야겠지. 물안개 피어오르는 산상에서 안개 위로 밝아오는 여명을 맞으며 심호흡도 해야겠지. 야무진 꿈이었다.

규모를 축소키로 했다. 숲 속에 초막을 짓자. 아직 막내는 고등학생이지만 두 딸은 대학생이다. 집을 팔고 퇴직금을 중간 정산받아 충당키로 마음을 굳혔다. 집을 팔려니 단독주택 값은 폭락되었고 아파트 값은 껑충 뛰었다. 개인주택을 고집한 나는 또 아내에게 한 마디 핀잔을 들어야 했다.

풍수관련 책을 참고하여, 배산임수의 돋을양지 대덕산 산록 해발 400미터에 터를 잡았다. 흙보다 돌이 세 배나 많은 희한한 곳이었다. 눈 쌓이는 겨울철 차량의 소통, 음용수, 전기시설, 진입로가 큰 골칫거리였다. 경관과 전망이 이처럼 좋은데 이 정도는 감수하자며 일을 저질렀다. 도로를 내고, 관정을 파고, 전기를 끌어들이고, 바위와 비탈을 부수고 레미콘 차와 펌프카 출입을 위해 남의 집 담장과 지붕을 헐고, 공사 후 다시 고쳐주었다. 내 마음을 이해 못하는 사람들은 "저 사람 이상한 것 아니야? 산 중턱에 비싼 돈을 들여 도깨비 집을 짓다니!" 비웃음과 조롱하는 소리도 들렸다. 비바람 치는 날이면 천막과 쌓아둔 자재는 산비탈 저 아래로 날아가기도 여러 번이었다. 1년을 버틴 결과 '산막 대일원'은 서서히 모양새를 갖추었다. 자연친화적으로 꾸몄다. 주변엔 평범한 나무들과 들꽃과 잡초를 심었다. 꽃, 잎, 열매를 함께 얻을 수 있는 유실수 30여 종과 100여 종의 풀꽃을 심어 작은 꽃동산 겸 과수원이 되었다. 주민 2/3가 떠난 황량한 폐허의 땅, 더구나 산 중턱에 무슨 수도승인 양 수도원을 짓느냐고 아내의 불만이 이만저만이 아니었다. 서울에서 살다 나를 좋아해서 결혼한 뒤 시골살림 칠 년, 고향 아닌 전주에서 20여 년 넘게 살아, 이제 막 친구도 만들고 사회활동을 활발히 하던 아내는 귀향을 못하겠다며 버텼다. 아이들 교육문제도 걸림돌이었다. 다른 사람들은 도시로 가는데 거꾸로 귀향을 하려고 하니 아내는 기가 막혔으리라. 아내의 극구 만류에도 불구하고 불명예스럽게(?) 진안군 귀향 1호가 되었다.

퇴직한 뒤, 그동안 꿈꾸었으나 이루지 못한 작은 꿈 한두 가지를 이곳에서 이루고 싶었다. 아니 꼭 이루어야 했다. 한 20여 년 뒤, 학문의 고행길에 들어선 아이들이 힘들고 지칠 때 바람처럼 찾아와 심신의 피로를 푸는 아늑한 쉼터이길 바란다. 글 좋아하는 사람들의 휴식공간이 되었으면 좋겠다. 적막하고 청정한 이곳에서 자연을 벗삼아 고독한 사색으로 높은 이상과 신선하고 건전한 꿈을 꿔 더 맑고 푸른, 좋은 세상을 만들었으면 더 이상 바랄 나위가 없겠다.

2008. 12. 4.
산막 대일원 일기(山幕 垈一苑 日記)

2부

비 — 雨 — 여름 — 夏

사양제에 비친 북부마이산 여름 풍경

금물결 은물결[金銀波]

조종간操縱杆 계기판 너머 프로펠러 아래로 은물결이 보석처럼 반짝인다. 오드리 헵번이 기웃거리며 눈요기하던 〈티파니〉보석점 진열대보다 더 눈부시다. 긴 장마 끝 오랜만에 아침 날기飛行를 한다. 윈도를 스치는 발아래 8월의 산하山河는 푸르다 못해 거무죽죽하다. 바람에 흐르며 스치는 목화솜 뭉게구름은 갓난아기 뺨처럼 보드랍고 포근하다.

물안개 피어오르는 동트는 호수에 한 가닥 바람이 스친다. 은물결은 크고 빠르게 출렁대며 반짝인다. 한여름밤 은하수 속에서 현란히 춤추는 별무리들의 댄스파티장처럼 황홀하다.

아침 은물결은 차분한 설렘의 희망이다. 보름 전후 청아한 달밤, 달빛에 어리는 강변의 은물결은 처연한 외로움이다. 어슴푸레한 달빛과 산그림자가 신비로운 분위기로 우리의 추억을 깊은 물속으로 가라앉힌다.

저녁놀 붉게 타는 해 질 녘 비행은 내게 또 다른 서러움을 준다. 강물 위에 금물결은 휘황찬란한 왕의 금관처럼 눈부시게 찰랑댄다. 호화로움 뒤편엔 서러운 연민의 회한이 괸다.

강물은 서서히, 때론 쏜살같이 흐른다. 그의 의지意志와는 아무런 상관없이 낮은 곳으로 낮은 곳으로, 길고 혹은 짧은 여행을 한다. 우리네 삶도 마찬가지. 태어난 순간부터 죽음을 향해 말없이 조용히 발걸음을 내딛는다.

금물결 은물결金銀波은 내 아호雅號 은파銀波와 성인 김金을 우리말로 푼 이름인데 아름답고, 다분히 로맨틱하고 낭만적이며 감성적인 단어다. 해 · 낮 · 남성 · 강함을 상징하는 金(쇠김, 성김), 달 · 밤 · 여성 · 연약 · 아름다운 무드와 뉘앙스를 살포시 내는 銀(은은). 波(물결파)는 움직임과 감쌈, 포용과 변화를 갈구하는 언어라 좋아하는 단어이다.

부모님과 떨어져 큰집에서 얹혀살던 감수성 예민했던 열 살 남짓하던 때, 지독히 외로웠을 때, 비단 강[錦江] 강가에서 소매고 소 꼴 베며 아침저녁으로 보던 강물의 반짝임. 쓸쓸함이 뭔가도 모르면서 센티멘털한 소년은 그렇게 이름을 지었었다. 그리고 반 세기가 흘렀건만 버리지 못하는, 전혀 싫증나지 않는 닉네임이다.

물은 저 스스로 결을 일지 못한다. 바람의 도움이 있어야 한다. 셈과 약함, 방향에 따라 모양새를 만든다. 햇빛이냐 달빛이냐에 따라 금물결이 되고 은물결이 되기도 한다.

빛의 명암과 강도에 따라 맵시가 결정되고 분위기가 달라진다. 이 세상 모든 일은 혼자 힘으로 되는 것이 없음을, 평범한 진리를 가르쳐준다.

고여 있는 잔잔한 호수와 흐르는 강여울의 반짝임은 사춘기 소녀와 소년의 모습이다. 금물결 은물결은 계절, 시간, 때, 장소, 주위의 자연적 조건에 따라 느낌과 뉘앙스가 다르다. 느끼는 사람의 마음 자세에 따라 천차만별 색깔이 눈에 보이고 느껴진다.

한때, 높고 빛나는 이상과 목표의 푯대를 찾아 정열을 불사르고 혼신을 다했던 일들이 욕심과 아집이었던 것을! 이상과 현실의 부조리 속에 나와 생각이 다른 자들을 증오하고 불신한 내 허물을 뉘 탓이라 원망하랴. 비록 지나온 내 삶이 만족스럽진 못했어도 내 아호 '은파', 금물결 은물결처럼 조용하고 차분하게, 은은하게 빛나는 그런 사람으로 살고 싶다. 그렇게 남고 싶다. 그저 미세한 바람에 물결치는 아침 호숫가 파랑波浪처럼, 저녁노을 붉게 타는 황금색 물결처럼, 멋과 맛을 즐기며 살아가리라. 고독에 휘감겨 한축寒縮을 느끼듯 외로운 달밤에 어슴푸레 이는 은물결처럼 추하지 않고 우아하게, 요란치 않고 고결하게, 화려함보다 소박하게 살아가련다. 늘 금물결 은물결의 작지만 강렬한 반짝임을 멈추지 않으면서…….

2009. 8. 11.(화)

≪수필과비평≫ 2009년 9/10월호(103호) 게재.

꿈의 여정 50년, 칸타빌레(Cantabile)

[愛. 熱. 情. 別. 永]
"지금의 나는 지기 직전 온 천지를 신비로운 붉은 빛으로 물들이는 석양의 노을처럼 가장 아름다운 태양의 모습이고 싶다."
– Patti Kim

아침부터 보슬비가 차분하게 내렸다. 어젯밤 비바람이 먼지를 씻어간 덕분인지 먼 산의 나뭇잎은 더욱 검푸르고 귓전을 스치는 미풍은 오히려 서늘하다. 뜰 안 목련 잎사귀 위에선 좁쌀만 한 빗방울들이 스르륵 스르륵 스케이트를 탄다. 비는 꾸준히 대지를 적신다. 나는 장마가 시작되었음을 잠시 잊고 있었다. 수줍은 소녀 같은 빗발이다.

한낮을 지나 전주 소리문화의전당 모악당으로 차를 몰았다. 차 안엔 분위기 있는 채은옥의 "조용히 비가 내리네. 추억을 말해주듯이~"로 시작되는 〈빗물〉이 애잔하게 흘러나오고 있다. 소태정고개를 넘어 완주고을에 들어서니 옅은 안개가 걷히고, 보슬비도 그친다. 뭉게구름 사이로 가녀린 햇살이 슬며시 비친다. 애들을 돌보러 서울에 간 아내와 공연장 앞에서 만나기로 했다.

공연시간이 임박하자 1층 천여 석이 꽉 찼다. 나의 자리는 로열석 C줄 21번으로 무대 정면 세 번째 열이어서 공연자와는 직선거리로 3미터의 지근거리다. 너무 가까워 아쉬웠다. 라이브 콘서트 관람은 공연자와 10미터 내외가 좋다.

눈부시게 하얀 드레스로 치장하고 휘황한 조명을 받으며 무대 왼쪽 천장에서 조각달을 타고 1959년 그녀의 데뷔곡 〈파드레〉를 부르며 선녀같이 무대에 섰다. 〈틸〉, 〈빛과 그리고 그림자〉, 〈사랑은 생명의 불꽃〉, 〈마이 웨이〉, 아모로가 아닌 라틴음악 한 곡 등으로 콘서트는 점차 무르익어 갔다. 청중들은 서서히 열광하고 있었다. 5, 60대가 대부분인 관객은 나처럼 열렬한 팬이리라.

빨간 장미로 변신한 그녀는 조명과 분장사의 마술에 힘입어 40대의 정열적인 집시였다. 누가 그녀의 나이를 일흔하나라고 하겠는가?

〈연가〉, 〈구월의 노래〉, 〈가을을 남기고 간 사랑〉, 원숙한 조크와 무대 매너는 30년 전 첫 대면 때의 어색하던 느낌이 없이 감탄스러웠다. 국제스타로서 한 치의 손색도 없었다. 시간이 왜 그리도 빠른지, 잠깐 새에 1시간이 지났다.

나는 노래를 부르지도 못하고 즐길 줄도 모른다. 그러나 몇 사람의 노래를 즐긴다. 패티김, 안다성, 정훈희, 트윈 폴리오, 문정선, 양희은 정도다. 이번 패티김의 라이브콘서트는 네 번째 관람이다. 사춘기에 패티김의 〈틸〉과 〈파드레〉에 반해서 디스크, 테이프, CD를 전부 가지고 있다.

1979년 데뷔 20주년 기념공연인 서울 워커힐 디너쇼를 시작으로

1999년 40주년 전국 순회공연 때 전북실내체육관에서, 2003년 45주년 기념공연은 삼성문화회관에서였다. 그동안 관람료가 꽤 비싸서 나처럼 열렬한 팬이 아닌 아내는 빠지고 나 혼자였다.

한 달 전 대학에서 공부하며 후학을 양성하는 큰딸 세라가 분명 아빠 혼자 가실 거니까 엄마랑 같이 가라며 티켓 두 장을 보내주었다. 칠만 칠천 원씩 두 장이니 십오만 사천 원이다. 거의 쌀 한 가마 값이나 되니 아내는 그 돈이 아까워 서울에서 내려온 것이다.

2부 공연은 무대 앞 1층 객석 뒤편 가운데에서 〈마리아〉를 부르며 등장했다. 깜짝쇼를 연출하여 팬들의 기립박수를 받고 악수를 하며 무대에 올랐다. 경호원들은 진땀을 빼고 있었다. 코발트빛 의상은 조명의 마력으로 더욱 신비로웠다. 〈친구여〉, 〈서울의 찬가〉, 〈사랑이란 두 글자〉, 〈그대 없이는 못 살아〉, 〈사랑은 영원히〉, 〈어메이징 그레이스〉, 아일랜드 팝 한 곡과 신곡 〈그대 내 친구여〉, 〈나의 노래〉 등으로 공연장은 가수와 김정택 악단과 청중이 하나되어 깊어갔다. 사이사이 품격 높고 재치 있는 위트와 농담이 곁들여지니 노래 인생 50년 관록을 느끼기에 충분했다.

〈체인징 파트너〉로 유명한 미국가수 패티 페이지로부터 이름을 따 패티김으로 예명을 붙인 김혜자의 노래는 첫째 노랫말이 시적 수준으로 격이 높고, 둘째 대부분 박춘석과 길옥윤의 곡으로 명곡들이며, 셋째 창을 한 탓인지 한민족의 한이 배어 있는 듯한 창법, 넷째 서구인다운 큰 체격에서 나오는 힘, 다섯째 무대를 휘어잡는 카리스마가 특징이다.

1959년 미8군 무대에서 데뷔 후 일본과 동남아 8개국에서 활동하고 미국으로 진출 라스베이거스, 뉴욕, LA, 샌프란시스코, 하와이, 시카고, 달라스, 필라델피아, 애틀란타 등지에서 활발한 활동을 했다.

미국 3대 방송국 중 하나인 NBC-TV의 자니 카슨 투나잇 쇼에 8회나 출연하기도 했다. 그 유명한 미국 밥 호프 쇼에도 출연했고, 1960년대 중반 귀국 후 한국 최초로 창작 뮤지컬 〈살짜기 옵서예〉를 공연했으며, TBC에서 패티김 쇼를 진행했고, 1974년 〈사랑은 영원히〉로 동경국제가요제에서 입상했다. 1980년에는 뉴욕 카네기 홀에서 한국 대중가수 최초로 리사이틀을 가졌으며, 1985년 만토바니 악단과 협연 등 한국인 최초의 기록을 수없이 갖고 있다. 그동안 주옥 같은 명곡을 발표하며 수많은 고정 팬을 확보하고 부동의 가요계 전설로 자리하고 있다. 문화훈장을 비롯한 수많은 서훈과 서울시 홍보대사를 역임하고, 국제사회복지재단 임원으로 재정적 지원을 계속하고 있다.

철저한 자기관리와 수영, 요가, 경보 등으로 강건한 체력을 유지, 체력 소모가 많은 두 시간의 콘서트를 힘들어하면서도 무사히 끝냈다. 정말 대단한 저력이다. 혼신의 힘을 다하는 모습이 진정 아름답고 존경스러웠다. 그러나 나이는 그 누구도 비켜갈 수 없음을 느꼈다. 본인은 지금도 40대라고 농을 하지만 일흔을 넘긴 노익장일 뿐이다. 이번 공연이 마지막일 거라는 암시를 받았다. 'THE ONE & ONLY - Patti Kim' 음반 역시 마지막일 것 같아 구입했다.

50주년 콘서트는 〈초우〉, 〈이별〉, 〈누가 이 사람을 모르시나요〉, 〈연인의 길〉, 〈사월이 가면〉 등의 명곡을 제외하고 몇몇 신곡 중심으로 짜여졌다. 2천 명과 같이한 두 시간은 무척 짧았지만 즐거웠다. 옆자리의 아내도 흡족해 했다. 5년 후 55주년 콘서트도 볼 수 있기를 기대하면서 모악당을 나오니 6월의 푸르름은 더 무르익고 오후의 햇살이 눈부셨다.

2008. 8. 25.

2008. 패티김 기획사 선정 게재작.

정자亭子

한더위에 비실대는 나는 이맘때면 늘 그것을 그리워한다. 요즘처럼 더위가 기승을 부리면 더없이 그리운 게 바람결이 서늘한 언덕위의 정자다. 그리고 속살 깊은 계곡의 시원한 시냇가다. 어린 시절 큰할아버지한테 귀여움을 받으며 천자문을 익히던 영성정永誠亭 마룻바닥의 시원함을 지금도 잊지 못한다. 가끔 큰할아버지께서 향교에 가거나 출타하실 때면 정자 마루에 누웠다. 시시각각 제멋대로 헤쳐 모여를 하며 온갖 모양새를 연출하던 하얀 뭉게구름, 갑자기 변덕을 부리는 하늘과 먹구름, 거센 비바람을 동반한 소나기, 번쩍이는 뇌성벽력, 곱고 황홀한 일곱 색깔 무지개다리 그리고 정자나무에선 매미가 여름을 찬미했다. 앙증스럽고 예쁜 고추잠자리는 정자 난간에서 곡예를 하며 외로운 나와 동무해주었다. 고추잠자리 떼를 쫓아 흐르는 바람결을 따라 상상의 하늘나라 여행을 헤일 수 없이 했던 일들. 보이지 않는 그 무엇을 붙잡으려고 버둥대고 허우적거리던 가슴 아린 유년의 여름날 기억. 영성정은 우리 집안(宗中) 소유였고 우리 면내에서 아주 오래된 유일한 정자였다. 이백 살을 넘기고 수몰의 아픔을 안은 채 10여 년 전 해체 철거되었다. 참으로 안타깝기 그지없다.

정자는 마을 사람들의 쉼터이며 여름철 사랑방 구실도 했다. 농사철 수다쟁이 아낙들의 빨래터 역할도 톡톡히 해냈다. 또한 이슥한 밤이면 봄바람에 물오른 마을 처녀총각들의 밀회 장소였으며, 바람난 홀아비와 과부의 달콤한 정분 공간이기도 했다. 먼 길을 떠나는 나그네가 지친 몸을 쉬어가기도 했다. 오가는 길손에겐 소나기를 피하는 안식처였고, 밤이슬을 피하려는 비렁뱅이들에게 하룻밤 잠자리를 제공하기도 했다. 비바람이 몰아치는 야심한 밤이면 들짐승들의 은신처가 되기도 했다.

한여름 삼복더위 뙤약볕 아래에서 밀짚모자를 쓰고 들일을 하는 농사꾼들이 더위를 피하고, 땀을 식혔던 정자. 들녘엔 큰 정자나무가 한두 그루씩 있어서 그 그늘은 농부들의 쉼터가 되어 새참을 먹고 잠깐의 낮잠으로 피로를 풀기도 했다. 정자나무가 없을 경우엔 적당한 곳에 모정茅亭을 지어 활용하기도 했다. 그것도 여의치 않으면 새막, 원두막, 초막을 지어 간이 모정 역할을 하였다. 산골짝 나무 길목마다 정자나무 아래 널따란 바위에서 나무꾼들은 쉬고, 꿀잠을 자며, 한담을 나누고 삶의 고단함을 풀었다. 정자나무는 무성한 잎으로 그늘을 만들어 사람들의 땀을 식혀주었다.

우리나라는 어느 곳이나 정자가 많은 편이다. 주로 놀거나 쉬려고 전망이 좋은 곳에 아담하게 정자를 지었다. 정자의 특징은 벽과 창이 없고 기둥과 마루 지붕만 있다. 햇빛과 눈비를 가리되 바람은 사방팔방으로 흐른다. 비켜 앉으면 하늘의 구름은 물론 달과 별과도 친구가 된다. 사람, 자연, 우주 어느 것과도 소통할 수 있다. 정자 옆에는 늘 어머니 마음처럼 넉넉한 그늘을 주는 느티나무 같은 큰 나무가 있었다. 정자나무라 불렀다. 주변에 크고 넓은 바위와 맑은 개울물이 흐른다면 더할 나위가 없다.

모정은 짚이나 새로 지붕을 인 정자의 일종이다. 규모나 시설 면에서 정자보다 작고 소박했다. 또 모정보다 작고 초라한 막幕이라는 게 있다. 비바람을 가릴 정도의 임시로 지은 집으로서 움막, 초막, 산막, 상엿집, 천막 등을 일컫는다.

정자보다 규모가 크고 호화스런 루樓가 있다. 일상 누정樓亭은 높은 집을 일컫는다. 성춘향과 이몽룡의 애절한 사랑이 깃든 남원 요천의 광한루, 의기 논개의 충정이 깃든 진주 남강의 촉석루, 아랑의 원혼이 서린 밀양 밀양강의 영남루, 김황원이 입을 다문 평양 대동강의 부벽루가 우리나라의 유명한 누각들이다. 누정으로선 서울 세검정, 경복궁 비원의 향원정, 담양의 면앙정, 함양의 농월정이 문화재적, 예술적으로 높은 평가를 받고 있다.

정자는 대부분 단층이고 누각과 누정은 2층 이상이다. 각閣 또한 높다랗게 지은 큰집으로서 산 위나 바위에 지은 정각의 일종이다. 중국을 여행하다 보면 기암절벽에서 많이 볼 수 있는 날렵한 모양의 누각들, 신선들이나 도인들이 살 것 같은 집이다. 우리나라엔 중국과 개념이 조금 다른 임해각, 임진각, 통일각 등이 있다.

요즈음 중앙정부나 지방자치단체에서 공원이나 마을에 정자를 많이 짓고 있다. 현대식 건축자재를 사용함으로써 옛날의 정취나 멋은 없지만 좋은 현상이다. 어느 지방 정자들은 먼지의 유입을 막기 위해선지 유리창과 방충망으로 바람의 소통을 차단하고 있는 곳도 있던데 그것은 정자라 할 수 없다. 자연과의 소통이 끊기니 말이다.

문화공간이 많을수록 문화생활이 향상되고 문화국민, 문화 선진국으로 가는 지름길임에 틀림없다. 한두 채를 덜 짓더라도 경관이 훌륭한 제자리를 찾아서, 꼭 있어야 할 자리에 지었으면 좋겠다. 바람도 통하지 않고 실개천도 없는 도심 한복판에 화려한 정자를 지어본들 그건 제대로 된 정자가 아니다. 자라나는 어린이들이 멋과 풍류를 정자에서 느끼고, 옛 선비들의 시상과 정서를 배우며, 세대 간世代間 우주의 신비, 자연의 오묘함, 사람의 향기를 이야기하고 그 정신을 후손들에게 이어준다면 참 아름답고 좋은 세상이 되지 않을까?

나는 경남 쪽으로 나들이를 할 때 되도록 고속도로를 피하고 어김없이 옛길, 26번 국도를 이용하여 육십령六十嶺을 넘는다. 경상남도 함양군 남강 줄기를 따라 거연정, 농월정, 동호정, 군자정 등 자연과 너무나 잘 어울리는 멋진 정자에서 잠깐 쉬어가며 여러 생각을 하기도 한다.

옛날 내 고향엔 용담댐 축조로 인해 예스런 정자가 한 채도 없다. 3천여 명의 수몰민을 위로한답시고 수자원공사가 축조한, 모양새만 번지르르한 콘크리트 3층 망향각이 망향의 동산에서 자태를 뽐내고 있다. 따스한 목조건물에 비해 싸늘한 시멘트건물은 왠지 정이 가지 않는다. 경관 좋은 함정산 산록에 멋진 대일정垈一亭이나 금강정錦江亭을 짓고 싶다. 고향을 잃고 떠난 수몰민들이 망향의 한을 달래고 서러움을 토해내며 울부짖을 장소, 애환의 공간이 되었으면 한다. 밝지도 어둡지도 않은 어슴푸레한 달밤에 풀벌레 소리를 들으며 가버린 젊은 날의 추억과 희미한 옛사랑을 아쉬워하고, 때로는 자작시 한 수를 밤바람에 실려 보내며 인생을 즐기는 그런 곳이었으면 한다. 서럽고 슬플 때 찾아와서 실컷 울고, 즐겁고 기쁠 때는 파안대소할 수 있는 그런 곳이었으면 한다. 먼 훗날 후손들이 찾아와 옛 조상들의 삶의 숨결을 느끼고, 우주만물들과 이야기를 나누며 생각하는, 감성과 정서를 키우는 그런 의미 있는 공간이 되었으면 한다.

정자는 휴식공간만은 아니다. 높고 알찬 꿈을 꾸는 장소다. 깊은 사색과 사유의 공간이다.

반성하고, 계획하고, 실천하고, 다짐하는 공간이다. 새로운 출발, 시작의 공간이다. 또한 추억의 공간이다. 사람과 사람, 사람과 문학, 사람과 자연, 사람과 우주와 소통하는 이 세상에서 으뜸 가는 아주 멋진 공간이다.

2009. 7. 7.(화)

한판승

— 제29회 베이징 올림픽 유도경기 관전기

올림픽경기 종목 중 개인투기로는 복싱, 태권도, 레슬링, 유도가 대표적이다. 이들 경기는 선수들의 몸무게에 따라 체급별로 경기가 이루어진다. 승패의 짜릿한 쾌감은 복싱과 태권도는 KO승, 레슬링은 폴승, 유도는 한판승이다. 심판의 채점에 의한 판정은, 현격한 실력 차가 나지 않을 땐 판정시비로 인하여 뒷맛이 개운치가 않다. 종종 심판의 매수, 오판 등으로 스포츠정신에 오점을 남기곤 했다.

2004년 그리스 아테네 올림픽에서 유도의 한판승 사나이 이원희 선수의 시원시원했던 경기 장면을 잊을 수 없다. 태권도 헤비급 결승전에서 문대성 선수가 돌려차기 한방으로 상대 선수를 기절시켜 승리한 장면은 가히 환상의 예술이었다.

제29회 근대올림픽이 어제, 이웃나라 중국의 수도 베이징에서 화려한 막을 올렸다. 중국이 100년을 기다렸다는 사상 최고 최대의 지구촌 축제가 틀림없는 듯했다. 동양에서는 1964년 도쿄, 1988년 서울 올림픽에 이은 세 번째다.

세계적 영화감독의 반열에 오른 장예모 감독이 연출한 개막식은 규모나 예술성에 찬사를 보내지 않을 수 없었다. 몇 해 전 북경에 들렀을 때 건설 중이던 메인 스타디움의 웅장함을 보고 놀랐었다. 만리장성, 천안문광장, 자금성 등 세계 제일을 지향하는 중화민국의 국민성을 엿볼 수 있었다. 중국이 빠르게 발전하고 있음을 실감할 수 있었다.

유도경기는 한판, 절반, 유효, 효과, 지도로 판정한다. 태권도가 우리 한민족의 국기이듯 유도는 이웃 일본의 국기이며 일본이 종주국이다. 또한 일본의 메달박스이기도 하다. 나는 유도를 잘 모른다. 어쩌면 일본의 국기이기에 그런지도 모른다.

1960, 70년대 프로레슬러 김일 선수는 박치기로 일본 레슬러들을 모조리 KO시키며 일본열도를 정복했다. 그 통쾌했던 기억을 지울 수 없다. 한판승이 아니면 유도 경기처럼 재미없는 경기도 없다. 모든 경기의 승패는 보는 사람들에게 시원스럽고 통쾌한 만족감을 주어야 한다. 그래야만 생명력과 인기가 있다.

유도 60kg급 최민호 선수는 올림픽 첫날, 기세도 당당하게 첫 판부터 결승전까지 업어치기와 들어메치기 기술로 내리 다섯 판을 한판승으로 세계를 평정했다. 32명 중 최고의 기량을 지닌 선수였고 아주 멋지고 완벽한 승리였다. 유도의 경기 시간은 5분이다. 그는 다섯 경기를 단 8분으로 마무리지었다. 한 게임 반의 시간으로 속전속결, 번갯불에 콩 구워 먹듯이 경기당 평균 1분 36초. 전무후무한 기록일 것이다. 이것은 분명 쇼킹한 사건이다. 4년 전 아테네 올림픽에서 근육 경련으로 통한의 동메달에 그치며 와신상담, 절치부심하며 정진한 당연한 결과라 생각한다. 마음고생을 잘 삭여 노력한

최 선수가 정말 자랑스럽고 대견하다.

결승전에서 최민호 선수에게 패한 세계랭킹 1위, 오스트리아의 파이셔 선수 또한 진정한 스포츠맨이었다. 치욕적인 한판 패에도 불구하고 매트 위에 엎드려 감격의 눈물을 흘리는 최민호 선수의 손을 잡아 일으켜주고 승리를 진심으로 축하해주는 모습은 참으로 아름다웠다. 예禮의 기본을 갖춘 인간미가 또 하나의 금메달감이었다.

연일 폭염으로 짜증나게 하는 날씨, 뭐 하나 되는 일도 없고 뒤로만 가는 정치판에 피멍이 들어 버린 고달픈 서민들의 삶. 남북이 줄곧 동시 입장하던 올림픽 개막식의 입장식에서, 이번은 너 따로 나 따로 입장을 했으니 전 세계인과 200여 참가국의 선수 임원들은 우리 겨레를 어떤 눈으로 보았을까. 그저 우울하고 씁쓸할 뿐이다. 10위를 하면 뭐하랴. 남북 단일팀을 구성하여 출전한다면, 아등바등 10위에 집착하지 않아도 가능할 텐데. 우리의 생활에 활력과 기쁨을 준 올림픽 첫날 첫 금메달은 우리 국민에게 무척 값진 선물이었다. 10여 년 전 IMF로 국민이 고통을 받을 때 태평양 건너 이역만리 미국에서, 프로야구의 박찬호와 미국의 LPGA에서 박세리가 실의와 패배주의에 빠졌던 우리 국민들에게 용기와 희망의 씨앗을 뿌려 주었고, 큰 위안과 힘이 되었었다.

내리 다섯 판의 한판승은 삼복더위와 정치판에 지치고 짜증난 우리 국민에게는 한 줄기 시원한 소나기였고, 목마른 우리 국민에게는 한 컵의 시원한 냉수였다.

2008. 8. 9.(토)

달구벌 하늘에 빛난 별

나에게 대구란 곳은 멀고도 가까운, 밉고도 미워할 수 없는 애증 어린 야릇한 도시다.

10대 후반 어느 백일장에서 입상이란 끄나풀로 만나 2년 남짓 편지를 주고받으며 젊음과 사랑, 인생관, 삶과 예술, 영호남의 정치적 갈등과 반목, 개똥철학을 논했던 경남 창녕이 고향인 L. 그녀는 영남대학에서 국문학을 전공하는 소설가 지망생이었고, 새벽연기처럼 가냘프고 파르스름한 빛이 도는 창백한 애였다. 어느 날 캠퍼스에서 만나자는 약속을 지키기 위해 스치기만 했던 대구를 처음으로 방문했다. 대구시에 진입하자 아주 오래전 기억이, 가느다란 빗방울이 내리던 늦가을 오후가 오버랩되었다.

며칠 전 7월 15일 밤의 열기는 감자도 삶아 익힐만 했다. 불의 고장 달구벌은 한낮의 폭염에 녹아내린 지열과, 전국에서 모인 사백여 명의 수필을 사랑하는 사람들의 뜨거운 가슴에서 뿜어나오는 열정으로, 차분함이 실종된 흥분과 설렘의 마당이었다. 5년 전 팔공산 등산 이후 실로 오랜만에 찾은 것이다. 대구 프린스호텔 별관 리젠시 홀은 제8회 수필의 날 및 전국 수필가 교류대회 행사장이었다.

저명한 원로 수필가들을 지척에서 뵐 수 있었고, 사회자의 수필처럼 간결한 진행과, 수필낭송, 기악연주, 성악, 수필특강, 주최 측 '수필세계'의 짜임새 있고 정성 어린 준비로 맵시나고 깔끔하게 진행되었다. 몇 분 외에는 글과 책으로만 만나다 직접 모습을 뵈니 크나큰 기쁨이었다. 다들 지나친 화려함도 아니고 그렇다고 초라하지도 않고 단아하며 고매한 모습에서 높고 깊은 품격을 느끼며 흠모와 존경심이 우러났다. 제주도를 제외한 전국에서 수필인 일부만 참석하였지만 가히 대한민국 수필가의 얼굴로선 한 치의 손색이 없었다.

또 하나의 기쁨은, 수필가로 등단 절차를 거치지 않았지만 좋은 수필을 우리에게 남겨준 이응백 전 서울대 교수님의 노익장을 볼 수 있었던 것이다. 청년 시절 들은 그분의 감동적인 강의를 지울 수 없었으니 말이다. 여든여섯의 노구를 이끌고 구부러진 허리를 부축받으며, 친교의 시간에 머리칼 허연 문우님들과 열창하시는 모습과 환한 표정이 어찌나 평온하고 맑은지, 황혼의 그림이 저렇게 아름다울 수도 있구나 하는 생각을 했다. 소름끼치는 숙연함에 마음을 다시 한 번 추슬렀다.

≪현대문학≫지 출신 수필가들의 노래 〈얼굴〉은 금아 피천득 선생을 추모하고 기리는 의도는 의미 깊었으나 〈단〉의 베스트셀러 작가 K의 기행奇行이 눈에 거슬렸다. 부경문학회의 친교의 시간 진행자의 경박함도 기품 있는 수필인의 날 행사에는 어울리지 않았다.

제 1일 수필의 날 행사 후 뭔가 허전해 문우 몇 분들과 'ㅆ' 발음을 못하는 대구 능금만큼 아름다운 여인과 문학과 인생, 현 정권, 세상살이를 오징어 씹듯 안주삼아 소주를 마시며 자정을 한참 넘기고 눈을 붙였다.

제 2일 산상문학회도 값지고 좋았지만, 시간을 할애하여 폐회 전, 유명 원로 수필가와 중진과 신인 지역별 문학회별로 열다섯 파트 정도로 나누고, 20~30명씩 한 그룹으로 묶어 주제를 정하고 대화와 토론하는 시간이 있었으면 더 유익하지 않았을까 하는 생각을 했다.

수필인들은 여러 방면으로 출중한 기와 능력을 갖췄음을 알 수 있었다. 노래, 춤, 악기연주, 낭송, 진행, 전문가가 아닌데도 수필인 스스로 혼신을 다하여 전국적인 대회를 깔끔하고 매끄럽게 경제적으로 치르고 있었다. 이 외에도 보이지 않는 수만 가지의 재주를 지니고 있으리라. 수필인들의 위대한 힘의 원천, 숨은 저력은 아마 수필의 힘이라고 생각한다. 수필인은 달구벌 위, 팔공산자락 위, 하늘에 영롱히 빛나는 별들이다. 400여 개의 크고 작은 별들이 광채를 낸 수필의 날을 기점으로, 수필의 앞날이 결코 지나온 날처럼 그늘이 아님을 깨우쳐 주었다. 나도 언제쯤 저 별무리 중 어느 한 귀퉁이에 작지만 푸른 별이 되어 희미하게나마 빛날 수 있을까.

2008. 7. 20.
2008 ≪행촌수필≫ 겨울호(14) 게재.

달콤한 낮잠의 마력

매미들의 합창소리가 우렁차다. 집 주변 잎이 무성한 나무들에서 여러 종류의 매미들이 울어대며 숲 속의 적막을 깬다. 유난히 올여름은 후텁지근하다. 내일이 말복이어서 그런지 바람 한 점 없는 고요가 차라리 더 짜증스럽다. 제법 파란 하늘에 두둥실 떠 있는 뭉게구름이 더욱 숨 막히게 한다. 삼복의 여름 한낮이다. 빨간 고추잠자리는 빨랫줄과 장독대에 날아와 한가롭게 유영한다. 아침이슬을 머금고 싱싱하게 피었던 빨간 나팔꽃이 더위에 지쳤는지 축 처져 있어서 안쓰럽다. 오늘이 입추인데 더위는 쉽사리 물러설 기미조차 보이지 않는다.

더위를 피하려고 이른 아침부터 이슬에 옷을 적시며 빨개진 고추 두 물을 땄다. 깨끗이 씻은 다음 비닐하우스에 널었다. 쉴 틈 없이 곧바로 예초기를 메고 내 키만큼 자란 잡풀들과 두어 시간 싸움을 하고 나니, 나 역시 영락없이 시든 한낮의 나팔꽃 신세다. 땀으로 뒤범벅이 된 육신은 녹초가 되었다. 지금 내 나이 몇이냐고 자문해 보았다. 씁쓸한 웃음이 터졌다. 늘 육체의 건강을 자만한 탓인가. 마음의 나이는 젊은데, 어느새 내 육신의 나이는 저만치 멀리 가 있다.

일거리가 어중간해서 때가 지나서야 점심을 먹었다. 평소 낮잠 자는 버릇이 없는 나에게 달콤한 오수가 진하게 유혹했다. 어젯밤 잠을 설친 탓인 게다. 눈을 뜨니 시계는 6시 전이다. 피로하여 평소보다 늦게 일어났음을 직감하고, 서둘러 김초롱과 이초롱의 아침밥을 챙겨주고 고추밭을 둘러보았다. 점점 밝아져야 할 주변이 조금 더 어두워진 느낌이었다. 이상하다 싶어 하늘을 보니 깨끗했다. 시곗바늘은 분명 7시를 막 지나고 있었다. 과일나무들을 차례로 둘러보는데 밝아져야 할 주위가 더 어두워진 것 같아 방안의 TV를 켜보니 오후 7시 뉴스가 방송되고 있었다. 왜 24시간으로 표시된 벽시계는 없는 걸까? 늦은 점심 후 등받이 흔들의자에 앉아서 사르르 나도 모르게 잠이 들었었나 보다.

초등학교 5학년 여름방학이 막 끝난 8월 말경으로 기억된다. 그날은 오전 수업만 있는 날이었다. 동무들과 더불어 강에서 손바닥이 우둘투둘할 때까지 물고기를 잡고 미역을 감는 게 여름철의 일과였다. 저녁 새때쯤 대청마루에서 늘어지게 단잠을 자고 있었다. 어머니가 학교 안 가냐며 흔들어 깨우는 바람에 허겁지겁 책가방을 챙겨 학교로 뛰어갔다. 운동장은 조용하고 교실에는 아무도 와 있지 않았다. 내가 너무 빨리 왔나? 당번은 왔을 텐데? 한참을 기다려도 아무도 교실에 들어오는 애들이 없었다. 유리창 밖 교정은 어둠이 깔리고 있었다.

'아, 당했구나!'

캄캄해져가는 자갈길을 단숨에 달려 집에 도착하니 어머니는 빙

긋이 웃으며

"학교 잘 다녀오느냐? 그런데 왜 이리 빨리 오느냐?"

고 시침을 떼셨다. 그날 나는 하루에 두 번이나 학교에 가는 바보가 되었다. 어머니가 우회적으로, 나의 늦잠이 나쁜 버릇으로 될까 봐, 선택한 가르침이었던 걸 오랜 후에야 깨닫게 되었다.

그런 일이 있은 뒤 나는 절대 낮잠을 자지 않겠다고 맹세했고 오늘까지 성실히 그 약속을 지켜왔다. 그런데 나는 오늘 그 계율을 어긴 파계승이 되어버렸다. 군복무 시절 아무리 피곤하고 힘들었어도, 하절기 공식적인 30분간의 오침시간도 잘 견뎌냈는데, 나 자신과의 약속을 깨뜨려서 몹시 언짢았다.

올해 나는 366일을 사는 셈이다. 하루를 더 살았으니 열심히 살았다고나 할까? 잠깐의 낮잠은 최고의 보약이라는 말이 있다. '더글러스 맥아더'는 전쟁터에서도 낮잠을 즐겼다는 에피소드도 있다. 하기야 그분은 위대한 거인이니까 그렇다고 치자. 밤잠을 설치지 말고 충분히 깊고 평안하게 숙면을 취할 일이다.

"누가 그걸 모르냐고? 다 열대야와 여름 밤하늘의 별무리 때문이지."

애써 구차한 핑계를 대보지만 어쩐지 궁색하고 찜찜할 뿐이다.

2008. 8. 10.

≪행촌수필≫ 제18호 (2010. 12월) 게재.

8년 주기의 법칙

지난여름 미국은 최초 여성대통령이냐? 최초 흑인대통령이냐?로 한낮의 더위만큼이나 뜨거웠다. 민주당의 치열한 예비선거의 열전 속에 피부색이 성의 장벽을 넘어, 흑백의 혼혈인 검은 피부의 버락 오바마가 전 퍼스트레이디이며 뉴욕 주 상원의원인 거함 힐러리 클린턴을 제치고 민주당 대선주자로 결정되었다. 민주공화당의 오바마와 매케인의 결선은 민주당 예비선거의 긴장감과 뜨거움에 훨씬 못 미친 너무 싱거운 한판이었다. 지난 11월 5일 끝난 미국 대통령 선거는 많은 화제와 기록을 남기고 민주당 오바마 후보의 압도적 승리로 끝났다.

미 건국 230여 년 만에 최초로 검은 피부의 버락 오바마가 제 44대 대통령에 당선되었다. 케네디, 클린턴에 이어 40대 젊은 지도자를 미 국민은 선택했다. 주지사 의회의 상하원도 민주당의 압승으로 맥 빠진 결과였다. 거의 주기적인 8년 만의 정권 교체도 어김없이 이루어졌다.

미국은 양당제도가 잘 발달되고 정착된 나라 중 하나다. 보수주의와 부유층이 주류인 공화당과 진보주의와 중산층이 주류인 민주당이 번갈아 미국을 이끌고 있다. 우리 국민과 우리 대한민국은, 오래 전부터 세계의 중심에서 이 세상을 이끌고 있는 미 대통령 선거에 민감할 수밖에 없다. 최근 우리나라 정권과 미국의 정권이 서로 엇박자를 낸 것도 집권정당의 통치이념의 차이였기 때문이다.

미국은 성공한 훌륭한 대통령으로 초대 조지 워싱턴, 3대 토마스 제퍼슨, 16대 에이브러햄 링컨, 28대 우드로 윌슨, 32대 프랭클린 루스벨트, 35대 존 F 케네디 대통령을 꼽는다고 한다. 훌륭한 업적과 국가발전에 지대한 공로가 있었기 때문이리라. 버락 오바마도 위 반열에 오르기를 기대한다. 우려했던 대로 미 국민은 8년 전 민주당 후보 앨 고어란 훌륭한 지도자를 희생양으로 함량 미달인 공화당의 조지 부시를 선택했었다. 미국만의 독특한 선거제도 때문이었고 빌 클린턴 대통령의 스캔들도 한몫했으리라. 유권자의 득표에서는 이기고 선거인단 수에서 근소한 차로 패배했다. 2004년 선거에서 존 케리 후보는 부시의 재선을 막기엔 역부족이었다. 8년 주기의 법칙이 적용되었다. 공화당의 존 매케인 후보도 대단하고 훌륭한 후보인 것은 분명한 것 같으나 부시의 지난 8년간의 실정에 의한 희생양으로 생각된다.

역대 미국대통령의 임기를 살펴보면 대부분 8년마다 공화당과 민주당 후보가 번갈아 당선되며 정권교체가 이루어지고 있다. 임기 중 사망한 케네디, 링컨을 비롯한 네 명과 워터게이트사건으로 사임한 닉슨, 단임 몇 명과 4선의 프랭클린 루스벨트를 제외하곤 대부분 4년 임기를 연임하고 있다. 1945년 프랭클린 루스벨트 이후 헌법으로

3선을 막아놓아 장기 집권을 사실상 봉쇄한 것이다. 또한 미국 역사상 부자夫子가 대통령을 역임한 것은 2대 존 아담스, 6대 존 퀸스 아담스, 41대 조지 H 부시, 43대 조지 W 부시 두 집안뿐이다. 부시 집안은 부자간 대통령을 재임한 영광 뒤에 최초로 유색인종(흑인)에게 대통령직을 넘겨준 대통령으로 역사는 기록할 것이다.

우리나라의 진보정당이 집권할 때 미국의 민주당이, 보수정권이 집권할 때 공화당 후보가 당선되었으면 우리나라의 국익에 큰 보탬이 됐으련만 아쉽게도 엇박자의 연속이었다. 우리 대통령은 임기가 채 1년도 안 남은 부시 대통령에게 달려가 속곳까지 다 벗어주고 올 즈음, 프랑스 사르코지 대통령은 힐러리 클린턴과 민주당 예비선거도 끝나지 않은 오바마와 회담을 하고 오는 정치력이 돋보였다. 정보의 부재인가? 정치력의 부족인가? 심히 혼란스러웠다. 오바마가 당선되자 우리 정부의 허둥대는 꼴이 볼썽사납다. 외교통상부와 국가정보원은 무얼 하고 있었는지 한심할 따름이다. 뒷북치듯 당선자에게 추파를 던지는 꼴이 가관이다. 실망의 연속이다. 우리 국민과 대한민국을 슬프게 한다.

오바마 당선자는 엄밀히 흑인은 아니다. 피부색만 검을 뿐 백인에 가깝다고 봐야 옳을 것이다. 흑백의 혼혈이나 2/3는 백인인 셈이다. 백인 외조부모 밑에서 백인의 교육을 받고 엘리트 코스를 밟은 행운아다. 불우한 소년 시절과 한때 피부색으로 인한 방황과 좌절을 겪었지만 하버드 로스쿨을 수석으로 졸업한 수재이다. 능력이 인정되면 기회가 주어지는 미국이라는 평등한 사회가 아메리칸 드림 실현의 본보기가 아닐까 한다. 만약 오바마가 아버지를 따라 아프리카 케냐로 갔었다면 오늘의 오바마는 없었을 것이다.

흑인의 능력은 결코 백인에게 뒤지지 않는다고 생각된다. 인종차

별, 백인과 같은 교육환경, 경제력이 미치지 못하는 것뿐이다. 스포츠 분야에선 단연 발군의 기량을 보이고 있다. 골프, 농구, 야구, 축구, 육상, 미식축구 등 대부분 슈퍼스타는 흑인이다.

화이트 하우스에 어린 두 딸을 비롯하여 검은색 대통령과 퍼스트 레이디가 집무하는 내년 1월 이후를 그려보며 피식 웃는다. 전통적으로 기르는 대통령 가족의 애견도 검은색이면 좋겠다는 생각이다. 흑백의 조화가 잘 어울리리란 긍정적 생각이다. 재임 중 기왕이면 연임을 하여 지난 8년간 전쟁과 핵문제, 석유파동, 기업의 도산 등으로 경제가 파탄되고 얼룩진 미국사회에 용기와 희망을 주고, 빈곤과 억압받는 소수 유색인종에게 인권회복과 부의 균형분배에 전력투구를 주문하고자 한다. 패권주의를 버리고, 무의미한 전쟁을 종식시키고, 평화와 안정이 전 세계로 퍼져 이 지구촌 전 인류가 행복한 삶을 누릴 수 있는 주춧돌이 되어주길 희망한다.

우리나라 이익에 보탬이 되는 대통령이었으면 좋겠다. 남북으로 분단된 유일한 지구상 한민족의 통일기반이 되는 우방국이었으면 더할 나위 없겠다. 그에겐 험난한 시련의 과정이 기다리고 있다. 내년 1월이면 마흔여덟의 젊은 대통령이 취임한다. 미국의 대통령은 전 세계의 대통령이라 해도 틀린 말은 아니다. 4년 후 아니 8년 후 임기를 마치고 미 국민과 지구촌 전 인류에게 아쉬움과 존경을 받으며 백악관을 떠나는 대통령이 되길 바란다. 미국 역사에 훌륭한 대통령으로 기록되기를 진심으로 소망한다.

2008. 11. 16.(일)

별은 내 가슴 깊은 곳에 있었네

귀뚜라미는 잠도 없나 보다. 달도 없는 삼경인데 지칠 줄도 모르고 끊임없이 노랠 부른다. 하기야 낮에 우는 귀뚜라미 소리는 들어본 적이 없는 것 같다. 매미들에게 기가 꺾였을까? 아니면 야행성이라 그런가? 뜰 안 풀숲에서 들려오는 쉴새없는 그들만의 합창과 수다가 싫지 않다. 사람마다 목소리가 다르듯 귀뚜라미들도 소리가 제각각이다. 아! 오늘이 입추고 칠월칠석이구나. 시간 개념을 깡그리 잊어버리고 일 년만 한 마리의 새가 되어 자유인이 되어 보자던 지난해 말의 퇴임 때 스스로 한 약속에 벌써 익숙해져 있나 보다. 이제 반 년을 조금 넘겼을 뿐인데 이렇게 세월이 빠르다는 걸 다시 또 실감한다.

창밖에서 방충망을 뚫고 불어오는 한여름 밤의 푸른 공기가 알싸하다. 방 안에서 듣는 귀뚜라미의 연주 소리보다 뜨락에서 듣는 울음소리가 더 좋을 것 같아 밖으로 나섰다. 이름 모를 풀벌레들은 우수와 여운이 깃든 목소리로 내 영혼을 호수의 깊은 바닥까지 가라앉힌다.

여름 밤하늘은 유난히 맑고 깊다. 88올림픽 폐회식 때 휘황찬란하게 반짝이다 사라지던, 관중석 수만 개의 불빛만큼이나 많은 별들이 빛나고 있다. 크고 작고, 밝고 흐리고, 파랗고 희고 노랗고, 개밥바라기는 하늘 한복판에서 황금빛 어의御依를 뽐낸다.

북동에서 남서쪽으로 굵고 선명하게 내리뻗은 미리내가 아침 햇살에 반짝이는 은물결로 가득 찼다. 산 능선으로 둘러싸인 밤하늘은 커다란 호수, 영락없는 천지天池다. 스카이 라인이 부드럽고 포근하게 감싸고 있다. 멀리 발아래 강여울에선 조잘대는 물소리가 불어오는 바람결에 실려와 귀를 간질인다. 이따금 반딧불이 반짝이며 저속으로 야간비행을 한다.

어릴 때 그리하였듯 평상에 누우려니 어느새 밤이슬에 촉촉이 젖어 있다. 두 팔을 베개 삼아 누워 하늘을 본다. 무수한 별무리들이 제각각 반짝인다. 숱한 여름밤에 뒤섞인 기억의 파편들이 꼬리를 물며 나타났다 사라지곤 한다. 이따금 별똥별은 하늘을 가로질러 산 너머 남쪽 그 어느 곳으로 고속비행을 하며 추락한다. 유성이 떨어진 이름 모를 그곳은 네로 황제가 다스리던 로마처럼 불바다가 되어 새로움을 잉태할 것이다. J대학교에서 철학교수로 정년을 맞은 K교수님은 나의 초등학교 4학년 때 담임이셨다. 선생님은 한여름 밤이면 나를 학교 동산으로 불러내 위인들의 이야기와, 그리스신화에 얽힌 하늘의 별자리 이야기 등을 들려주던 큰형 같은 분이셨다. 학교에는 예쁜 동산이 있었다. 일제강점기 신사神祠가 있던 곳이었는데, 광복 후 아름답게 숲으로 꾸며 놓아 여름철 자연학습장으로 활용된 야외수업장소였다. 한여름은 매미소리가 시끄러울 정도였다. 돌베개를 베고 바닥에 나란히 누워 하늘의 별을 헤며 허황한 꿈을 꾸곤 했다. 은하수 북쪽의 작은곰자리에 속한 북극성을 중심으로, 그리스 신화에 얽힌 다섯 개의 별이 모인 W자 모양의 카시오페이아자리와, 국자 모양의 일곱 개의 별 큰곰자리의 북두칠성이 일직선을 이루며 돌고 있다는 것을 배웠다. 북극성은 남십자성과 함께 망망대해를 항해하는 뱃사람의 길잡이가 되고, 하늘을 나는 비행기의 항법기준이 된다는 사실도 들었다. 신비하고 오묘한 별과 별자리에 얽힌 이야기들은 내게는 하나의 신화가 되었다. 별밤의 신비한 아름다움은 차라리 쓸쓸함과 가슴 시린 아픔이었다. 내 전생의 별은 어느 것일까? 사람이 죽으면 별이 된다는데…….

몇 해 전, 서울과 오사카에서 기업을 경영하는 여장부, 깨복쟁이 친구 C가 초등학교 동창회에 처음 참석했다. 120명 동기동창 중 미모가 출중하고 당당한 재력가로 변신해 있었다. 오늘처럼 별이 찬란히 빛나는 밤이었다. 동창회를 마치고 내 산막에서 밤이슬을 맞으며, 머리칼이 허연 중년의 옛 동무들은 열세 살 소년 소녀가 되었다. 남겨두었던 40여 년의 지나간 이야기로 여름밤을 지새웠다. 그녀는 별빛과 풀벌레 소리, 바람 소리에 흠뻑 도취되어 흐느끼고 있었다. 40여 년간 별과 달, 신비스럽고 아름다운 자연을 잊고, 오로지 부와 명예를 좇아 살아온 자신이 초라해서 미칠 것 같다며, 즉시 땅을 구해달라고 떼를 쓰는 것이었다. 나는 이웃의 임야를 어렵사리 구해주었고, 그 친구는 거금을 투자하여 전원주택을 지었다. 한 달에 두세 번 내려와 채소도 가꾸고 책도 읽으며 산책을 하고, 별과 바람, 안개와 풀벌레를 동무하다 쉬어가곤 한다. 그녀도 이제 삶의 멋과 의미를 깨달은 보살이 된 걸까?

여름밤 별자리는 북극성을 축으로 조금씩 자리를 옮겨가고 있다. 은하수는 아까보다 더욱 선명하게 빛난다. 눈보라가 달리는 차창에 돌진해 부딪치듯 무수한 별들이 반짝이며 내게로 쏟아져 내린다. 유리그릇이 잘게 깨지고 부서져 수만 개의 파편이 되듯 별은 내 가슴에 달려와 박힌다. 감당할 수 없는 고통과 환희와 희열에 몸서리가 쳐진다. 가슴이 터질 것만 같은 아픔을 느낀다. 우리도 언젠가는 여름밤 별무리들을 보며 꿈꾸었던 저 하늘의 어느 한 별이 되어 있을 것이다. 어린 시절 꿈꾸며 그리던 나의 별은 어느 별일까? 별은 하늘에만 있는 게 아니었다. 별은 아주 오래전부터 내 가슴 깊고 깊은 곳에 자리잡고 있었던 모양이다.

2008. 8. 20.
≪현대문예≫ 2009년 창간호 게재(2009.10.)

한여름 밤의 열기(1)

— 되돌아본 2010 남아공 월드컵축구 이야기

한 달간이나 이어진 불면不眠의 밤이 마침내 끝났다. 이명耳鳴처럼 귓전을 괴롭히던 귀울림, 부부젤라(Vuvuzela)의 역겨운 소리는 아직도 쉴 틈 없이 울린다. 숨 막힐 듯 답답하고 짜증스럽다. 도에 지나친 소음공해다. 긴 가뭄과 더위, 6월의 후텁지근함이 뒤범벅된 여름밤은 짧기만 하다. 적중률 9할을 웃도는 내 예측은 여지없이 빗나간 화살이었다. 지난 12일 새벽, 에스파냐의 승리로 오렌지군단 네덜란드를 울음바다로 만들며 19회 2010 월드컵이 막을 내렸다. 연장전까지 가는 120분간의 혈투, 연장 후반 마지막 3분을 남기고 승리의 여신 니케는 정열의 나라 스페인에게 FIFA컵을 안겨주었다. 8년 전, 허리통증 때문에 진통제를 맞아가며 목발을 짚고, 경기장을 찾던 우스꽝스런 내 모습을 상상하며 씁쓸한 웃음을 지었다. 무거운 카메라와 쌍안경을 목에 걸고, "대~한 민 국! 짝! 짝! 짝!" 함성이 울리던 경기장. 힘겹게 계단을 오르는 나를 장애인인 줄 알고 부축해 주던 어느 젊은이의 모습. 비싼 관람료, 인터넷 예약, 휴가, 세계적인 선수들과의 만남, 촬영, 기록 등이 주마등처럼 스쳐간다. 전주, 광주, 대전으로 떠돌던 2002년 6월. 많은 운동경기 가운데 축구를 가장 좋아하는 데는 그 이유가 있다. 소년 시절 〈축구황제 펠레〉란 흑백 월드컵 기록영화를 보고난 뒤부터였다. 비교적 단순한 축구경기를 예술의 경지로 승화시킨 그의 신기神技에 매료되었기 때문이다. 그 땐 흙먼지 이는 맨땅에서 맨발로 공을 찼다. 축구화는커녕 잘해야 운동화를 신었고, 고무신발을 새끼로 질끈 동여매고 볼(Ball)을 따라 사람 따라 좌충우돌했다. 쇠가죽 축구공이 아까워 돼지오줌보와 짚뭉치에 새끼를 감아 공을 대신하기도 했다. 배구, 농구, 정구 등은 비교적 좁은 장소에서 즐길 수 있지만, 축구는 22명이란 2개 분대의 전쟁놀이여서 학교 운동장이나 강가의 잔디밭, 추수를 끝낸 넓고 큰 논이 아니면 엄두를 낼 수 없었다. 그 무렵 우리나라엔 축구 전용구장 하나 없었고, 잔디구장 역시 한 곳도 없는 축구 후진국이었다. 열정과 강인한 정신력, 끈질긴 악바리 근성으로 아시아를 휘어잡고 있었다. 이유 없이 일본은 이겨야 했다. 쓰디쓴 한 · 일감정 때문이었으리라. 지난 6월 12일부터 7월 12일까지 지구촌 저 너머 아프리카대륙 끄트머리, 만델라와 다이아몬드의 나라 남아프리카공화국에서 제19회 2010 월드컵축구경기가 개최되었다. 아프리카 대륙에서는 최초로 열린 대회였다. 이제 오세아니아주만 미개최대륙으로 남게 되었다. 네 해 전 미지의 대륙에서 월드컵 관람과, 가까운 시일 내에 만년설이 사라진다는 킬리만자로 등반을 꿈꾸었다. 둘째 아이의 혼례와 맞물려 안타깝지만 욕망을 슬그머니 접어야 했다. 제20회 2014 브라질월드컵축구 관람과 리우관광을 대신하기로 마음을 굳히며 자위自慰하였다. UN회원국보다 많은 FIFA회원국, 올림픽의 열기를 훨씬 뛰어넘는 단일종목의 월드컵축구경기, 월드컵이란 명칭이 상징하는 바가 실감난다. 이번 월드컵은 2년 전부터 204개국이 지역 예선을 거쳐 32개국이 본선에 올라 자웅을 겨루는 국가대항전이었다. 우리나라는 아시아 지역 예선을 거쳐 3.5장의 티켓 중 제1순위로 본선에 오르게 되었다. 제비뽑기 끝에 남미축구의 자존심 아르헨티나, 올림픽의 발상지 그리스, 검은 대륙의 돌풍 나이지리아와 B조에서 예선 16강전을 리그전으로 치르게 되었다. 성숙한 주장 박지성의 뛰어난 활약에 힘입어 전 2004 유로컵 우승국 그리스를 2:0으로 이겨 첫 승리의 기쁨을 안겨 주었다. 예감이 좋았다. 1986년 멕시코 월드컵스타 마라도나와 이번 대한민국의 허정무 감독은 깊은 인연이 있었다. 세계적인 마라도나 선수의 마크맨이 허정무 선수였다. 마라도나가 태권도 축구, 진돗개 정신 등 혀를 내두른 아시아 최고의 올라운드 플레이어였다. 3:1로 지긴 했지만 한국축구가 콧대 센 남미축구에 깊은 인상을 심어준 게임이었다. 2:1 패배를 점쳤지만 어이없는 박주영의 자살골(자책) 덕에 4:1이란 치욕의 대패를 하게 되었다. 허 감독의 심정은 착잡했으리라. 반면 기고만장했던 마라도나도 며칠 뒤 독일에게 4:0으로 진 굴욕을 어찌 짐작이나 했을까? 3차전 나이지리아와 아쉬운 2:2무승부로 1승1패1무, 5골을 넣고, 6골을 먹어 조 2위로 사상 처음으로 원정 16강에 진출하였다. 더욱이 스타플레이어 출신 국내파 감독이 이룬 성과라서 더욱 빛난 결과였다. 이번 MVP로 뽑힌 포를란이 이끄는 남미의 강호, 최초 월드컵 개최국이며 우승국인 우루과이의 실력은 우리보다 조금 위였다. 결과는 2:1 분패였다. 8강의 문턱은 높았다. 이웃 일본은 지역예선 때보다 훨씬 훌륭한 경기를 보여주었다. 우리나라와 일본은 8강 진입에 실패했지만 2002 대회 이후 아시아 축구의 위상을 드높이고 유럽, 남미축구와 어깨를 나란히 견줄 수 있었다. 1966년 런던월드컵에서 8강 신화를 이룩한 전설의 주인공 북한이 44년 만에 본선에 진출하였으나 16강 진입에 실패한 것은 못내 아쉬움으로 남는다. 16강 동반진입을 기대했었는데……. 예상대로 16강엔 기술축구를 구사하는 남미 5팀이 모두 진출하였다. 그러나 전번 대회 우승국인 축구 강국 이태리와 예술축구의 진수 프랑스가 탈락의 쓴잔을 마시는 이변이 연출되기도 하였다. 유럽과 아프리카축구의 참패였다.

2010. 7. 21.

한여름 밤의 열기(2)

— 되돌아본 2010 남아공 월드컵축구 이야기

남아공 월드컵축구 8강전엔 남미 4팀, 유럽 3팀, 아프리카 1팀이 겨루게 되었다. 4강전에선 이변이 속출했다. "공은 둥글다." "축구는 한 사람이 하는 게 아니다."라는 말을 증명한 좋은 예였다. 영원한 우승 후보 브라질과 언제나 우승을 넘보는 아르헨티나의 탈락은 대단한 충격이었다. 스타플레이어가 즐비한 두 나라는 유럽의 잘 훈련된 조직 축구에 무릎을 꿇었다. 남미에선 우리나라를 2:1로 이긴 우루과이만이 4강에 진출하고 유럽 세 팀이 고스란히 올라갔다. 축구 종주국이라며 콧대가 센 잉글랜드는 독일에 4:1참패, 아르헨티나 역시 4:0참패, 예선 리그 때 북한이 포르투갈에게 7:0으로 참패한 것 이상의 이변에 가까운 스코어였다. 현대 세계축구는 현란한 개인기와 스피드로 예술축구를 구사하는 남미축구와, 힘과 체력 조직력을 앞세워 토탈사커를 주 무기로 하는 유럽축구로 양분되어 있다. 제3세력으로 유럽축구에 가까운 아시아축구, 남미축구에 가까운 아프리카, 북중미축구로 구분지어도 무리는 없다. 나는 예술적인 남미축구 예찬론자다. 그중에도 브라질축구를 단연 으뜸으로 꼽는다. 월드컵 개막전, 당연 우승국으로 브라질, 준우승국 스페인, 독일과 아르헨티나를 3, 4위로, 여러 가지 근거자료를 토대로 예측했었다. 우리나라에 박지성 같은 선수 두 명만 더 있었다면 8강이나 4강 진입도 가능하리라고 생각한다. 골게터 부재가 퍽 아쉬웠다. 박주영의 잦은 실축에도 교체멤버로 투입할 선수가 없으니 허정무 감독의 고뇌를 짐작할 수 있었다. 이동국이 번번이 국가대표 선발에 탈락한 이유를 알만 했다. 허 감독은 마지막 기회를 주었으나 그는 제몫을 다하기엔 역부족이었다. 그는 국내용이지 국제용은 아닌 것 같았다. 제몫을 할 시간도 여유도 없는 듯했다. 수비의 허술함, 경기시작 10분 전후 골을 허용하는 사례가 빈번했다. 허 감독이 말했듯 수비수 양성과 처우개선이 시급한 문제다. 스포트라이트를 받는 공격수를 선호하니 궂은일 도맡아야 하는 수비수를 선호할 리 없다. 40년 전 우리가 잔디구장이 없었듯이, 얇은 선수층과 시설, 처우 등은 유럽에 비교할 수 없는 열악한 수준이었다. 88올림픽과 2002 월드컵을 거치며 스포츠 선진국 대열에 합류하고 야구에 이은 프로팀의 탄생, K-리그 출현이 발전의 밑거름이 되었다. 천재성이 있는 유소년 선수의 조기발견과 육성, 조기 축구유학, 유럽 유명 프로팀 진출이 지속되어야 한다. 10~20년 뒤엔 희망이 있다. 이번 월드컵에서도 해외진출 선수들이 국내 K리그 선수들에 비해 훨씬 뛰어난 기량을 발휘했음이 여실히 증명되지 않았는가? 박지성 선수의 겸손과 성실의 리더십, 주장으로서의 중간 조정자 역할, 허 감독의 탁월한 선택은 성공한 작품이었다. 박지성 주장은 베스트 일레븐에 뽑혀도 전혀 모자람이 없었다. 3연속 월드컵경기 득점, 매 경기마다 종횡무진 최선을 다하는 모습은 한국 최초, 최고의 선수임을 그 누구도 부인할 수 없었다. 그에 대한 화려한 수식어는 다양하다. 2002년 여드름투성이의 소년 같던 그는 의젓하고 늠름한 세계적 선수가 되어 있었다. 인터뷰 솜씨도 일품이었다. 차분한 말솜씨는 많이 성숙한 느낌이었다. 신체적 불리함을 피나는 노력과 성실로 극복하고 머리를 쓰는 영리한 선수임이 증명되었다. 공인구 자블라니(Jabulani)의 위력 또한 마력이었다. 슈터와 골키퍼를 울고 웃기기를 수없이 반복하였다. 별 중의 별, 아르헨티나의 메시는 체면치레는 했으나, 포르투갈의 호나우두, 잉글랜드의 루니는 이름값도 못하고 망신만 톡톡히 치른 꼴이 되었다. 스페인의 비야, 우루과이의 백전노장 포를란, 독일의 뮬러, 클로제, 네덜란드의 스나이더, 로벤은 조국의 영광과 명예를 위해 혼신을 다하는 투혼이 가슴 뭉클하였다. 우리의 호프 이청룡은 독일의 신예 외질 못지않게 눈에 띈 차세대 기대주였다. 언제나 뜨는 별과 지는 별이 있고, 오르막이 있으면 반드시 내리막이 있기 마련이다. 그것은 불변의 철칙인가 보다. 이번 대회 역시 뜨고 지는 선수들이 확연히 눈에 보였다. 가까운 시일 내에 아시아 대륙에서 아니 우리나라에서 월드컵이 다시 개최되기를 바란다. 아니 내 생애에 꼭 월드컵이 우리나라에서 다시 열리기를 갈망한다. 그때는 남북한 단일팀으로 출전해야 한다. 유소년 선수를 훌륭히 키우고 준비를 빈틈없이 하여 월드컵 우승의 영광을 기대한다. 브라질처럼 줄리메컵을 영구 소유치는 못할지라도 아시아 대륙 최초로, 단 한 번만이라도 피파컵을 하늘 높이 치켜들며 기뻐하는 우리 선수들의 땀에 얼룩진 눈물을 보고 싶다. 펄럭이는 태극기를 보고 싶다. 뭉클한 가슴을 움켜잡고 감격의 눈물을 흘리고 싶다. 아! 대~한민국!

2010. 7. 21.

그래도 독도를 탐내는가

거대한 야산이 무서운 속도로 달려오고 있었다. 성난 괴물은 삽시간에 모든 걸 집어삼켰다. 영화가 아닌 실제 상황이었다. 영화 〈해운대〉의 한 장면도, 인도네시아의 쓰나미도 아니었다. 자연현상의 괴력, 일본 대지진의 후폭풍 해일 쓰나미의 위력을 가장 적나라하게 보여주었다. 카메라의 리얼리티에 그저 치를 떨 뿐이었다. 문명의 이기 컴퓨터 그래픽의 힘을 빌린 그 어떤 공포영화의 연출된 영상도 그 앞에서는 비교가 되지 않았다. 정규방송을 중단하고 뉴스특보를 계속하는 TV 앞에서 나는 망연자실, 우두커니 넋을 놓고 있었다.

지난 3월 11일 오후, 일본 동북부 일대 142×38 지점에서 일어난 9.0의 강진과 쓰나미, 그리고 후쿠시마 원자력발전소의 폭발과 붕괴로 이어진 대재앙을 보고 있었다. 인간이 얼마나 하찮은 존재인가를, 인간이 자연을 경시하고 만들어낸 문명 앞에 굴복하고 파괴되는 모습을 보며, 사후 안전장치 부재를 아쉬워하고 있었다. 자연과 문명이 충돌한 대재앙의 괴력 앞에 속수무책인 냉정한 현실에 만감이 교차하고 번민에 짓눌려 답답할 뿐이었다. 이웃나라 일본이 선조들이 지은 죄 때문에 천벌을 받고 있구나 하는 생각이 맨 처음 떠오르는 것은 무슨 얄궂은 일일까? 그것은 비단 나만의 생각은 아닐 것이다. 70대 이상, 일본 식민통치를 경험한 세대들은 모두가 그렇게 생각했는지도 모른다. 핍박받은 아시아인들 대부분도 그랬을 것이다.

"업보야, 업보!"

방풍림과 제방을 순식간에 밀어붙이며 돌진하는 엄청난 해일, 들판의 비닐하우스와 자동차, 선박, 센다이 국제공항에 계류해 있던 비행기, 건물과 마을, 도시를 한순간에 집어삼켜버리는 괴물은 공포와 경악 그 이상이었다. 그 앞에선 모든 게 그저 한 조각 휴지였고 흩날리는 낙엽이었다. 헬리콥터에서 촬영한 생생한 영상이기에 더욱 리얼했다.

수십만 명의 이재민과 수만 명의 사상자가 발생하고, 그 후유증이 오랫동안 심각하게 일본을 짓누를 것이다. 우리나라를 비롯한 우방 선진국들이 발 빠르게 구조대를 급파하고 구난활동을 활발히 펼치고 있다. 구호품과 이재민을 돕기 위한 기부, 모금 활동이 활발하게 전개되고 있다.

인정 많은 우리 한민족은 이웃사촌으로서 일본 돕기의 선봉에 나섰다. 대한적십자사, 욘사마(배용준)를 비롯한 한류스타들과 각계각층이 팔을 걷어붙이고 있다. 한류스타들은 일본에서 엄청난 돈을 벌었으니 이해가 된다. 앞으로 인기 관리 때문에 수익자부담원칙 같은 경제논리로 그들의 숭고한 뜻을 흠집내기는 싫다. 서민이 상상하기도 힘든 몇억씩, 일반 기업도 마찬가지다. 그들은 진정 기상이변과 수해, 폭설, 구제역으로 만신창이가 된 농어민들에게 얼마만큼 성금을 냈을까? 씁쓸하고 착잡하다. 더더욱 가관인 것은 공영방송 KBS가 자선음악회 등 성금모금을 선동하고 주도하는 일이 영 개운치 않다.

우리나라를 비롯한 동남아 여러 나라엔 반일감정이 짙게 깔려 있음을 부인할 수 없을 것이다. 식민지 피해의식과 60여 년의 세월이 지났어도 사과나, 과거사 정리가 없는 유일한 국가가 일본이니 말이다. 뻔뻔스러움의 극치다. 구호성금을 받는 손이 부끄러울 것이다.

주한일본대사관 앞에서 매주 수요일, 20년 동안 줄곧 무언의 시위를 해온 정신대 열세 살 소녀 윤○○님은 지금 여든 노객이다. 원한이 맺혀 사리舍利가 되었음 직한 그녀는 지난 16일 수요일엔 시위를 중단하고, 일본 대지진 이재민을 돕기 위한 모금활동을 했다는 보도를 보며 가슴이 저미는 전율을 느끼고 눈시울을 붉혔다. 얼마나 고매한 인격과 영롱한 영혼의 소유자인가? 독도영유권, 역사왜곡교과서 편찬, 정신대 보상 등 미묘한 문제만 나오면 "침묵은 금이다."로 일관한 일본대사 무사마사토는 어떤 생각을 했을지 그려본다. 그저 말로만 감사하다고 했을까? 역시 한민족은 일본인보다 높은 이상과 영혼, 자애롭고 숭고한 가치관을 가진 민족으로 인식했을까? 아니면 밸도 오기도 없는 조센징으로 얕잡아 보았을까?

천 년 전 동북아대륙을 호령했던 고구려의 후예, 발해의 멸망은 백두산 화산폭발에 기인한다. 일본의 영산 후지산 화산폭발이 다가왔음을 지질학자, 미래학자들이 예고하고 있으며 그 조짐이 나타나기 시작했다. 어느 학자는 강진과 기상변화에 의거 일본열도의 침몰을 예언하기도 하였다. 후지산 폭발과 일본열도의 침몰은 일본의 멸망을 의미한다. 그러나 백두산이 폭발한다 해도 대한민국은 멸망하지 않을 것이다. 멸망하기 전, 일본은 과거사를 명쾌하게, 사무라이

답게 대한민국에게 진정한 사죄를 해야 할 것이다. 교과서 역사왜곡 문제도 전면 수정하여 올바른 역사관을 후손들에게 물려줘야 한다. 선대先代들처럼 역사의 죄인이 되어서는 아니 된다. 하늘이 두 눈 부릅뜨고 내려다보고 있지 않는가.

대일본 지진이 다 수습되고 정국이 안정되면 언제 그랬었느냐는 듯, 일본은 또 뻰뻰스럽게 다케시마가 저희 땅이라고 생떼를 쓰며 우길 것이다.

2011. 3. 25.(금)

3부

잎 — 葉 — 가을 — 秋

억새 핀 마이산 가을 경관

가을 앓이

둘이 걸었습니다. 단풍나무와 참나무, 소나무가 빼곡히 우거진 고산골 숲길을 하염없이 걸었습니다. 가을 숲길은 바람결이 서늘했습니다, 송진 냄새는 코끝을 간질이고 울긋불긋한 나뭇잎은 흐릿한 눈망울을 초롱초롱하게 밝혀주고 있었습니다.

옛이야기를 나누며 나뭇잎 고운 산책길을 따라 십 리가 넘는 길을—그 길은 어릴 적 단골 소풍지였고 우리들 젊은 날의 아픔이 서린 곳이었습니다.— 구름 속을 유영하듯 마냥 걸었습니다.

오솔길은 떨어진 나뭇잎들이 붉고 노란색의 카펫을 깔아서 촉감이 부드럽고 포근했습니다. 바스락거리는 소리는 길옆을 흐르는 개울물 소리와 함께 낮은 목소리로 하모니를 이루어 마음이 평안했습니다. 단풍잎은 바람에 흩날려 계곡물에 떠 흘러갑니다. 작은 산새들의 속삭임은 가을 하늘만큼이나 청아하고 맑았습니다. 그녀의 코발트빛 모자에, 아이보리색 바바리코트 깃에 빨간 단풍잎이 나비처럼 사뿐히 내려앉았습니다. 이따금 나뭇잎 사이로 비치는 늦가을의 햇살이 따사로웠습니다.

대덕사 경내에선 풍경 소리와 만수향의 내음이 바람에 실려 오고, 빨간 감들이 다닥다닥 매달려 있었습니다. 아름드리 은행나무는 새색시의 저고리보다 더 샛노란 옷을 입고 우리를 유혹하고 있었습니다. 다람쥐와 청설모는 겨우살이 준비가 덜 된 듯 마냥 분주했습니다. 힐끗힐끗 쳐다보며 우리를 숫제 무시하였습니다. 길섶엔 노란 들국화와 연보랏빛 구절초가 흐드러지게 피어 하늘거리고 있었습니다. 왠지 쓸쓸하고 슬퍼 보였습니다. 가을의 서정이려니 싶었습니다.

한낮에 아무런 기별도 없이 갑자기, 소꿉친구 C가 찾아왔습니다. 고산골에 가고 싶다며 말입니다. 답답하고 울적하여 미칠 것 같고 머릿속이 지끈지끈 아프고, 가슴이 터질 것 같고, 이대로는 돌아버릴 것 같아서, 세 시간 거리를 단숨에 차를 몰아 달려온 것입니다. 10월의 마지막 날이었습니다. 심한 계절병이자 지병인 가을병이 도진 것입니다. 사업에 시달리고 오랜 외국생활로 많이 지쳐 있는 것 같았습니다. 갱년기를 넘긴 사람의 히스테리는 분명 아닌 것 같았습니다. 우울증이 아닐까 조바심이 앞섰습니다.

고산골은 고산孤山이라고도 불리는 대덕산에서 가장 아름다운 골짜기입니다. 수많은 물웅덩이와 앙증맞은 작은 폭포들, 양편엔 기암절벽의 산봉우리와 옥구슬같이 차고 맑은 물이 흐르는 사철 아름다운 곳입니다. 우리들이 자주 찾던 구원의 안식처같이 편안하고 아늑한 그런 곳입니다. 여름 한철을 빼고 호젓하고 외진 그곳은, 젊은 날의 울분과 응어리진 가슴앓이를 할 때, 밤새워 술을 마시고 악을 쓰며 노래를 불러 흐트러진 마음을 추스르고, 새로운 각오와 미래에 대한 맹세를 하던 곳입니다. 방황과 질곡의 늪에서 허우적대던 젊은 날의 얼룩진 영혼과 자화상이 묻혀 있는 곳입니다.

비단폭포는 가뭄 탓으로 가는 물줄기만 내리고 있었고, 아래 세심담洗心潭에는 예쁜 낙엽이 둥둥 떠다니고 있었습니다. 파란 물은 단풍과 어울려 얼굴을 붉혔고, 물속엔 도토리 몇 알이 떨어져 있었습니다. 못에 비친 내 얼굴을 보니 귀밑머리 몇 올이 어느새 하얗고, 이마엔 주름살이 육군 병장 계급장 같았습니다. 그녀의 머리칼도 은백색으로 빛나고 있었습니다. 우리가 서 있는 이순의 문턱이, 사계절 중 꼭 지금 이맘때인 것 같았습니다. 오솔길이 끝나는 데까지 올라갔습니다. 뾰쪽뾰쪽한 문필봉과 여인의 맵시 같은 부드럽고 완만한 능선에 색색으로 곱게 물든 단풍은 하오의 햇빛에 더욱 붉게 타고 있었습니다. 차라리 처연한 아름다움이었습니다. 억새의 은발도 더더욱 눈부시게 빛났습니다.

그녀는 어린애마냥 울적함과 답답함을 호소하고, 나는 어린애 응석을 받아주듯 하소연을 들어주고, 아픔을 달래주고, 쓰다듬어 주었습니다. 한나절의 산책이 그녀의 헝클어진 마음을 얼마나 추슬러주었는지 모르지만 그녀의 얼굴엔 밝고 환한 미소와 생기가 감돌고 있었습니다. 친구의 아픔을 나눠 가지며 상처가 빨리 아물기를 간절히 빌었습니다.

저녁놀이 불타는 모습은 황혼의 정열이었습니다. 장관이었습니다. 언제 그랬었느냐는 듯, 그녀는 활기차고 명랑한 모습으로 탈바꿈되었습니다. 마치 꾀병 같아 황당하고 어이가 없었습니다. 10월의 마지막 날, 아픔을 훌훌 털어버리고 가을바람처럼, 아니 한 잎의 낙엽처럼 홀연히 제자리로 돌아왔습니다.

"친구야, 가슴이 쓰리고 아릴 때는 언제든 나를 찾아오렴. 내겐 '가을 산책'이란 명약이 있으니까!"

2008. 11. 1.

2009 ≪모악에세이≫ 8집(2009. 12.), 2009년 10월호 ≪참 좋은 사람≫ 게재.

짧은 만남 긴 이별

해거름에 아이들이 떠났다. 2층 다락의 빼꾸기창 난간에 비스듬히 걸터앉아 저녁놀 붉게 물든 비탈길을 내려가는 아이들의 차를 한참이나 바라보았다. 발아래 호숫가 큰길에 접어들고 멀리 산모퉁이를 돌아 큰딸의 차가 석양 속으로 빨려들 듯 사라질 때까지 멍하니 눈길을 떼지 못했다. 짧은 만남의 추석이 끝나고 있었다. 꽤 긴 이별이 시작되는 것이다.

이곳 산속으로 거처를 옮긴 뒤 여덟 번째 맞는 추석이다. 올해는 또 다른 의미가 있는 추석이다. 어머니를 여읜 뒤 처음 맞는 추석이기 때문이다. 다섯 명의 동생 내외와 열두 명의 조카, 우리 다섯 식구, 사촌형제와 가까운 자손들이 어머님과 조상님께 성묘를 마치고 하나둘 떠나니 이틀간 시끌벅적하던 산막은 언제 그랬느냐는 듯, 쥐 죽은 듯한 고요와 적막뿐이다.

막내아들 세련이는 이번 추석에 집에 올 수 없다고 연락이 왔었다. 관악산 아래 연구실에서 쓸쓸히 실험에 몰두하고 있을 모습을 상상하니 안쓰럽기만 했다. 허전한 마음으로 차례 준비를 하고 있는데 밤늦게 집에 내려온다는 아들의 갑작스런 전화를 받았다. 직업이 직업인지라 늘 외국에서 추석을 쇠는 둘째 딸 세리는 이번엔 휴가를 얻어 처음으로 집에서 추석을 맞는다기에 얼마나 기뻤는지 모른다. 우리 가족 다섯이 다 모이는 첫 번째 추석이니 말이다. 작은딸 세리가 마중을 나갔다. 삼경이 가까운 시간에 드디어 네 지붕 한 가족이 되었다. 추석 전야 팔월 열나흗날 밤 달빛은 교교히 산골짜기와 숲속을 헤집고 있었다.

대학에서 후학을 가르치는 햇병아리, 첫째 딸 세라의 강의가 시작되었다. 대상은 항상 제 아비인 나다. 강의의 주제는 '엄마에게 잘하세요!'다. 이건 숫제 강의가 아니라 일방적인 훈계고 설교다.

"술은 취하지 않게 적당히 드세요. 담배는 끊으세요. 음주 운전은 절대로 하지 마세요. 어머니한테 잘하세요. 자식들에게 자상하세요. 오만과 독선을 죽이고 겸손과 양보를 생활화하세요. 남들에게 베푼 만큼의 반만 가족에게 베푸세요. 자신에게 관대하세요. 용서와 관용의 미덕을 실행하세요. 왜 우리 집은 늘 가난하나요?" 등등 끝이 없다. 내가 산더미처럼 그렇게 많은 결점을 짊어지고 살아왔단 말인가? 나도 잘 모르는 내 자신이 한없이 측은하고 가엾다.

막내아들을 낳기 전, 직장 관계로 부모와 형제를 떠나 아내와 두 딸 네 식구가 일 년 남짓 같이 산 일이 있었다. 부모와 커가는 동생들과 대가족을 이루며 살아오느라 아이들을 제대로 한 번 따뜻하고 정겹게 볼을 비비고, 안아주며 심장 뛰는 박동을 느껴 본 일이 없었다. 어린 시절 오랜 동안 정을 붙인 제 삼촌과 고모들보다 못한 애비였으니 말이다. 아들을 제외한 두 딸은 전화나 편지도 나보다는 항상 제 엄마에게 한다. 방학이나 휴가 때면 어김없이 '포니'에 한 살림 싣고 전국 명승고적, 유명한 산과 강, 섬을 평균 3박 4일, 주행거리 2,000㎞, 교육적 차원의 문화답사라는 미명하에, 캠핑을 하며 찾은 순례기행들이 극기 훈련이 되어버린 꼴이었다. 항상 강행군을 했었다. 애들은 쉬면서 먹고 즐기고 싶어했는데 말이다. 그러니 자연 존경과 사랑보다 섭섭한 마음을 가졌으리라. 오랜 시간 뒤 생각해보니 그것은 애들 전체의 뜻이 아니고 내 독선적 기질이 가미된, 자애와 배려가 부족한 행위였던 것이다. 용기, 인내, 절제, 극기, 자존, 근면, 진보, 인자, 예藝, 희망, 노력, 자유, 지식, 리더십 등 이런저런 여러 가지 덕목에 욕심을 내다 보니 다정다감하고 너그럽고 인자한 아버지 상을 심어주는 데는 완전히 실패한 아버지가 되었나 보다. 자식들에 대한 만능인을 꿈꾼 나의 과욕의 산물이라고 자조도 해본다.

세 아이는 대체로 모든 면에서 앞서 가 항상 기쁨을 주었지만 따듯한 격려와 칭찬보다 더 높은 이상 추구와 목표 달성을 위해 다그치고 질책하곤 했으니 어린 마음에 얼마나 큰 상처였을까? 이제 와서 때늦은 후회를 한들 무슨 소용인가. 벌써 서른 안팎의 성인들이 되었으니 말이다. 우리네 아버지 세대가 대다수 그러하듯 아이들의 개성과 소질개발에는 소홀했다. 주위 여러 가지 여건도 맞지 않았다. 영재학교가 없었고 가정경제가 뒤따르지 못했다. 벌써 25년 전의 일이다.

이제 네 지붕이, 한 가족 한 지붕이 될 수 없다. 딸들은 머지않아 제 갈 길을 갈 것이고, 아들 역시 학문과의 지루한 싸움을 시작했으니 네 지붕 네 가족이 되겠지. 딸의 충고대로 아내에게 잘하는 사람이 되어야겠다. 자상하고 따뜻하고 다정다감한 동반자가 되어 둘이 아옹다옹 살아온 세월만큼이나 남은 세월을 아기자기하게 살아가야겠다.

이틀간 들리지 않던, 아니 듣지 못했던 풀벌레와 귀뚜라미의 여름 환송곡이 들려온다. 중추절 밤에는 보여주지도 않던 한가위 보름달이 열엿새 오늘밤에 모습을 보여준다. 그래도 보름달 못지않게 환하다. 무자년 한가위는 끝나고 있다. 지금쯤 아이들은 각자의 집에 도착했을까.

2008. 9. 15.

≪행촌수필≫ 16호 및 ≪참 좋은 사람≫ 2009년 10월호 게재.

바람을 가르며 날으리

오랜만에 고향으로 어머니를 뵈러 간다. 오늘은 하늘길로 간다.

테이크 오프! C-H 701 조디악(ZODIX)은 활주로를 박차고 70마일로 3차원의 세계로 진입한다. 순식간 고도는 500피트에 도달한다. 비행장 계류장의 경비행기들이 핸드폰만큼 작아져 있다. 날씨는 피아골 계곡, 가을 물처럼 맑고 투명하다. 엷은 안개를 가녀린 서풍이 떠밀어낸다. 코발트빛 하늘은 최상의 가을 날씨다. 두부모마냥 가지런히 잘 정돈된 도시 위 상공을 질러 날아오른다. 서서히 파워스틱을 당겨 90마일로 가속을 해, 고도를 3,500피트에 고정시킨다. 지금 나는 고향 하늘 위로 방향타를 수정한다. 기수는 동쪽으로 바람을 가르며 나아간다. 이따금 부드러운 뭉게구름을 만난다. 솜이불 속보다 더 포근한 구름 속을 뚫고 유영한다. 고향과 어머니를 보고 싶은 속내를 눈치챈 듯, 뒷바람이 비행기를 밀어 도와준다.

눈앞에 펼쳐지는 산줄기의 산세는 기세고 수려하다. 사이사이 골짜기로 흐르는 시냇물과 신작로는 먹이를 찾아 꿈틀대는 뱀처럼 구불구불 선명하게 빛난다.

산 산, 높낮이를 달리하는 크고 작은 봉우리들이 거대한 줄기를 이루며 발아래 스쳐간다.

진안고원이 달려와 가슴에 안긴다. 우뚝 선 주산主山 운장산이 왼쪽에서 요염한 자태로 유혹한다. 명산 마이산이 앙증스럽게 다가온다. 울창한 숲 속의 나무들은 잎을 곧 놓으려는지 붉게 타고 있다. 노랑 빨강 연초록이 잘 어울려 내 피로한 눈망울에 생기를 돋운다. 저 멀리 상상의 영물靈物, 거대한 용龍 모양새의 호수가 햇빛에 반짝이며 금물결을 인다. 산 사이사이 손바닥 넓이의 벌판은 누런 벼들이 추수를 기다리고, 시커먼 차광 천으로 덮인 인삼포와 대조를 이룬다. 읍내 시가지가 올망졸망 안쓰럽다. 꽤나 넓은 벌판 금강 상류, 천천天川과 구량천이 모여 죽도를 만들고 학천鶴川이 가세하여 수동들을 이룬다. 내 아린 유년 시절 삶의 찌꺼기가 녹아 있는 곳이다. 옛 집터와 학교, 뛰놀던 강변과 마을 골목길은 시퍼런 물속에 잠겨 보이지 않고 반백 년 옛날로 데려다 놓는다. 무심한 강바람은 유년의 기억들을 하나둘 꺼내어 추억게 한다. 날 궂을 때 들려오는 기적소리에 기차를 보려고 올랐던 함정산 꼭대기가 내 눈높이와 같다. 어머니는 그 산 중턱에 계신다. 호수 속에 어른거리는 우리 마을 터와 논밭을 보면서, 비행기를 수면 위로 고도를 낮춘다. 그리움과 애절함을 한 아름 담아 큰절을 올린다. 가슴이 시리다. 지난해 아까시 향기 속으로 보내드린 어머니. 저 멀리 대덕산의 곱디고운 단풍을 보시며 양지 녘에 평안이 잠들어 계신다.

곧게 뻗은 새로 난 30번 국도 위로 자동차들이 개미 떼처럼 줄을 잇는다. 주말을 맞아 호반 드라이브를 하는 관광객이리라. 호수에 비치는 산그림자가 파문에 일렁인다. 한강다리만큼이나 긴 다리 끝, 꼭지바위 아래 날렵하게 서 있는 3층 8각 망향각望鄕閣이 뿔뿔이 흩어진 수몰민의 슬픈 정한을 들려주고 있다. 깊어가는 가을날 호숫가 풍광은 참 아름답다. 아름다움 밑바닥엔 고향 잃은 1만 5천 명의 통한과 비애가 서려 있다. 맑고 질 좋은 물의 혜택을 보는 사람들, 아름다운 경관을 즐기는 사람들은 물에 쫓겨난 수몰민의 애환을 아는지 모르는지……. 댐 안 물 위를 무심한 한 무리 오리 떼가 한가로이 노닌다. 수백 년 조상 대대로 삶의 터전을 일구고 뿌리내려 문화의 꽃을 피우던 곳, 수장水葬되어 불러도, 불러도 대답이 없다. 메아리도 없다. 물결만이 말없이 대답한다.

하늘에서 내려다보는 이 아름다움도 지상에 내려가 보면 평범하고 하잘것없다. 높은 곳에서 멀리서 보면 멋지고 아름답다. 그러나 가까이 다가가 보면 환상은 여지없이 깨진다. 높은 곳에서 사물을 볼 때, 크고 넓고 멀리 보인다. 망원경으로 밤하늘 별을 헤아릴 때의 현란한 아름다움은 찬란함이다. 가까이서 볼 때면 일정 부분 세밀하게 보일진 몰라도 전체를 볼 수 없다. 예쁘고 아름다울 리 없다. 나이 오십을 갓 넘기고 귀밑머리의 흰 머리카락을 뽑기 위해 돋보기를 쓰고 거울 앞에 선 일이 있다. 이마에 파인 주름은 깊고 긴 계곡이었다. 얼굴에는 숭숭한 땀구멍이 개펄 게 구멍 같아 화들짝 놀라 질겁하여, 한 올 흰 머리칼은 뽑지도 못하고 돋보기를 벗어버린 일이 있다. 늘 보아온 얼굴은 타인이 되어 싫다 못해 혐오스러웠다. 현미경적 사고는 과학적이고 현실적이다. 망원경적 사고는 문학적이고 이상적이다. 눈높이를 같이하여 보아야 가장 올바르게 볼 수 있다. 좌우상하, 때론 엇비스듬히도 보아야 한다. 멀리, 가까이서 볼 때의 가치평가는 개인의 주관이 좌우한다.

지상에서 볼 때는 모든 게 고만고만하게 보이나, 하늘에서 볼 때는 시들하고 작게 보인다. 그만큼 크고 넓게 멀리 본다는 뜻이다. 어느 일정 부분이 아닌 우주 전체를 본다는 것이다. 눈으로 보는 게 아니고 마음으로 본다는 것이리라.

높이 나는 새가 더 멀리 더 넓은 세계를 보듯, 이른 아침 나는 새가 더 많은 먹잇감을 발견하듯, 더 빨리 더 높이 날아오르리라. 남들이 볼 수 없는 것을 볼 수 있는 현미경의 눈으로 남들의 아프고 쓰린 곳을 들여다보며, 사랑과 애정으로 보듬어 주고, 때론 작고 하찮은 것도 놓치지 않고 삶의 지침으로 삼아 험난한 세파를 헤쳐 나가기를 가르쳐 준 어머니. 망원경의 눈으로 높은 곳에서 멀리 보면서 꿈과 이상을 펼치는 그런 사람이 되라고 가르쳐 준 어머니. 그러나 나는 그렇게 알차게 살지 못했다. 때늦은 후회다. 하오의 햇살이 사위어 간다. 스쳐 날아본 고향의 하늘은 그 어느 때보다 명징하다. 하늘이 아무리 좋아도 이곳에선 살 수 없다. 땅 위로 내려가야 한다. 우리가 돌아갈 곳은 대지의 품 영원한 어머니다.

세상 끝과 끝을 나는 비행기도, 망망대해를 항해하는 선박도 언젠가는 공항이나 항구로 돌아와야 한다.

노을이 시작된다. 야간비행을 하고 싶다. 그러나 내가 탄 보라매로선 불가능하다.

생텍쥐페리는 사하라 사막 위를 밤 비행하며 수많은 별들과 이야기를 했을 것이다.

하늘의 별들과 무슨 얘기를 하며 깊은 모래밭에서 쉬고 있을까.

바람과 구름 안개는 비행을 방해하기도 한다. 노을 좇아 갈 길 서두르는 나에게 맞바람이 붙잡아 끌어당긴다. 어머니가 심심하다며 좀 더 놀다 가라고 부른다.

이담엔 밤 비행을 할 수 있는 좋은 기종으로 바꿔 타고, 어머니와 고향과 밤별과 숱한 이야기 나누다 이슥한 새벽에 와야겠다.

2009. 12. 6.
≪수필과비평≫ 107호(2010년 5/6월) 게재.
≪전북문단≫ 60호(2010년 4월 봄호) 게재.

나의 첫 단독비행單獨飛行

에인절 피시(Angel Fish)*의 부 조종석에 25kg의 모래주머니 두 포대를 싣고 계류장에서 택싱(Taxing)**을 하여 활주로 끝, 이륙 지점에 멈추어 섰다. 윈도우 크로스, 안전벨트 착용, 이어폰 부착 및 키 작동, 오일펌프 오픈, 각종 계기판 체크, 초크 ON-Off 점검, 마그네틱 키 Ⅰ-Ⅱ ON, 마스터 키 ON, 엔진 키 ON, 시동 버튼 ON상태로 기체와 계기 체크를 끝냈다. "프런트 클리어***, 라이트 클리어, 레프트 클리어."를 감독관에게 교신한 후 이륙 준비를 마치고 긴장된 상

---

* Angel fish: 비행교육 훈련용의 X-Air 기종의 초경량 항공기 이름(본인 솔로비행기).

** Taxing: 비행기를 지상(비행장)에서 날지 않고 운전하여 이동과 정지 전환 등의 활주.

*** Front clear: 앞쪽이 맑고 깨끗한 상태로 비행기 이륙 시 전방 상방향 장애물이 없어 지장이 없음을 확인하는 절차. Right, Left clear는 우좌 측 이상 없음임.

태로 관제실의 명령을 초조하게 기다리고 있다. '테이크 오프*' 비행 감독관의 근엄하고 날카로운 톤의 메시지가 헤드폰에 울린다. "Take-Off" 힘주어 복창하고 나는 심호흡을 한다. 조종간의 파워스틱을 천천히 그리고 아주 부드럽게 민다. 좌우 발은 Rudder(방향타)에 힘주어 균형을 잡고 전 상 방향을 응시한다. 기체는 서서히 움직이며 부드럽게 활주로를 미끄러져 나간다. Rpm 6,500까지 풀 파워로 엔진의 추력推力을 끌어올린다. 기체는 가속이 붙어 쏜살같이 내달린다. 활주 스피드는 50마일이다. Elevator(승강타)를 지그시 끌어당긴다. 400kg의 에인절 피시는 40도 각도로 푸른 창공을 향해 지상을 박차고 뛰어오른다. 눈 깜짝할 사이에 500피트 상공에 이른다. 항속 60마일이다. 나는 2차원에서 3차원의 세계로 와 있다. 시곗바늘은 09시 40분을 가리키고 있다.

파워 Rpm을 5,500으로 내리고 승강타를 수평비행으로 바꾼다. 방향타는 레프트 턴을 시도한다. 직선상승과 곡선상승을 끝내고 곡선하강과 직선하강을 시도한다. 1,000피트 사이에서 심사관의 메시지에 따라 나 혼자만의 공중 유영이 시작된 것이다. 도로 위를 달리는 자동차들은 성냥갑만 하다. 가을걷이가 끝난 논들이 두부모마냥 작아 보인다. 순창을 잇는 신설 도로가 비단 필을 펼쳐 놓은 양 곧고 시원하다. 구이저수지에서 모락모락 피어오르는 아침 물안개가 햇빛에 반사되어 꿈틀댄다. 모악산 송신탑과 눈높이가 같다. 수왕사와 대원사는 발아래서 나를 올려다본다. 수평비행으로 바뀌고 라이트 턴을 반복 후 메인테인**하여 활주로를 찾는다. 바람이 세게 불어

* Take-off: 이륙. 이륙하다, 출발하다.

** Main-tain:유지, 계속하다. 조종 시 비행기를 좌우전후 수평과 수직으로 유지하는 조작법.

비행기가 좌우상하로 흔들린다. 바깥은 만추라서 바람이 찬데 등골엔 땀방울이 송골송골 맺힌다. 어프로치*와 랜딩**이 비행의 2/3이상 중요한 과정인데 뜻밖의 거친 바람이 나를 초긴장시킨다. 이 순간을 헤쳐나가지 못하면 초경량 비행 라이센스 취득이 문제가 아니라, 삶과 죽음의 기로에 서 있는 절박한 순간이다. 관제탑에서도 예상 못한 돌풍에 당황하고 있는 기색이 역력하다. '정신을 똑바로 차리면 호랑이에게 물려가도 살아남는다.'는 속담을 되뇌이며 혼신을 다하여 기축정대機軸正對***를 한 다음 활주로를 응시하고 계기판을 훔쳐본다. Rpm 5,000, 고도 500피트, 속도 50M/H, 정상이다.

2002년을 맞으며 5년 후에 다가올 정년과 정년 후를 심각하게 고뇌하고 있었다. 차츰차츰 다가오는 정년의 발걸음 소리를 외면할 수 없었다. 마지막 승진까지 했고, 어떤(?) 욕심을 버린 지 오래다 보니 마음은 평안하기만 했다. 그동안 나는 역마살이 낀 덕분에 국내의 유명 산과 강, 섬들을 이 잡듯 샅샅이 섭렵했다. 퇴임 후 두 개의 실천 목표를 세웠다. 첫째 그날이 언제일지 몰라도, 통일 후 북한지역과 옛 고구려의 산하를 낱낱이 둘러볼 계획과, 둘째 경비행기를 몰고 한 마리 파랑새가 되어 하늘을 자유롭게 날며 하늘에서 금수강산을 보고 즐기며, 좋은 경관은 사진으로 남기고 싶은 바람이었다. 비행 조종술 연마를 위해 근무시간을 제외한 시간 전부를 투자하였다. 단 30분의 조종을 위하여 하루를 투자했고 그 어떤 사생활도 포기했다. 장거리를 오가며, 만만찮은 교습비와 예기치 않은 비, 바

---

* Approach: 접근하다. 가까이하다. 비행기가 착륙키 위해 비행장 활주로를 찾아 하강함.
** Landing: 착륙, 상륙행위.
*** 기축정대: 비행기 머리 중앙부와 활주로 중앙선을 일직선으로 맞추는 것.

람, 안개, 눈 등 기상악화로 인하여 공치는 날도 꽤나 많았다.

경기도 화성의 예모항공, 제천의 드림항공, 대천 비행장, 담양의 담양항공 등을 찾아다니며 비행술 연마에 목숨을 걸고 덤벼들었다. 내 나이를 공정하게 평가하여야 하는데 나는 내 나이에 관대한 탓인가? 지나친 의욕만으로 심신이 지쳐가던 중 2003년 봄 전주 삼천천 둑방길 아래 고수부지에 모악항공이 있음을 알게 되었다. 여건의 유불리를 떠나 등록 후 열심히 연수했다. 대표는 육군 항공대장航空隊長 출신의 예비역 차 중령으로 헬기 조종사였다. 해군 출신 박 교관과 비행시간 5,000시간을 보유한 베테랑 조종사였다.

비행 여건은 열악했으나 시간과 거리상의 유리함이 있고, 자식뻘 되는 젊은이들과의 경쟁이 싫지는 않았다. 비행훈련은 지속적으로 꾸준히 해야 하는데 나는 공휴일이 아니면 불가능했기에 눈에 띄는 진척이 없었다. 하루 30분씩 30시간이면, 즉 연속 두 달간이면 단독비행이 가능하고 기상 여건을 감안하더라도 석 달이면 만사 오케이인데, 속절없이 봄 가고 여름 가고 가을이 저물어 가고 있었다. 나의 파일럿 로그 북엔 22시간 10분의 비행시간이 기록되어 있었다. 교관의 눈치를 아무리 살펴도 나의 단독비행 계획은 요원한 것 같았다. 아직 그 단계에 못 미쳤나 보다. 가슴앓이를 하며 겨울이 오기 전 솔로 테스트를 하여야만 내년 3월로 해를 넘기지 않는다. 3일간 휴가를 내어 하루 두 시간 사흘간 집중훈련을 하였다.

고도를 400피트 300, 200, 100으로 낮추기 위해 Rpm역시 4,500, 4,000, 3,000, 2,200으로 파워 아이들을 잘금잘금 줄여 당긴다. 라이트 턴이면 강물로 박히고, 레프트 턴이면 제방과 충돌한다. 폭 15m 활주로 정중앙에 맞춰야 한다. 랜딩 포인트에 정확히 착지하지 않으면 짧은 활주로 때문에 신평다리나 삼천교에 걸리거나 부딪칠 수 있다. 하강 각이 비행기 프로펠러로 치우치면 활주로 바닥에 곤두박질치고, 어프로치 각이 꼬리 날개에 치우치면 엉덩방아를 찧는다. 비행장 위에 조그맣게 보이던 자동차와 사람이 크게 보인다. 방향타와 승강타를 잘게잘게 조작하여 뒷바퀴부터 착지시키고 사뿐히 앞바퀴가 착지된 감각을 느끼며 엔진 키를 끈다. 오늘 아침 교관과 2회에 걸쳐 연습비행을 염두에 두고 응용조작을 최대한 이용하였다. 브레이크 스틱을 당겨 비행기를 멈추고 눈을 감았다. 비행기의 좌우 평형을 위하여 실은 부조종석의 모래주머니가 "잘하셔서 나도 무사합니다, 수고하셨습니다, 축하합니다!" 제일 먼저 인사를 하는 것 같았다. "아! 해냈구나!" 비행복은 후줄근히 땀에 젖었고 몸은 힘이 쭉 빠져 있었다. 후배 동료들이 활주로에 나와 박수로써 축하를 해주고 차 대표와 박 교관이 꽃목걸이와 꽃다발을 걸어주고 안겨주었다. 기념촬영을 마치고 비행기를 계류장에 파킹시켰다. 한국 초경량 항공협회의 감독관으로부터 합격 사인을 받으니 가슴이 벅차올랐다.

초경량 항공기 조종사 라이센스를 취득하기 전, 틈틈이 공부하여 3급 아마추어 무선통신 자격을 얻었다. 햄 교신을 할 수 있으며 항공통신에 필요한 분야였기 때문이다.

지난달에는 꽤 어려운 이론과목인 항공법(법규), 항공학(이론), 기상학, 구조역학 등 4과목의 필기시험에 전국 최고령자로, 상위 10% 안의 고득점을 획득하면서 합격하였다. 이제 솔로 프라이 테스트를 마쳤으니 초경량 조종사 면허증을 취득한 셈이다.

내 생애 가장 긴 시간, 9시 40분부터 10시까지 20분간이었다. 2003년 12월 6일 날씨는 내 마음만큼이나 맑고 쾌청했다. 내 볼에 부딪치는 바람결은 가을 작별이 서러운 듯 서늘했다.

겨울을 재촉하는 북서풍은 여전히 불고 있다. 나는 이제 한 마리 파랑새가 되어 바람을 가르며 마음껏 하늘을 날으리라.

2003. 12. 6.
2008 ≪진안문학≫ 16호(겨울호) 게재.

된서리

한나절 내내 창가를 서성이며 정원을 바라다보고 있다. 제 삶의 깊이를 다 채우지 못하고 생을 마감하는 이파리들을 하염없이 응시하는 것이다. 먼발치에서 감잎, 은행잎, 목련 잎은 색색의 나비가 되어 춤을 춘다. 한 줄기 찬바람이 드세게 휘감는다. 어제까지만 해도 중후한 장년의 모습을 뽐내던 목련 이파리들이 눈보라가 된다. 핏빛 단풍잎과 알록달록 주황색 감잎은 햇빛에 반짝이며 그룹으로 스카이다이빙을 하고 있다. 한 무리 빨강나비 떼와 노랑나비 떼가 연못위에 빙그르 살포시 내려앉는다. 여린 동심원의 파문이 인다. 산마루 나목 사이로 강열한 부챗살 햇발이 내리꽂힌다. 우윳빛 서릿발이 보석처럼 반짝이며 하루살이보다 짧은 삶을 마감한다. 우수수 나뭇잎은 눈보라가 되어 흩날린다. 추풍낙엽이라더니 이런 것을 두고 하는 말인 성싶다.

어젯밤에 때 이른 불청객, 강추위가 번개처럼 찾아왔다. 된바람 된서리와 어깨동무하고 밤손님처럼 왔다. 무서리를 앞세워 오는 예년과는 달라 만물을 기겁케 했다. 하얀 서릿발이 주변 산야를 온통 홑이불로 덮었다. 하늘과 사람이 무서운 줄 모르고 기세 등등 영토 확장에 두 눈먼 무법자, 칡넝쿨은 전쟁터 패잔병처럼 처참하게 망가져 있다. 어린 시절 자주 듣던 '밤새 안녕'이란 말처럼 하룻밤 사이에 삶아 데쳐진 고구마 줄기를 보면서 서리의 위력에 경악했다. 신기해하고 부러워하며, 나에게 그런 능력을 주십사 기도한 일이 새록새록 생각이 난다. 픽 씁쓸한 웃음이 번진다.

뜨락의 목련나무는 옹골차고 기세당당하게 젊음을 뽐내고 있다. 큰 가지마다 잎들의 세력이 달랐다. 햇빛과 바람의 사랑을 덜 받은 쪽 가지의 잎은, 건너편 가지의 잎보다 늦되고 보잘것없었다. 초록의 변신도 며칠간의 시차를 두며 진행되었다. 올된 잎이 먼저 변색을 한다.

경기전慶基殿 초로의 은행나무는 한 달 내내 황금어의黃金御衣로 눈부시게 하건만, 연못가 은행나무는 문실문실 자랐으나 단 사흘밖에 노란 잎을 보여주지 못했다. 한 해 동안 제 삶의 흔적을, 제 뿌리 위에 수북이 쌓아놓고 벌거벗은 몸뚱이를 삭풍에 내맡긴 채 서러워 흐느끼고 있다. 생의 길이를 다 채우지 못한 원망 어린 눈빛이다. 해마다 홍시와 곶감을 넘쳐나게 주던 감나무는 날벼락을 맞고, 무녀리 눈치 보듯 제 의지와는 상관없이 긴 휴면을 준비할 것이다. 감을 딴 뒤 몇 알의 까치밥이 남겨지던 감나무엔 서리에 데쳐버린 시뻘건 감들이 햇빛에 말갛게 반짝인다. 본의 아닌 자선사업가가 되었다. 산새, 산짐승들은 달콤한 별식을 즐기며 길고 긴 설한풍을 이겨낼 것이다. 베풀고 나눔을 실천하라는 자연의 뜻이리라.

김장을 기다리는 배추는 새하얀 서리를 맞은 채 진초록 제복을 입고 열병식을 하는 의장대 병사마냥 멋스럽다. 뜰 안 국화는 보란 듯이 햇살에 온몸을 내맡긴 채 마지막 향기를 뿜는다. 벌 떼를 초대하여 가든파티를 벌이고 있다. 뒤란 대숲에선 대나무들이 바람에 살비벼대며 초록빛깔 휘파람을 분다. 달빛 처연한 이슥한 밤이 오면 산새들을 불러들여 외로움을 달래며 지새울 것이다. 뒷산 아름드리 소나무는 득도한 고승이 되어 의젓이 독야청청 사위四圍를 지킨다. 그들은 하루아침에 망가진 나목을 보며 비웃고 있다. 그러나 비웃는 그들도 벌거벗은 나무들이 보이지 않게 숨어서 은밀히 옷을 벗을 뿐이다. 활엽수는 제 옷을 벗을 때엔 나 보란 듯이 당당하고 시원스레 벗는다.

지난해 끝자락에 된서리가 나에게 또 찾아왔었다. 된서리에 나뭇잎 지듯 교통사고로 셋째 동생 내외와 영원한 이별을 한 뒤 가혹한 시련을 견디고 있었다. 두 달 뒤 꽃샘추위가 기승을 부릴 즈음 넷째 동생도 심장마비로 나와의 인연의 끈을 놓아 버렸다. 나이 쉰을 눈앞에 두고 눈보라 속으로 한 송이 눈꽃이 되어 녹아 버렸다. 얼떨결에 어린 다섯 조카의 양부養父가 되었다. 복이 넘쳐서일까 아니면 박복한 탓일까.

뒤돌아보면 내 생애에 몇 번의 된서리를 맞은 고비가 있었다. 스무 살 때, 얼굴도 기억되지 않는 큰고모부가 좌익 고급간부였다는 이유로 파일럿의 꿈을 이루려고 입교했던 공군사관학교에서 퇴교를 당했다. 연좌제란 악법이 서슬 퍼렇게 활개치며 나를 꽁꽁 묶어버렸다. 그땐 항공대학은 눈에 보이지도 않았었다.

처참한 좌절을 씹으며 방황과 분노를 삭이느라 내 젊은 날은 고통과 반항으로 얼룩진 나날이었다. 내 나이 지천명을 맞으며 산자수려한 내 고향 진안고원에 댐이 건설되면서 수몰의 아픔과 정인들과의 이별이 기다리고 있었다. 수몰민들은 도시로 떠나갔다. 아이들 교육 문제로 얻었던 전주시민증을 반납하고 귀향을 꿈꾸었다. 북극 빙산이 다 녹아 해수면이 아무리 상승한다 해도 묻히지 않을, 내 소년 시절 잡다한 추억이 서려 있는 대덕산 산록에 초막을 지었다. 정년 퇴임이 얼마 남지 않은 몇 년 전, Y지점 책임자로 이동하게 되었다. 발령받은 지 얼마 안 되어 중간 책임자 K(여)팀장의 금융사고가 발각되었다. 오래전부터 발생한 것을 은폐해오던 고의적 횡령 사고였다. 부임 3개월 이내에 발견치 못한 도의적 관리감독 책임은 늦게 발견한 책임에 눌려 버렸다. 그러나 그 사고는 그동안 여러 차례 상급부서의 정기 감사를 받았고, 감사전문기관의 정기 특별감사를 받으면서도 발견치 못한 사건이었다. 장기간 인사이동을 이행치 않은 최고책임자의 과실 또한 큰 과오였다. 평생 오점인 징계와 마지막 진급유예, 재산상의 불이익을 받아야했다. 억울한 일이다. 인생의 허무와 덧없음에 오랫동안 가슴앓이를 했다.

인생을 살다 보면 타의에 의해 삶의 항로가 뒤바뀌기도 한다. 자신의 뜻과는 전혀 무관하게 만나는 분수령과 전환점이 되곤 한다. 하늘에서 떨어지는 빗방울은 바람이란 타인에 의하여 운명이 결정되기도 한다. 마이산 상공을 흐르는 비구름이 빗방울이 되어 지상으로 떨어질 때, 남풍에 의해 북쪽으로 밀려 떨어지면 금강을 만나 낙화암 삼천궁녀와 속삭이며 서해로 흘러가고, 북풍에 몸이 날리면 남쪽에 떨어져 아기자기한 섬진강 따라 화개장터를 구경하며 남해로 간다. 사람의 운명도 이러하리라. 나뭇잎 역시 무서리를 맞으면 오랫동안 단풍을 보여주지만, 때 이른 된서리를 맞으면 요절해야 한다. 자연의 위대한 힘을 우리 인간 그 누구도 거부할 수 없다. 운명은 의지만으로 헤쳐나갈 수 없나 보다.

우리의 삶도 나뭇잎이리라. 자신의 의지와는 상관없이 어떤 외부 충격에 의해 고통을 받고, 때로는 목숨을 내놓아야 한다. 서리는 모든 걸 소멸시키는 게 아니다. 길고 평안한 안식을 줄 뿐이다.

목련나무 가지 끝에 가녀린 잎사귀 하나 아등바등 바람과 힘겹게 싸우고 있다.

2009. 11. 3.

LMB 필하모니 오케스트라

엊그제 대통령의 두 번째 대국민사과 특별성명이 발표됐다. 첫 번째 사과 성명에 비하면 조금 고개를 더 숙인 것 같다. TV중계 모습을 보니 별로 죄송스러운 마음이 진솔하게 느껴지지 않는 것은 나만의 편견일까?

서울과 한반도가 달포쯤 밤마다 촛불로 밝혀지는 광경을 보며 겁을 먹어야 정상일 텐데 대통령은 진심으로 사과드린다고 했지만, 마음 저 깊은 곳에서 우러나오는 대국민 사과가 아니라 마지못해 이 난국을 헤쳐 나가려는 정치적 쇼로밖에 보이지 않았다. 대통령의 간이 퉁퉁 부은 것일까, 아니면 간이 큰 사람일까? 그것도 아니라면 국민이 우습게 보여서일까?

지난해 우리 국민은 대통령선거에서 진보주의를 버리고 보수주의를 선택했다. 올봄 국회의원선거에서도 보수 세력을 밀었다. 영남은 제쳐두더라도 수도권은 정말 최악의 선택을 하고 말았다. 정부수립

후 50년 만에 진보정권을 창출했으나 전임 대통령들과 정부를 보수층과 부유층, 그리고 조·중·동이란 신문들이 짜고 마구 물어뜯고 모함하며 국민을 호도하여 10년의 진보시대는 날개를 접고 말았다. 권불십년權不十年이라고 했던가? 그러나 공화당과 민정당, 민자당, 한나라당으로 이어진 영남정권은 권불 삼십 년이 아니었던가? 충남권은 정치 새판 짜기라 그렇다 치고, 강원과 충북은 이번만큼은 현명한 선택을 했지만 퍽 아쉬운 일이었다.

양당제도가 비교적 잘 운영되는 미국에서도 8년 전과 4년 전, 엘 고어와 민주당을 버리고 전쟁광인 조지 부시를 선택했었다. 미국 국민의 선택에 몹시 우려했던 나로서는, 우리나라 양대 선거전 결과도 심히 걱정했던 사람이다. 아니나 다를까, 우려는 너무 빨리 현실로 나타났다. 서글픈 일이다.

대통령은 현대건설 총수 출신답게 건설업의 특성인지는 몰라도 불도저 J회장 휘하에서 장기간 훈련받고 실전 경험이 풍부한 탓인지 민주적인 상향식 사고보다는 독선적인 하향식 사고를 가지고 있는 것 같았다.

어린 시절 가난하게 자랐기 때문에 가난하고 힘없는 민초들의 아픔을 속속들이 아는 줄 알았더니 그것은 큰 오산이었다. 이미 황금의 위력과 달콤함을 맛보았기에 뜻을 같이하는 한나라당의 우려에도 불구하고 정권인수위원회부터 삐걱거리는 소리가 나더니만 청와대 참모진 발탁, 내각의 조각, 한미 쇠고기 협정, 경제정책의 실책, 물가폭등, 하늘 높은 줄 모르고 치솟는 유류가, 교육 정책의 개선, 한반도 대운하건설 문제로 국민의 불만을 키웠다.

노무현정부가 추진하던 정책의 반대로만 가면 만사형통일 것으로 여긴 게 가볍고도 짧은 생각이었다. 더 위험한 발상은 언로言路가 막

혀서 대통령이 민심을 제대로 읽지 못한 것 같다.

지난번 보궐선거에서 국민은 현 정부와 집권당에게 1차 경고를 했었다. 그럼에도 불구하고 꿀 먹은 벙어리인 양 함구로 일관했다. 시간이 다 해결해 줄 것이라고 하면서. 그러니 취임 4개월 만에 대국민 사과를 두 번씩이나 하는 사상 초유의 대통령이 되었고, 취임 당시 70%대의 인기가 10%대로 급 추락하는 코미디가 연출되었다. 먼저 대국민사과와 잘못된 정책을 변경 보완하는 조치를 취했어야 한다. 이명박 정부에는 국민의 혈세를 축내는 놀고 먹는 머슴만 있고 일하는 머슴은 하나도 없는 것 같다.

아무리 정치판이 ×판이라 하더라도 기본 예의는 있는 법이다. 그런데 집권당은 벌써 싹수가 없어 보인다. FIFA 부회장으로서 축구에 대한 기여도는 몰라도 국회의원으로서는 낙제생 1번인 J 의원이 자기 집 안방이나 마찬가지인 울산에서 서울 동작구로 선거구를 옮겨, 야당의 전 대통령 후보를 물 먹인 작태는 일급 코미디 소재가 아닐 수 없다. 동작구 유권자들은 더 가관이었다. 대한민국 수도 서울에서 어찌 이런 일이 일어날까. 그러나 이것은 엄연한 대한민국 수도 서울에서 일어난 사실이었다.

지난 6 · 10 민주항쟁 21주기 세종로 촛불문화제 시 평화적 시위대가 청와대로 가는 것을 막고자 컨테이너박스를 용접하여 세종로를 차단한 것은 해외 토픽거리였다. 400여 년 전, 백의종군하며 이 나라를 지킨 이순신 장군은 45만 개의 촛불을 보며 무슨 생각을 하셨을까? 왜 하필 이순신 장군 동상 앞에다 컨테이너 장벽을 쌓았을까. 누구의 아이디어일까? 그 넓은 세종로가 2층 이상의 컨테이너박스로 막히니 시원하고 상쾌한 한강 강바람마저도 막혀버렸을 것이다. 하물며 국민은 경찰의 저지선에 막히고 인쇄매체의 세 폭군

'조 · 중 · 동'은 침묵은 금이라며 모르쇠로 일관하고 있고, 전파매체인 KBS와 MBC 그리고 인터넷만이 사실 보도를 하고 있다.

서울광장에 운집한 인원은 경찰추정 20만, 민간단체 추정 70만이다. 예나 지금이나 두 기관의 숫자 통계는 단 한 번도 일치하지 않았다. 또 비슷하지도 않다. 한곳은 줄일 테고 한곳은 늘릴 테니까. 화재발생 시 소방관서 발표 피해 추정 액이 이상야릇한 것처럼. 그래서 나는 언제부턴가 두 기관 발표 숫자를 더하고 이등분하여 적정수로 추정하곤 한다.

정치는 연습이 아니다. 한미 쇠고기 수입 협정 문제로 타오른 촛불은 그 이름도 효순, 미선 양 추모 때는 촛불집회, 서울 월드컵 대회 땐 촛불축제, 요즘의 미 쇠고기 수입 반대운동은 촛불 문화제로 격상되고 있다.

우리는 미국의 뉴욕 필하모니(심포니) 오케스트라를 오스트리아의 빈 필, 독일의 베를린 필과 함께 세계 3대 오케스트라로 꼽는다.

100여 명이 각 파트별로 조화롭게 소리를 내 아름다운 음악을 만든다. 모든 연주자는 지휘자에 의해서 조율되고 통제된다. 그리하여 최고의 하모니를 이뤄 신비한 신의 소리에 근접하여 우리를 즐겁게 한다. 오케스트라단의 최고의 지향점은 소통과 화합과 조율이다.

오케스트라는 클래식을 전문적으로 연주한다. 팝 뮤직을 주로 연주하는, 오케스트라에 비해 규모가 작은 30여 명 내외의 연주자가 연주하는 악단이 있다. 우리의 가슴 깊이 자리한 감미롭고 매끈한 여성적인, 〈눈이 내리네〉, 〈이사도라〉, 〈남과 여〉, 〈사랑은 푸른색〉, 〈멜랑꼬리 맨〉 등으로 유명한 프랑스의 폴 모리아 악단과 중후하며 약간은 투박한 남성적인 이태리의 만토바니 악단을 우리는 기억한다.

오케스트라건 악단이건 최고의 가치는 지휘자이다. 이명박 정부도 30여 명 내외의 단원을 거느린 악단이다. 총리와 비서실장은 수석단원이고 장관과 수석 비서관은 일반 단원들이다. 물론 대통령은 지휘자 겸 악단장이다. 악단 단원들을 실력은 모자라도 배경 좋은 부잣집 출신의 바보들만 선발했다. 그러니 당연히 연주 실력은 100위권 밖의 형편없는 LMB악단이 된 것이다.

우리나라는 문화를 비롯한 전반적인 수준은 세계 15위권 이내이다. 하루빨리 최상의 연주자들을 공개 선발하여 악단을 재편성, 10위권 진입을 목표로 전력투구해야 할 것이다. 북한과도 관계개선을 위해 아량과 한 걸음 양보의 미덕을 발휘하여 통일을 앞당겨야 한다. 베풀어라. 더 잘사는 우리가 남도 아닌 동족을 돕지 않고 누가 도우랴. 이대로 영원히 동족끼리 분단국으로 남는 지구상 유일한 민족이 되어야겠는가?

전 정부의 정책을 중단 축소 변경시키고 정부산하 단체장은 임기중 사임을 강요하고 컨테이너로 국민과의 소통을 막더니, 화물운수노조 파업으로 컨테이너 대란을 불러 천문학적인 국가적 손실을 가져왔다. 손해배상은 누가 할 것인가.

젊은이들이여! 최고의 권리이며 최상의 무기는 투표이다. 권리행사만이 미래를 바꾸고 세상을 바꿀 수 있다. 그리하여 지금보다 더 좋은 세상을 만들어 우리 후손에게 넘겨줘야 한다. 왜 이 평범한 이치를 모르는가. 투표권을 포기하고 네티즌으로 뒷북만 치면서 무얼 하겠다는 건가. 결과적으로 나 자신의 손실이며 막대한 국가의 손실이다.

우리 국민은 청중이다. 강남재벌과 부자들은 일반석 한 귀퉁이에, 우리네 서민들은 로열석에 앉아 언제쯤 평안하게 폴 모리아 악단의 감미로운 음악처럼 LMB악단의 연주를 들으며 스르르 잠들 수 있을까?

2008. 6. 20.(금)
2009하반기 ≪전북수필≫ 69호 게재(2009. 12. 9.).

내비게이션(Navigation)*

진땀이 난다. 대체로 어떤 위기상황에서도 겁 안 먹고 침착히 대처하는 편인 내가 별일이다. 한 시간 가까이 길 잃은 어린 양이 되어 헤매고 있다. 깊은 아마존 정글도 아니고 낯선 태평양 바다 한가운데도 아닌데 말이다. 서산에 남은 해의 길이도 서너 뼘밖에 되지 않는다. 머지않아 어둠이 내릴 것이다. 모험심과 역마살 기가 다분하다는 소리를 주위 사람들로부터 자주 듣는 편이다. 그런데 오늘처럼 초조하고 긴장되며 불안하기는 처음인 것 같다. 밤길도 아닌 대낮에 이게 무슨 꼴인지 알 수가 없다.

주인을 잘못 만난 자동차는 괴로울 것이다. 쓸데없이 싸돌아다니기를 좋아하는, 나 같은 방랑벽이 있는 사람을 파트너로 만났으니 말이다. 계획된 일정에 따라 여행을 하다가도 호기심이 당기는 곳이

---

* Navigation : Automative navigation System(차량 자동 항법장치). Car navigation System(자동차에 사용토록 고안된 범지구 항법장치).

면 주저없이 핸들을 돌린다. 자동차 트렁크엔 텐트와 배낭, 취사도구를 포함한 등산장비는 항상 출동을 기다리는 119소방관처럼 비상대기하고 있다.

운전을 처음 시작한 건 스물두 살 때 설악동에서였다. 한때 오토바이에 홀려 전국을 구석구석 이 잡듯 헤매고 다니던 20대 후반부터 30대 초반의 10여 년간이었다. 바람은 무릎 속을 파고들어 오토바이를 더 탈 수 없게 했다. '스즈키'와 10년간 20만km를 같이 달렸다.

이름도 귀여운 포니(Pony)와 6년간 25만km, 날렵한 에스페로와 12년 36만km를 동행했다. 지금은 산타페와 7년간 16만km를 같이 걷고 있다. 비행거리를 제외하더라도 97만km를 넘겼으니, 100만km 돌파 기록도 이제 눈앞에 와 있다.

지구 둘레 24바퀴를 넘게 좌충우돌 훑었으니 동반자들에게 너무 가혹했던 것 같다. 길눈이 밝은 편인 나는 지금까지 내비게이션의 필요성을 느끼지 못했다. 그동안 수많은 낯선 여행길에도 크게 불편을 느끼지 않았다. 가끔 속도위반 범칙금 통지서는 받았지만…….
사실 비행을 할 때도 GPS*를 별로 사용치 않는다.

어제부터 이틀간 신라 천년고도 경주시 보문관광단지 안에 있는 콩코드호텔에서, ≪수필과비평≫ 2009 하계세미나가 있었다. 교수님과 문우 몇 분을 모시고 참가하게 되었다. 수필과비평작가회의 정기회, 문학상시상식, 문학 강연, 디너파티, 놀이마당, 이튿날 문학기행 순으로 행사가 계획되어 있었다. 자정 가까운 이슥한 밤까지 이어진 첫째 날의 열기가 식지 않았는지, 전국에서 모인 400여 문인들은 삼삼오오 끼리끼리 2차로 밤을 새다시피 했다.

---

* GPS : Global Positioning System(위성 자동 항법장치). 비행, 항해 시 주로 사용.

둘째 날 문학기행을 마치고 끝마무리가 되었다. 졸음을 참으며 귀갓길에 올랐다. 피로에 지친 교수님과 선배 문우님은 깊은 꿈에 빠지고, 한 선배 문우님께선 운전하는 나의 졸음을 막아주려고 판소리 창으로 배려를 해 주셨다. 대구시에 들어선 뒤, "아차!" 소리에 귀를 기울이다 긴급 사고가 발생했다. 요 근래 새로 바뀐 88고속도로 진입로를 놓쳐버린 것이다. 갈 때는 잘 갔었는데……. 대구시 도심은 엄청난 아파트 숲으로 되어 있었다. 도심으로 들어가 이리저리, 갈팡질팡 헤매다 보니 영락없는 촌뜨기가 되었다. 내비게이션이 절실히 필요했다. 동행한 교수님과 선배님들께 너무 미안하고 죄송했다. 나 역시 자존심을 확 구겨버렸으니 내 자신을 내가 용서할 수 없었다.

반항아 기질이 다분했던 사춘기엔 근엄하고 말수가 적은 아버지는 내 길잡이가 되어주지 못했다. 학식과 경륜이 높은 분이었지만, 어릴 때부터 떨어져 살아온 탓으로 잔정이 들지 않아 가깝고 먼 분이셨다. 별 말이 없이 냉랭한 그런 관계였다. 자상한 어머니가 도움이 되었지만 진정한 길잡이는 되지 못했다. 방황과 질곡의 늪을 허우적거릴 때 큰형 같은 여덟 살 위 외삼촌은 내게 구원이었다. 출중하게 똑똑했던 외숙은 인생의 황금기, 꽃다운 서른아홉 불혹을 눈앞에 두고 나를 버리고 무릉도원을 찾아 긴 여행길을 떠나셨다. 그 뒤 나는 무리에서 흩어진 길 잃은 철새였다. 큰형님 같던 외삼촌을 무척 그리워했다. 어렵고 힘들 때, 미로를 헤맬 때, 망설이고 주춤거릴 때 길잡이가 되어주던 외삼촌을 그리워하며 내 스스로 헤치며 살아가는 법을 체득하였다. 울고 싶도록 가슴의 옹이가 아릴 때, 응어리진 한을 풀어놓아 개운함에 몸서리치는 환희와 희열을 함께 만끽할 수 있는, 그런 내비게이션이 절실히 필요했었다. 나에게 내비게이션이 진즉 있었다면, 내 젊은 날 방황의 길목에서 서성일 때, 고비마다 올바른 길로 인도를 받아 순탄한 대로를 질주하였으리라. 지금의 내가 아닌 또 다른 내가 되었을 것이다.

우리의 삶도 마찬가지일 것이다. 인생도정의 큰 고비 때마다, 이러지도 저러지도 못하는 기로에서 망설일 때, 내비게이션의 안내를 받는다면 평안한 삶과 행복한 훗날이 예약될 것이다. 나락에 빠져 허우적거리지 않고, 부단한 시간과 노력을 절감하며 보람된 삶을 즐길 것이다. 불행한 사람보다 행복한 사람이 넘쳐나 이 세상은 더 밝고 윤택한 낙원이 되리라.

그러나 인생의 내비게이션은 없다. 인생역경의 값진 보람도 없으니 진정한 삶이 아니리라.

눈이 흐리고, 순발력이 떨어지며, 길을 좀 잃었다고 초조와 불안에 가슴 졸이고, 진땀이 나는 걸 보니, '세월 앞에 장사 없다'더니 나이 탓인가 보다. 아직도 젊다고, 건강하다고 자신하며 살아왔는데 오만과 착각이었나 보다. 하기야 옛날 같으면 곰방대를 물고 상노인 대접을 받는 환갑나이가 아닌가. 이제 천하무적 나에게도 내비게이션이 필요한 때가 되었나 보다. 이제 나도 운전 도우미 내비게이션을 채용해야겠다.

2009. 8. 31.

≪수필과비평≫ 2010년 1/2월호(105호) 게재.

보물 제1호

내가 가장 아끼는 소중한 게 하나 있다. 국어사전도 아니요 불경이나 성경도 아니다. 또한 명상록도 아니고 셰익스피어 전집이나 백범일지도 아니다. 백과사전은 더더욱 아니다. 그는 내 낡은 서가 한가운데 자리잡고, 숱한 보좌관들 속에 파묻혀 있다. 주변엔 수많은 후배들의 경호를 받으며 VIP대접을 받는다. 매끈하고 잘생긴 것도 아니다. 세월의 더께가 덕지덕지 끼고, 내 손때와 눈총에 시달려 닳고 닳아 각설이의 누더기 차림새다. 그는 나와 반백 년 넘게 동고동락한 영원한 동지이며 길동무다.

삼바 리듬이 끈적거리는 리우의 축제장을 기웃거리고 있었다. 전라全裸에 가까운 풍만한 팔등신 몸매를 자랑하는 늘씬한 무희舞姬들의 율동과, 타악기의 리듬이 저절로 어깨춤이 나고 온몸을 비틀게 한다. 빤질빤질 윤나는 검은 피부의 건강미가 우윳빛 살결과 뒤엉켜 요동을 친다. 화려한 몸치장과 네온불빛에 넋이 빠진다. 스무 시간의 긴 비행 끝에 축구와 삼바에 살고 죽는, 남미 브라질 리우에 와 있다.

코발트빛 눈부신 남태평양 산호해珊瑚海를 지나 양, 사슴, 말들이 뛰노는 끝없이 펼쳐진 대평원, '그레이스 켈리'의 깔끔한 맵시처럼 산뜻한 오스트레일리아 시드니 오페라 하우스를 끼고 순백의 요트는 파도를 헤치며 바람 속으로 미끄러졌다.

만년설을 머리에 인, 케냐 킬리만자로. 명화 〈아웃오브 아프리카〉의 '메릴 스트립'과 '로버트 레드포드'의 신비한 사랑, 마사이마라 국립공원, 수만 마리의 홍학 떼와 동행하는 꿈결 같은 아름다운 비행, 세렝게티 국립공원과 빅토리아폭포의 천둥소리도 듣는다.

센 강 미라보 다리 밑에서 '이브 몽탕'의 샹송 〈고엽〉을 허밍한다. 휘황찬란한 샹젤리제 거리를 걸으며 에펠탑과 만난다. 개선문에서 '보나파르트 나폴레옹'과 악수를 한다. '프랑스와 사강'의 〈슬픔이여 안녕〉을 회억한다. 루브르박물관과 노트르담성당을 빼놓을 수 없지.

콜로라도 강과 그랜드캐니언의 주황색 신비에 매료된다. 인디언 나바호족의 슬픈 역사를 기억한다. 로키를 넘어 유장한 미시시피와도 만난다. 호랑이처럼 우렁차게 포효하는 나이아가라폭포, 무지개 이슬을 가슴 시리도록 흡족하게 맞는다.

만년설의 고향, 지구촌의 꼭짓점, 히말라야 산맥의 에베레스트 산을 넘는다. 부다가야 왕국의 왕자 자리를 마다하고 고행과 수행으로 득도한 '석가모니' 부처를 알현하고 자비의 깨달음을 얻는다. 벵골 초원에선 내 나라에서 사라진 지 까마득한 백두산 호랑이 대신, 벵골 호랑이들과 발맞춰 걷는다.

어린 시절 딱히 변변한 읽을거리도 없었고, 가지고 놀 만한 장난감도 없었다. 그때 세계지도 한 권은 늘 좋은 친구였다. 무료할 때마다 동무와 지명 찾기 놀이를 했다.

무한한 상상의 나래를 펴 미지의 세계를 찾아 끝없는 날갯짓을 했다. 그 놀이 덕에 세계 여러 나라의 수도, 도시, 산, 산맥, 강, 호수, 사막, 섬 등을 줄줄 기억할 수 있었다. 지금도 책을 읽거나 신문 등에서 낯선 지명이 나오면 보물 제1호의 보좌관인 최신판 세계지도를 펴 보는 버릇이 있다. 그런 연유인지 몰라도 〈세상은 넓다〉, 〈걸어서 세계 속으로〉, 〈산〉 같은 류의 여행 프로그램을 즐겨 시청한다. 나와 반백 년을 같이한 낡아 해진, 상처투성이의 세계지도를 펼친다. 그리고 끝없는 여행을 시작한다. 상상은 꼬리를 물고 5대양 6대주, 두 극 지점을 오간다. 그곳엔 어떤 사람들이 살고 있을까? 그 사람들의 모습은 어떨까? 경관은 어떨까? 의문은 상상과 호기심으로 꽉 차 끝없이 이어진다. 비행기보다 빠르게, 하루에도 세계 일주를 몇 번이고 한다. 지도책으로 평면 위치를 확인한다. 지구의를 돌리며 공간의 위치를 확인한다. 희열과 환희에 찬 가장 행복한 순간이다.

오늘같이 눈보라가 휘날려 적막에 휩싸일 때는 동토의 땅 시베리아 여행을 시작한다. 지도를 펴고 시베리아 설원을 향해 가도가도 끝없는 시베리아횡단 철도에 몸을 싣고, 한 점 눈송이가 되어 눈보라 속으로 사라진다. '보리스 파스테르나크'의 〈닥터 지바고〉의 무대인 우랄산맥 설원의 눈보라를 잊지 못한다. 세계 제1차 대전 한가운데에서, 삶과 사랑의 틈바구니에서 고뇌하는 유리와 라라. 모스크바 크렘린 궁전의 음습함을 느끼며 상트페테르부르크에서 러시아문화의 진수를 맛본다.

2010. 1. 3.
월간 ≪참 좋은 사람≫ 2010. 3월호 게재.
≪전북수필≫ 70호(2010년 봄호 2010. 6.) 게재.

접시 아웃! 식판 인!

지역과 가문에 따라 약간의 차이는 있겠지만 우리네 옛 풍습 중 결혼식이나 큰 잔치 때 피로연의 주요 식단은 떡국이나 국수였다. 그러던 것이 언제부턴가 뷔페(Buffet) 문화로 바뀌었다. 호텔문화의 발전이 옛 전통문화를 변화시킨 것 같다. 하지만 바쁜 세상에 대처하려는 현대인의 지혜라는 생각이 들기도 한다.

며칠 전 부부교육자인 친구의 막내아들 혼사에 초대를 받았다. 성스러운 결혼식장엔 현악 4중주가 잔잔히 흐르는 가운데 넓은 메인홀은 하객으로 북적거렸다. 여기서도 역시 뷔페식이었다. 줄지어 서서 손바닥만 한 접시에 정성스레 차린 음식들을 담노라면 왜 그리 짜증이 나는지 모른다. 좋은 날 좋은 분위기에 걸맞지 않는 느낌이다. 혀끝으로 맛보는 음식이 아니라 눈으로 감상하는 음식처럼 휘황찬란하다. 음식은 마음으로 먹어야 하는데 먹고 싶은 몇 가지 음식을 퍼 담으면 접시는 곧 가득 찬다. 밥과 찬이 뒤범벅이 되어 엉망이다. 차라리 비빔밥이라면 좋으련만, 아쉽게도 죽도 밥도 아닌 거지의 밥이 되고 만다. 인스턴트세대와 나 같은 된장국세대의 문화의 차이인가. 젊은이들은 맛있게 잘도 먹는다. 접시라도 크다면 좋으련만 항상 아쉽다.

나는 오래전부터 각종 연회장에서 뷔페식 그릇으로 사용하는 접시를 퇴출시키자고 주장한 사람이다. 접시의 불편을 호소한 사람 중의 하나다. 40년 전, 지금의 서울 보라매공원은 옛 대한민국 공군사관학교 자리였다. 2차 시험 응시 중 장교식당에서 점심을 먹으며 하얀 스테인리스 식판을 처음 보았고, 거기에 담은 점심밥을 맛있게 먹었던 기억이 있다. 그 식판은 밥 담는 곳, 국그릇 놓는 곳, 반찬 담는 곳 등 다섯 군데로 나뉘어져 있었다. 간편하면서도 가볍고 튼튼하여 아주 실용적이라는 생각을 했다. 밥과 반찬이 뒤섞이지 않아 깔끔했다.

번잡스러운 결혼식 피로연만이라도 접시 대신 식판으로 바꿔서 좀 더 깨끗하고 기분 좋게 식사를 하면 좋을 것 같다. 인간의 욕망 중 식욕이 첫째요, 분위기 있고 기분 좋게 먹는 것이 건강과 즐거움의 으뜸이 아니겠는가.

2008. 7. 3.
2008. 7. 9. ≪완주신문≫ 게재.

삶의 향기 죽음의 여운

가냘픈 죽음의 그림자가 스치는 걸 보았다. 오월 민주화의 바람은 비켜가건만 운명의 마침표는 노 정치인을 그냥 두지 않을 것 같았다. 불길한 예감이었다. 노무현 전 대통령 국민장 영결식장에서 서러움과 안타까움에 소리 없이, 그저 비통해 하는 모습은 내 가슴 깊이 비수처럼 꽂혔다. 반세기 넘도록 이 나라 민주주의 수호와 평화통일을 위해 고초를 이기고, 늘 의연하고 당당하게 일어선 불굴의 투사, 오뚝이처럼 쓰러지면 일어서기를 수없이 해 왔던 전 김대중 대통령은 흐르는 눈물을 주체하지 못했다.

이 나라 민주주의의 뒷걸음질을 통탄해 하며 정직한 후임 대통령의 안타까운 죽음을 가슴속에 깊이깊이 묻고 있었다. 영락없이 마음 여린 보통사람, 평범한 노인의 모습이었다.

긴 장마 뒤 오랜만에 청명한 밤하늘을 본다. 하늘엔 은하수가 또렷하게 흐른다. 이따금 유성은 미리내를 건너 저 멀리 흐릿한 산 너머로 제 몸을 불태우며 흔적 없이 사라진다. 어느 별은 희미하고 짧게, 또 어느 별은 또렷하게 반짝이며 길게 빠르게 느릿느릿 사라져 간다. 우리는 근래에 향기로운 삶을 사신 몇 분 큰 어른들을 잃었다. 몹시 안타깝고 서글픈 일이다. 불꽃같이 살다 간 이 나라 민주화의 화신 김대중 전 대통령이 국민의 애도 속에 서거하신 지도 곧 1주기가 돌아온다. 여든여섯 천수天壽라 인정하고 싶지만 몇 년만이라도 더 살아 계셨더라면 하는 아쉬움뿐이다. 이 나라와 미완성 민주주의의 결실을 위함이리라.

지난해 꽃샘추위가 채 가기 전 말 머리처럼 유난히 긴 얼굴의 소유자, 그래서 더 친숙하고 편안했던 김수환 추기경께서 선종하셨다. 독재의 서슬이 시퍼렇고 유신의 칼날이 번쩍일 때 민초들을 대변하여 앞장서서 쓴소리 마다 않던 그분. 어려운 삶을 살며 가톨릭정신과 사랑을 몸소 실천하고 용서와 화해, 정의의 사도를 올곧게 걸으신 고매한 성직자였다. 생명의 존귀함을 알았기에 자신의 육신은 사후기증을 통하여 뭇 생명을 살리신 분. 여든여덟은 하나님이 준 약속의 시간이었을까.

채 슬픔의 눈물이 마르기도 전에 텁텁하고 수줍음이 많은 그러나 대쪽 같던 자존심의 상징 만년 서민 대통령 젊은 노무현 전 대통령이 홀연히 우리 곁을 떠났다. 역대 최초로 임기를 끝마치고 고향에서 사람 사는 세상을 만들려던 소박한 꿈을 접고 부엉이 바위에서 뛰어내렸다. 사납게 불어오는 바람은 전임 대통령을 마음 편하게 두지 않았다. 자존심으로 똘똘 뭉친 그에게 얼마나 큰 상처를 줬기에 "삶과 죽음은 자연의 한 조각뿐이다."라는 선문답을 남기셨을까.

유난히 길었던 지난해 겨울 끝자락으로 이어지던 봄날, 변덕스런 날씨는 봄꽃들에게 온갖 고초를 주고 있었다. 매화가 피기를 머뭇거리던 3월 초 대선사 법정보다 ≪무소유≫의 저자로 더 알려진 큰스님이 조금은 이른 나이에 열반에 드셨다. 무소유가 뭔지를 보여 주듯이 대나무 위에 가사만 걸친 채로 뜨거운 불꽃 속으로 껍데기뿐인 육신을 불살라 버렸다.

또 삶의 꽃봉오리도 채 피워보지도 못한 채 성폭행으로 고통과 치욕의 죽임을 당한 열세 살 L양이 우리를 몸서리치도록 슬프게 했다. 본인의 의사와는 전혀 상관없이 욕정에 눈먼 어른과 사악한 이웃사람에 의하여 아무런 까닭 없이 짧은 생을 마쳐야 하는 비참한 사건들이 일어나고 있다. 험하고 못된 세상이다. 그녀는 더 좋은 세상, 꿈꾸던 일들이 이루어지는 아름다운 이상향, 행복한 낙원을 갈망하며 잠들었으리라.

인간은 숙명으로 태어나 운명으로 살아간다는 말이 있다. 사람의 삶과 죽음은 각양각색이려니 싶다. 자기가 꿈꾸는 세상을 만들기 위하여 더 좋은 세상 민주화 구현과 통일조국을 위하여, 죽음의 문턱을 여러 번 넘나들며 고난과 역경 속에서도 치욕의 아픔을 도도히 이겨내고, 자신의 길을 걸어 마침내는 소망했던 바를 이룬 용기 있는 삶을 살다 간 김대중 전 대통령. 향기 그윽한 삶이었으리라. 그의 죽음이 벌써 1년이란 시간이 흘렀다. 앞으로 내 생애에 어떤 여운으로 우리에게 다가올까 싶다. 역사의 궤를 같이한 박정희 김영삼 전직 대통령과 김종필을 훗날 역사는 어떻게 기록할까? 몹시 궁금하고 흥미진진한 숙제이다. 정치적 보복과 원한을 용서와 화해로 큰 베품의 미덕을 실천한, "한은 복수나 보복을 통해서가 아니라 원하는 것을 이루는 것으로 풀린다."라는 그의 말이 오늘 문득 신선하게 가슴에 다가온다.

불우한 환경과 시대적 아픔 가운데 가난과 배움의 갈등을 이기고 성직자 사제의 길을 걸은 김 스테파노 추기경 역시 향기 가득한 분이셨다. 가진 것 모두를 가난한 이웃과 사회에 퍼주는 삶을 살고 마지막엔 육신마저 나누어 주어 생명 존귀함과 사후 육신 기증문화에 불을 활활 지피는 촉매제가 되었으니 그 여운 또한 오래오래 잔잔히 우리의 뇌리에 남을 것이다.

너무나 양심적이고 인간적인 그래서 소박한 매력이 돋보이는 꿈의 소유자이었기에 스스로 생을 마감한 노무현 전 대통령도, 무에서 유를 창조한 불세출의 영웅이라 해도 한 치 모자람이 없다. 가난을 탈피코자 마옥당磨玉堂 당호를 실현, 보통사람들이 사람답게 사는 세상을 만들려고, 향기로운 삶의 실현을 위해 노력한 분이다. 목숨보다 더 귀하게 여긴 자존심이었기에, 정치보복으로 여지없이 깊은 상처를 입고, 그가 선택한 자살이란 막다른 길은 최선의 길이었는지 모른다. 그 여운은 어떻게 울려 남을까. 린치를 가한 자들과 집단은 엄청난 두려움과 공포로 떨고 있어야 할 텐데 의기양양 그래도 세상은 삐걱거리며 잘도 돌아간다. 신은 정녕 존재하는 걸까?

선승이면서 설법보다는 자연 속에 깊이 파묻혀 수필로서 뭇 중생을 교도하고 구제한 법정 스님의 삶 또한 향촉처럼 진한 향기와 어둠을 밝힌 삶이었다. ≪무소유≫를 필두로 집필한 10여 권의 저서는 이 시대 최고의 베스트셀러가 되었다. 상큼하고 진한 감동의 저서는 수천억대의 요정을 길상사로 변신시키는 마술을 발휘하기도 했었다. 흙탕물 속에서 아침 이슬 머금고 찬란하고 도도히 피어나는 연향蓮香처럼 촉촉이 퍼져 나갈 것이다.

열세 살 L양의 짧은 생애는 결과적으로 향기를 내기는커녕 악취만 풍기고 말았다.

그의 삶은 제 의지와는 상관없이 이 시대가 이 사회가 가져다 준

폭행, 못된 형벌이었다.

억울한 죽음 뒤에도 현장검증과 부검이란 사회적 제도에 두 번 세 번 죽임을 당했다.

그는 남들처럼 인연의 테두리 안에서 향기를 남기고 싶었을 것이다. 죽음 뒤에도 어떠하든 진한 감동의 여운을 남기고 싶었을 게다. 안타깝게도 그녀는 감동의 여운을 남길 수 없었다.

사람들은 살아 있을 때 향기보다 죽음 뒤의 여운이 더 가슴 깊이 새겨지는 것 같다.

인간은 삶에서 아름다운 향기가 넘쳐나고 죽음 뒤 감동의 여운이 깃드는 인생이길 바란다.

그러나 그건 한갓 바람일 뿐, 멀고먼 하늘의 별이며 이상일 뿐이려니 싶다. 우리는 향기 나는 삶과 긴 여운을 남기는 인생을 영위하여야 함이 목표이고 덕목이다. 그리고 영원한 숙제이리라. 이것이 내게 주어진 운명이고 숙명이라 여기고 묵묵히 옳고 바른, 나의 길을 뚜벅뚜벅 걸어야 한다. 향기와 여운을 남기는 삶을 위하여…….

2010. 8. 31.

뒷걸음질치는 대한민국

— 노무현 당신을 가슴에 묻으며

부슬부슬 보슬비 내리던 지난해 4월 26일 토요일, 그날을 나는 잊을 수 없습니다. 20여 분간의 짧은 만남이 이승에서의 마지막이었음을 그때는 어찌 짐작이나 했겠습니까. 당신을 만나려고 20번 고속도로 중앙분리대를 뛰어넘었습니다.

"무슨 말이냐고요?"

그런 일이 분명 있었습니다. 오늘 동무의 혼사에 참석 중 1번 고속도로상 버스 안에서 당신이 우리 곁을 홀연히 떠났다는 슬픈 소식을 접했습니다. 믿기지 않았습니다. 아니, 믿어지지가 않았습니다. 진정 그게 사실이 아니기를 바랐습니다. 오보誤報겠지 하면서 나 자신을 위로하며 내 귀에 맴도는 전파매체를 부인하고 있었습니다.

'계절의 여왕'이라는 5월은 '잔인한 달'이 맞는 것 같습니다. 지난해 5월은 어머니와 이별을 했었고, 박경리 선생과도 이별을 하더니만, 올해의 5월엔 당신과 이별하고 이렇게 허허롭게 보낼 줄이야.

20여 년 넘게 줄곧 당신을 지켜보면서 애증이 없진 않았지만, 그만하면 개인적으로 훌륭한 사람이고 대통령으로서 직무수행 능력을 높이 평가했었습니다. 유권자가 된 뒤 지금까지 선거로 당선된 6명의 대통령 가운데 내가 지지한 두 분 가운데 한 분이기도 하니까요. 그동안 남다른 애정을 갖고 지켜보아 왔었습니다.

올림픽이 있던 해 야당의 초선의원으로서 처음 만나, 나는 새도 떨어뜨리고 무소불위의 권력을 휘두르던 안기부장 J, 현대총수 J, 3H 등을 거세게 몰아부치며 '5공 비리 청문회'에서 보여준 용기와 정의감과 열정 때문에 나는 당신을 좋아하게 되었습니다.

정치적 대부 K의 여야 3당 통합의 야합을 지켜보다 분연히 뛰쳐나온 당신은 참 멋진 사나이였습니다. 그 뒤로 정치적 고향 부산에서 이리 차이고 저리 밟히며 온갖 설움과 천대를 받으셨지요. 당신은 영남인들이 만든 동서 지역 구도를 깨뜨리고 화합과 상생을 위한 혼자만의 고독한 몸부림을 쳤지요. 안락하고 편안한 타협의 길을 버리고 고난과 역경의 가시밭길을 택한 당신만의 믿음이었으리라 생각합니다. 당신은 진정 멋쟁이였습니다. 그게 발판이 되어 호남을 시발점으로 대통령에 당선되는 기적을 일구어냈습니다. 그러나 야3당과 조·중·동 등 기득권자와 부유층은 당신이 맡은 대통령직이 미덥지 못했던지 대통령을 탄핵하는 초유의 사태가 일어나고 말았습니다. 자존심 강한 당신으로서 얼마나 고통스럽고 자책이 컸겠습니까.

가난했던 당신은 젊은 시절 고뇌와 방황을 잘 이겨낸 승리자이었습니다. 상업고등학교 졸업 후, 농협 입사시험에 합격했더라면 평범한 은행원으로 순탄한 삶을 살지 않았을까(?) 하는 생각을 하기도 했었습니다. 두뇌가 명석한 당신은 마옥당磨玉堂에서 당호에 걸맞게 독학으로 큰일을 저지르고 말았습니다. 신분의 수직상승이자 출세의 지름길인 사법고시에 거뜬히 합격하는 괴력을 보여주었습니다. 가난을 탈출할 수단이었을까요. 아닙니다. 정직과 원칙이 살아 숨쉬는 좋은 세상을 만들기 위한 하늘의 뜻, 운명이라고 말하고 싶습니다. 잠깐의 판사 법복을 훌훌히 벗어던지고 인권변호사로 늘 힘없는 약자의 편에 서서 같이 울고 웃던 당신은 풍운아였습니다. 형 같고 큰오빠 같고 친구 같은 소탈하고 격의 없는 대통령이었기에 더 친근감이 넘칩니다. 임기를 마치고 역대 대통령 중 처음으로 고향에 돌아가 고향 사람들과 농사를 지으며 막걸리 한 사발을 쭉 들이켜던 촌놈 대통령, 소처럼 우직했던 바보 대통령, 그래서 우리 서민들은 당신을 서민 대통령이라며 사랑했었습니다. 투박한 말투와 외모, 세련되지 못하다며 여럿이 치고 차고 괴롭혔지요. 얼마나 서글프고 외로웠는지도 압니다. 대학공부를 안 했다고 씹어대던 시집 못 간 기자 출신 국회의원, 사상과 이념이 다르다고 불편부당한 말을 지껄이던 유명작가, 모두 다 별 볼 일 없는 사람들이었습니다. 그러나 미적거린 새만금 개발사업, 천정부지로 치솟은 아파트 값은 당신이 피해갈 수 없는 책임질 일이었습니다.

당신을 추모하는 행렬은 전국 어느 곳이나 끝이 없습니다. 당신을 좋아했던 사람들이 자발적으로 분향소를 차리고 자원봉사를 하고 있습니다. 소나기를 맞으며 당신의 눈물인 양 함께 슬퍼하며 당신을 보내드리려 합니다. 당신의 죽음은 결코 헛되지 않았습니다.

경찰은 서울광장을 버스로 가로막고 무장경찰을 배치하여 조문하려는 시민의 접근을 가로막고 있습니다. 현 정부는 뭔가 뒤가 구리나 봅니다. 지난해 촛불시위에 지레 겁을 먹었을까요? 조문객인 시민들을 불편하지 않도록 도와주고 질서유지를 하는 게 경찰 본연의 임무가 아닐까요? 그런데 바리게이트를 치는 일을 임무로 착각했나 봅니다. 그냥 가볍게 웃으세요. 웃어넘기세요. 그게 우리네 경찰들의 한계이고 현실입니다.

우리나라를 뒷걸음질치게 끌어내리는 여당과 정부인사들, 당신이 밤잠을 못 이루고 가슴 아파할 때 침묵으로 함구하던 일부 재야인사들이 조문도 못하고 쫓기듯 돌아갑니다. 진정 그들이 조문할 자격이나 조문할 진심이 있었을까요? 정부는 그들을 위하여 빈소를 만들고 그들만의 조문을 하게 합니다. 웃기는 일이지요. 이게 지금 우리나라의 참모습입니다.

차라리 사라져야 할 전직 대통령들은 살아남아 허튼소리를 내뱉는 이 세상이, 아니 우리나라가 싫습니다. 사람이 사람답게 사는 세상을 만들려던 노짱 당신의 큰 뜻을 우리는 잘 압니다. 원칙과 정의가 실종된 사회에서 살기 싫어 이민을 꿈꾸기도 했었습니다.

검찰과 언론은 어떻습니까. 당신이 그토록 사랑하던 이승의 고향을 떠나 영원한 휴식에 들자 법무부장관은 기소중지를 했습니다. 진짜 이 정부는 코미디정부인 것 같습니다.

나는 '노사모' 멤버도 아닙니다. 오래전 모 후보가 대통령이 될 때까지 정치자금 후원회에 매달 급여의 5%씩 보내다 경찰의 내사를 받은 아픈 기억이 새록새록 피어납니다. 내가 처음 유권자가 되어 대통령 투표를 하던 유신과 군정의 칼날이 시퍼렇던 군대 시절, 공개투표나 다름없는 부재자투표는 가관이었지요. 국군의 통수권자를 찍지 않고 내 좋아하는 모 후보를 지지하다 괘씸죄에 걸려 한 달간 외출금지령에 발이 묶여 곤욕을 치르던 일들이 이제는 아련한 상처로 다가옵니다. 우리나라 검찰과 경찰은 힘센 사람에겐 약하고 힘없는 사람에겐 혹독하리만큼 엄한 것 같습니다. 현 정부와 여당, 그리고 재야에도 쓴소리를 하는 사람이 없는 것 같아 서글플 뿐입니다. 이번에 반성과 참회를 많이 하겠지요. 보통사람이 소통하며 잘 사는 세상을 지향한 절반의 성공이 물거품이 되는 것 같습니다.

누가 당신을 이 지경으로 만들었나요? 누가 당신을 그렇게 외롭고 쓸쓸하게 했나요? 마지막 선택의 길은 이 길뿐이었나요? 오늘밤따라 소쩍새 한 쌍이 유난히 애달프게 울어댑니다.

당신은 자결한 이 나라의 첫 번째 대통령이 아니라 순교자입니다. 이차돈, 김대건, 이준, 민영환, 김주열, 광주시민 등과 같이 국가와 민족, 종교를 위해 목숨을 바친 성인입니다. 크나큰 희생과 피의 대가 없이 민주주의의 꽃은 피지 않는다고 했던가요? 당신은 위대합니다. 당신이 뿌려놓은 민주주의의 알찬 씨앗은 꼭 화려한 꽃으로 피어날 것입니다.

힘없고 가난한 이 나라 민초들이 스스로 빈소를 만들고 당신과의 영원한 이별을 준비합니다. 그러나 결코 이별이 아닙니다. 그저 잠깐 헤어지는 작별일 따름입니다. 당신의 말처럼 '삶과 죽음이 모두 자연의 한 조각일 뿐입니다.' 부디 편한 세상으로 가시어 온갖 번뇌 다 잊으시고 당신이 그리도 목메게 그리던 세상, 사람 사는 세상을 만드소서. 꼭 그렇게 하소서!

2009. 5. 23.(토)

4부

눈 — 雪 — 겨울 — 冬

눈 덮인 마이산 겨울 풍경

황혼의 엘레지

그는 참 멋스럽다. 귀티 넘치는 창백한 얼굴, 조금은 서구적이며 이지적인 마스크, 반 곱슬머리와 훤칠한 키에 정장을 한 차림새는 잘 빠진 무처럼 매끈하다. 얼굴을 반쯤 가린 크고 까만 굵은 테의 색안경이 어쩌면 매력 포인트이며 트레이드마크다. 피아노 앞에서 감미롭고 때로는 폭풍노도 같은 선율을 연주할 땐, 깔끔한 세련미가 돋보인다. 그러나 오래전부터 그를 매스컴에서는 볼 수가 없었다. 퍽 궁금해 하다 몇 해 전 패티김에게서 그분이 오랫동안 투병 중이라는 소식을 들었다.

수필을 사랑한 법정 대선사의 열반으로 대다수 국민이 슬퍼하고 있고, 짧은 인연이지만 내 마음도 편치 않다. 조계산 송광사 다비식에 참석, 마지막 가시는 길을 배웅하려던 계획을 '전북수필과비평작가회의' 3월 정례모임 때문에 접어야 했다. 종남산 송광사에 들러 수필가 S보살님과 귀천을 빌기로 마음을 추스르고 귀갓길을 재촉했다. 법정 스님 입적의 메아리가 국내외로 잔잔히 울려 퍼지는 가운데 이 나라 가요계의 큰별, 대중음악의 천재 작곡가 박춘석 선생의 부음을 들었다. 우리에게 큰 사랑을 베풀고 존경을 받던 두 분을 잃은 슬픔의 눈물인 양 봄비가 메마른 나뭇가지를 애잔히 적셨다.

1983년으로 기억된다. '남북 이산가족 찾기 운동'을 KBS와 대한적십자사가 3개월간 기획, 방송한 일이 있었다. 천만 남북이산가족, 아니 7천만 한민족을 눈물바다로 이끌었던, 애간장을 녹인 배경음악 〈누가 이 사람을 모르시나요〉. 민족의 한恨과 애절함이 극치를 이룬 명곡이다. 영화 〈남과 북〉의 주제곡으로 1965년에 발표한 박춘석 선생의 작품이다. 클래식 성악을 전공한 서울대 음대 출신 최양숙이 부른 〈황혼의 엘레지〉는 1954년 그의 데뷔곡이자 히트작이었다. 〈호반에서 만난 사람〉 역시 여러 사람의 입에 오르내리며 한민족의 한과 애환을 여러 단계 승화시킨 세미클래식 곡이다.

암울했던 1960년대 안다성의 〈바닷가에서〉, 〈사랑이 메아리칠 때〉는 지식인들의 많은 사랑을 받았다. 해마다 봄의 전령사처럼 정제된 노래 패티김의 〈초우〉를 비롯한 〈못 잊어〉, 〈가시나무새〉, 〈가을을 남기고 간 사랑〉, 〈사랑은 생명의 불꽃〉. 파월장병의 애창곡이었던 남진의 〈가슴 아프게〉와 〈마음이 고와야 여자지〉, 〈별아 내 가슴에〉, 청순 발랄한 청소년들의 꿈과 이상이 잘 그려진 전원풍경 같은 박재란의 〈밀짚모자 목장아가씨〉, 트로트 음악의 으뜸이며 우리 민족의 절제된 슬픔을 노래한 이미자의 〈황혼의 블루스〉, 〈섬마을 선생님〉, 그 외에 〈비 내리는 호남선〉, 〈삼팔선의 봄〉, 〈안개낀 고속도로〉, 〈아리랑 목동〉, 〈마포종점〉 등 셀 수 없이 많은 애창곡을 남겼다. 또 문주란, 정훈희, 하춘화, 나훈아 등 당대의 기라성 같은 일급 가수들의 절대적 사부였다. 후배 작곡가 길옥윤, 이봉조와 동료로서 때론 경쟁자로서, 고급스런 대중음악을 선보여 암울했던 1960~70년대 고뇌하던 지식인들에게 꿈과 용기와 위안을 주지 않았던가.

그는 1930년 서울의 부유한 가정에서 태어나, 다섯 살 때부터 피아노와 아코디언을 자유자재로 연주하는 천재성을 보인 신동이었다. 당대 최고 명문이던 경기중학(경기고)교와 서울대 음대에서 수학하였다. 좋아하는 음악을 위해 여든이라는 짧지 않은 생을 마칠 때까지 평생 독신으로 살았다. 평소 음악(작곡)과 결혼했다고 말했다 한다. 정녕 천재의 길은 외롭고 고독한 여정인가. 2,700여 곡을 유작으로 남겼다. 작곡뿐 아니라 노랫말에도 특출한 재능이 있는 사람이었다. 그의 노랫말은 시적이었다. 요새 풋내기 시인들이 쓴 시보다 훨씬 사람 냄새가 난다. 그의 노랫말은 서정시라 해도 손색이 없다. 어쩌면 잘 쓴 서정수필의 한 구절처럼 잔잔한 감동과 맑고 고독한 사색을 느끼게 한다.

그의 제자들과 주위 사람들의 말에 의하면 카리스마와 번뜩이는 지성을 겸비한 천재성이 돋보였다고 했다. 그러면서도 부드럽고 정 많고, 인격존중과 제자 사랑이 넘치는 사람이었다고 한다. 또한 장난기가 많은 천진난만한 자유인이었다 한다. 1994년 뇌졸중으로 쓰러진 뒤 16년간 식물인간, 긴 휴면시간을 갖게 되었다. 건강을 돌보지 않고 온 정열을 불사른 결과였으리라. 주옥 같은 명작의 탄생이 정지된 아쉬운 세월이었다.

나는 노래와 거리가 먼 사람이다. 늘 노래를 부르는 곳의 변두리에 서 있었다. 지금도 그렇고 앞으로도 그럴 것이다. 음치의 고수란 소리를 들을 정도이니 그러려니 마음 접은 지 오래다. 50여 년 전 초등학교 5학년 때다. 노래 부르는 것은 서툴지만 듣는 것은 조금

낫다. 알맞은 귀 밝기와 가슴이 열려 있기에…….

그는 대중음악을 예술적 가치상승이라는 경지로 끌어올린 선구자이다. 대중음악을 세미클래식 장르로 이끈 개척자이기도 하다. 어느 분야건 그 시대의 최고가 된다는 것은 결코 쉬운 일이 아니다. 타고난 능력, 피나는 노력, 시대와의 조율, 우연한 행운 등이 뒷받침되어야 한다. 법정 스님의 열반에 가려 퇴색해진 이 시대의 천재 작곡가 박춘석 선생의 죽음이 재조명되고 더 많은 관심을 가져야 할 것이다. 두 분은 두 살 터울의 동년배이니 어쩌면 저세상에서 친구로 만날 수도 있을지 모른다. ≪무소유≫의 법정 스님은 노랫말을 짓고 〈초우〉의 박춘석님이 곡을 붙이면, 분명 불후의 명곡이 탄생할 것이다.

그의 데뷔작인 〈황혼의 엘레지〉가 운명처럼 그의 대 히트작 〈초우〉 속으로 사라져 간다. 창밖 변덕스런 날씨 탓에 이러지도 저러지도 못하고 망설이는 매화나무에도 봄비가 내린다. 그는 갔지만 노래는 남아 오늘같이 우울한 날 나를 청소년 시절로 시간여행을 시킨다. 먼지 낀 오디오에선 매력의 목소리 최양숙의 〈황혼의 엘레지〉가 귓전에 맴돌아 가슴을 후빈다. 아니 유리창을 두드리는 봄비, 보슬비에 촉촉이 젖어 애수의 추억여행을 한다.

마로니에 나뭇잎에 잔별이 지면
정열에 불타던 첫사랑의 시절
영원한 사랑 맹서하던 밤
아 아 아 ~ 아 아 아 아
흘러간 꿈 황혼의 엘레지

황혼이 되면 지금도 가슴을 파는
상처에 아픈 마음 다시 새로워
눈물을 먹고 이별하던 밤
아 아 아 ~ 아 아 아 아
흘러간 꿈 황혼의 엘레지

2010. 3. 25.
≪행촌수필≫ 17호(2010년 상반기) 게재.

슬픈 영혼을 위하여

오늘 새벽하늘엔 어제보다 이지러진 하현달이 더 외로워 보입니다. 별빛마저도 어제 새벽별보다 흐릿합니다. 어제 새벽하늘을 영롱하게 수놓던 반짝임은 지니가 사랑하는 어머니께 '이젠 그만 슬퍼하시'라고 현신했지 않나 하는 생각을 해 보았습니다.

내 가슴 한구석을 도려내는 큰 아픔을 인내하며 보내준 글 읽고 또 읽었습니다.

얼마나 힘겹고 가슴 아픈지요. 계절 역시 사랑하는 분신, 딸아이를 보낸 날이니 더더욱 흐리고 을씨년스럽나 봅니다. 내가 곁에서 슬픔을 같이 나누고 조금이나마 따뜻한 위로를 하여 O 선생님의 태산 같은 슬픔 한 조각이라도 덜어 주었다면 얼마나 좋을까 아쉬움뿐입니다.

보내주신 글은 몸소 겪으신 애통이 응축되어 우러난, 차분히 자제한 명문의 보석입니다. 지니에 대한 큰 사랑과 비애가 O 선생을 시험하게 했나 부아가 치밀기도 합니다. 절박한 비애를 겪은 자만이 쓸 수 있는 애절한 시를 칭찬하는 게 도리도 아닌 것 같고, 가슴 저 깊은 곳에서 토해내는 엄마의 한, 피맺힌 절규겠지요. 무슨 말로 어떻게 위로해야 할까요? 그저 요새 겨울 날씨만큼이나 찌뿌드드한, 내 마음도 무겁고 흐릴 뿐입니다.

어제 실컷 우셨는지요. 눈물은 다 말라 버렸는지요. 호된 몸살로 앓아누웠었지요.

이제 울지 마세요. 그리고 너무 애통해 하지 마세요. 잊으세요. 결코 잊을 수 없겠지만 잊으려 노력하세요. 툭툭 옷 먼지 털 듯 털어버리고 오뚝이처럼 일어나세요. 4년은 결코 짧지 않은 세월입니다. 이제 지니를 마음 편히 보내주세요. 날아가 영롱한 동짓달 새벽별이 되었잖아요. 그래야 지니도 성숙된 천사가 될 겁니다.

> "生也一片 浮雲起 死也一片 浮雲滅"라 했지 않습니까. "삶은 한 조각 구름이 일어남과 같고, 죽음은 한 조각 구름이 흩어짐과 같다."
>
> (고려 말 나옹화상 선사 누이의 禪詩 〈浮雲〉 중에서)

지니의 죽음이 우연이 아니고 필연이라 생각하세요. 어쩌면 타고난 운명이라 생각할 수밖에 없습니다. O 선생님은 어머니로서 최선을 다했지 않습니까. 깊고 큰 상처도 세월이란 묘약은 아물게 합니다. 이때까지 시련의 긴 세월을 잘 이겨 오신 지금과 훗날이 더 값지고 보람된 시간일 거라 자신 있게 말하렵니다. 보내주신 하소연이 아닌 명시 머릿속 아닌 가슴속에 깊이깊이 새깁니다. 제목은 제 나름대로 〈세모歲暮 새벽별〉로 우선 이름지었습니다.

그 엄청난 아픔을 누르고 늘 온화함, 화사한 미소와 밝고 신비스런 모습, 이따금 스치는 한 줄기 외로움과 쓸쓸한 그림자를 전 보고 느꼈었지요. 이걸 매력이나 향기라 하겠지요.

인생은 그 누구의 것이 아닙니다. 오로지 자신의 것입니다. 부모도 자식도 형제도 아닌 곧 나의 것입니다. 이제 O 선생님의 때인 것입니다. 즐기고 여행하며 여유를 갖고 응어리진 그 무거운 짐 훌훌 벗어 내려놓고 한 마리 파랑새가 되어 마음껏 푸른 하늘을 날으세요.

다시 태어나야만 합니다. 곤충들 애벌레가 우화羽化를 하여야만 진정한 성충이 되는 것처럼…….

저도 쉰이 되어서야 마음의 평정을 찾았었지요. 증오와 욕심을 버리고 마음을 비운 것입니다. 집착의 끈을 —지니에 대한— 과감히 자르세요. 한동안 쓰디쓴 세월이 지나면 폭풍우 지나간 바다의 고요와 정적이 오리라 믿습니다.

어느새 가까운 십년지기 친구가 되어 있는 것 같습니다. 흉허물을 마음 편히, 드러내고 싶지 않은, 감추고 싶은 속내를 이렇게 속속들이 털어놓고 위로받는다는 게 어쩌면 높은 경지의 자존심이 아닌가 생각도 해 봅니다. 별것 아닌 저에게 이런저런 속 깊은 이야기해 주시는 게 너무 고맙고 감사할 뿐입니다. 저 역시 훌륭한 O 선생님과 인생과 문학, 자질구레한 일상을 마음 터놓고 이야기할 수 있어 행복합니다. 이게 삶의 보람이겠지요. 우리의 인연을 소중하게 이어가길 바라며 이런 인연의 끄나풀을 주신 신께 감사합니다.

이 긴 혹한의 겨울이 지나면 어김없이 봄은 오겠지요. 나약한 햇빛에 잔설이 녹아내립니다.

2010. 1. 9. 금물결 은물결銀波 김재환 사룀.

쌀

눈 위에 또 함박눈이 추억처럼 쌓인다. 지난해 끝자락부터 쉼 없이 내린 눈은 아직 그대로인데. 한 달 하고도 열흘 동안 영하의 날씨는 동토의 나라다. 지구 온난화를 걱정했던 지난 초겨울의 생각을 망각한 지 오래다. 비탈길 천보를 스키장을 만들까 엉뚱한 생각만 솟구친다. 눈 치우기도 지겹다. 주변 온 산야는 북해도 설국이다. 삼한사온이 이 나라에서 실종된 지 오래되었지만, 올해 긴 겨울은 십구한 이십혹十九寒 二十酷이다. 수동교水東橋 난간을 서성이며 얼어붙은 용담호를 바라본다. 얼음 위에 쌓여 있는 쌀더미를 달포 가까이 누가 담아 가지도 않는다. 하기야 요즈음 쌀은 천덕꾸러기 신세인 것을 어쩌랴. 이따금씩 구름 사이로 비치는 햇빛에 밤하늘 별처럼 반짝인다. 겨울 철새 한 마리 없고 얼어붙은 바이칼 호처럼 황량하다. 한 줄기 회오리바람이 눈 폭풍을 일군다. 뜨거운 가슴과 목이 시리다.

한국전쟁이 휩쓸고 지나간 내 어린 시절 주변의 기억은 헐벗고

굶주림이었다. 겨울은 길고 유달리 눈이 많이 내렸다. 눈이 그치는 초봄이 오면 배곯아 몸뚱이가 붓고 얼굴은 누렇게 떠 부황浮黃든 사람들이 많았었다. 쌀이 금처럼 귀했던 긴 겨울철 함박눈이 창호지를 적실 때, 문구멍 사이로 마당 가득히 쌓이는 눈을 바라보면서 쌀이었다면, 요술을 부려서 쌀로 둔갑을 시킬 수 있기를 간절히 기도했었다. 들판과 뒷동산에 내린 눈을 가마니에 퍼 담아 곳간에 쌓아두고 싶었다. 진달래꽃이 붉게 피는 나른한 봄 어느 날, 가난을 숙명으로 여기고 살아가던 이웃 동무들에게 한 가마씩 나누어 주고 싶었다. 얼음 위에 쌓인 눈은 왜 그리도 하얗고 눈부셨을까. 또래 동무들과 썰매를 타고 눈싸움을 하면서도 망상妄想은 뇌리에 쌓인 눈만큼이나 가득 찼었다.

고향은 산촌이지만 금강 상류로 천천天川과 구양천九楊川 학천鶴川이 합수되는 곳으로 제법 넓은 들이 형성된 곳이었다. 자연 물과 기름진 흙이 만나 좋은 논을 이뤄 산촌치고는 벼농사가 발달되어 있었다. 면내에는 조그만 마을정미소가 열네 곳이나 있었다.

밥술깨나 먹고살던 큰집과 외가 덕분에 나는 그렁저렁 배곯이를 하지 않으며 살았다. 그러나 먹거리가 모자라 굶기를 끼니 때우듯 하던 이웃들이 부지기수였다.

어머니는 우리 집에 놀러 온, 배고파 얼굴색이 누리끼리한 내 동무들에게 하얀 쌀밥을 실컷 먹게 해주고, 돌아갈 땐 회포대에 쌀 한 됫박씩 들려 보냈다. 우리 집 쌀이 떨어질 때가 되면 외할머니는 어김없이 머슴 편에 쌀 한두 가마를 소 구루마(달구지)로 보내주셨다. 우리 국민이 주식主食, 쌀 걱정의 끈을 푼 때가 바로 몇십 년 전이다. 1970년대이니 불과 40년 전 일인데 아득히 먼 옛날 같다. 그러나 북한과 지구촌 저 너머에서 기아와 처절한 싸움을 하는 인류가 얼마나 많은가. 지금은 쌀이 남아돌아 천덕꾸러기 신세가 된 지도 10년이란 세월이 흘렀다. 가장 원초적인 인간의 욕망인 식욕, 먹거리의 아이러니다.

내리는 함박눈을 보면서 쌀로 변신을 기원하는 마술을 건다. 유년의 간절한 바람은 그저 망상이 아닌 현상이길 간구한다. 펑펑 줄기차게 쏟아지는 눈발이 머리와 어깨 위에 살포시 내려앉는다. 손 큰 어머니를 추억한다. 북한, 방글라데시, 아프리카의 가난한 나라 국민의 피골상접한 모습이 아른거린다. 내리는 눈은 반세기 전으로 시간 여행을 시킨다. 서글픈 옛 추억의 편린이 흩날린다. 시린 연민이 켜켜이 쌓인다. 쌓이는 저 눈이 쌀이라면!

2011. 1. 31.

김초롱 이초롱

나는 눈부신 은발을 휘날리는 순백의 김초롱입니다. 우리 집에 오시는 분들은 누구나 할 것 없이 '리차드 기어'처럼 잘생기고 우수 깃든 매력이 넘친다고 칭찬을 해 줍니다. 주인님 듣기 좋으라고 하는 말인 줄 알지만 괜히 내가 우쭐합니다. 내 동갑내기 동반자는 이초롱입니다. '샤론 스톤'처럼 매혹적이고 섹시하지요.

나는 7년 전, 2003년 생후 2개월 만에 지금의 동반자와 낯설고 물선 첩첩산중 이곳 산골짝으로 오게 되었습니다. 달랑 혈통확인서와 출생증명서만 가지고 말입니다. 울며불며 부모 형제와 영원한 생이별을 하고 제 고향 진도珍島를 떠났습니다. 이웃집에 살던 이초롱이와 함께여서 조금은 덜 외로웠는지도 모릅니다. 나의 주인께서는 저에게 '김초롱', 같이 온 동무에겐 '이초롱'이란 이름을 지어주셨습니다. 해풍에 실린 갯내가 몸에 배고 따듯한 남쪽에서, 왕으로 모시는 주인나리의 승용차에 실려 5시간의 긴 여행 끝에 찾은 이곳은 온 천지가 눈에 파묻힌 동화 속 나라 같았습니다. 한 해가 저물어가는 12월 끝자락이었습니다.

새로 모시는 나의 태양, 금물결 은물결님은 적막강산 숲 속에서 안주인과 두 분이 살고 계십니다. 띄엄띄엄 서울에 사는 자녀들과 내외분 친구들이 찾아올 뿐입니다. 그리고 심심찮게 우편배달부와 택배 차량이 드나들어 우리에게 소리 높여 발성연습을 하게 합니다.

인적이 뜸한, 조용하다 못해 고독한 귀양살이를 하는 절해고도와 같습니다. 양지바른 집 앞 현관 옆에 거의 1급 호텔 수준으로 저희들의 집을 마련해 주셨습니다.

마을과 멀리 떨어져 심심한 것을 빼고는 눈앞에 펼쳐지는 산과 강, 자연경관이 너무 아름답습니다. 젖 떼고 까칠한 사료만 먹다가 좋은 고기반찬과 부드럽고 영양가 높은 고품질 먹이, 깨끗하고 맑은 물을 주시니 금상첨화입니다. 저희는 쇠창살 우리 속에 갇혀 살다가 목걸이만 찬 채로 자유스러우니 얼마나 좋은지 모르겠습니다. 무럭무럭 컸습니다. 고삐 풀린 망아지마냥 날뛰며 앞산 계곡과 뒷산을 오르내리며 호연지기를 길렀습니다. 다람쥐, 꿩, 토끼, 노루 등 산짐승들과도 만납니다. 그런데 멧돼지 가족을 만나면 걸음아 나 살려라 도망을 치기도 하지요.

그러던 어느 날이었어요. 이곳으로 온 지 두 달이 될 즈음 꽃샘추위가 시새움하던 2월 잔설이 가득한 날, 주인나리는 출근하시고 안주인께서도 출타하시어 우리 둘이서 집을 지키고 있을 때였어요.

쌀쌀한 겨울날 찬바람만 불어와 너무도 적적했습니다. 산새도 다람쥐도 놀러오지 않았습니다. 아침나절 새참 무렵 앞산 매봉으로 토끼사냥을 갔지요. 한 마리를 잡아 맛있는 부위로 시장기를 때우고, 머리통과 네 다리를 물고 첫 사냥의 기쁨을 즐기며, 전장에서 전리

품을 얻은 개선장군처럼 의기양양 집으로 돌아왔지요. 생애 첫 사냥이었습니다. 그런데 제 짝꿍은 해 질 녘이 되어도 돌아오지 않지 뭡니까.

"네 짝은 어디 있니?"

안주인이 물어도 대답할 수가 없었습니다. 답답했습니다. 곧이어 주인어른이 퇴근하시고 이초롱을 찾기 시작했습니다. 밖은 어둠이 깔리고 있었습니다. 나는 토생원兎生員만 물고 오다 이초롱을 잃어버렸습니다. 사냥 갔다 온 곳을 바라보며 슬프게 울었습니다. 두 달간 살 비비며 함께 뛰놀았고 동향同鄕인 실향민으로서 그동안 깊은 정이 들었지요. 눈치 빠른 주인님은 나를 데리고 내가 바라보고 운 쪽으로 달리기 시작했습니다. 저도 냅다 뛰었지요. 가시덤불을 헤치며 한참을 달리니 내 짝의 살 냄새가 코끝을 자극했습니다. 토끼 올무에 목이 걸려 있었습니다. 하얀 목털은 한 올 빠지지 않고 억새풀과 석양빛에 눈부시게 반짝이고 있었습니다. 날이 어두워지고 추위와 몇 시간 동안 홀로 공포에 떨었을 텐데 참으로 의젓이 한 치의 흐트러짐 없이 당당하게 있었습니다. 우리 종족 순수혈통 기질을 그대로 보여주고 있었습니다. 조금만 움직였으면 저는 짝꿍을 잃었을 것입니다. 그 순간 그냥 나는 내 짝꿍에게 홀딱 반하게 되었답니다.

주인어른은 강철로 된 올무를 절단할 공구를 가져다 무사히 이초롱이를 구출했습니다. 그 사건 이후 우리는 각각 목걸이에 쇠줄을 차는 처량한 신세가 되었습니다. 우리의 안전을 위한 주인어른의 불가피한 선택임을 이해하지만 자유를 잃은 우리는 절망이었습니다. 창살 없는 감옥살이가 시작된 것입니다.

마음씨 착한 주인어른은 이따금 우리를 데리고 뒷산 호랑이바위에 가서 백두대간과 호남정맥을 보여주고, 금강과 이 지역 진안고원의 설화와 역사를 들려주기도 했습니다. 죽도폭포나 시냇가에 데리고 가서 맑은 물에 목욕도 시켜주고, 강가 푸른 잔디밭에서 운동도 시켜주셨습니다. 우리의 몸과 마음이 튼튼하게 자랐습니다. 1년 반이 되자 주인께서는 우리에게 합방을 시켜주었습니다. 얼마나 목매게 그리던 바람이었는지 모릅니다. 몹시 설레고 황홀했습니다.

결혼 2개월 뒤 우리는 사랑의 결실인 5남매를 낳았고, 마침내 우리는 어버이가 되었지요. 날씨가 몹시 추운날 밤이라 슬프게도 출산 중 자식 하나는 잃었습니다. 2남 2녀는 건강하고 튼실하게 잘 자랐습니다. 주인께서는 사내에겐 '금초롱', 계집애에겐 '은초롱'이란 예쁜 이름을 지어 주셨습니다. 몇 달 뒤 남매를 서울 사시는 주인어른 친구에게 이사를 보내고 '금초롱', '은초롱' 남매와 2대가 행복하게 살았습니다. 매년 5~6남매를 낳아 키우고 분가시키며 이제 불혹의 나이가 되었습니다. 이따금 우리의 야성을 잃지 말라고 사냥을 시키며 노루와 너구리 등 산짐승을 잡을 기회를 주기도 했습니다. 간혹 긴 시간 해외 출타를 하실 때면 아랫마을 이장에게 우리들의 먹이를 부탁하여 배를 곯지 않게, 세심한 배려를 잊지 않았습니다.

한 해 반 전이었지요. 셋째 자식들인 '봄향기', '가을바람'이 큰 사고를 쳤습니다. 그해 겨울이 시작되는 2007년 11월 13일 20시 30분 경이었습니다. 안주인께서는 서울 자녀들 집에 가시고 바깥주인은 출근 중이었습니다. 정년퇴임이 달포 남짓 남은 때였습니다.

텅 빈 숲 속 집의 주인이 되니 마냥 우리들 세상이었습니다. 첫눈이 제법 바람에 흩날리며 쌓이고 있었습니다. 매일처럼 놀러오던 숲 속의 동무들도, 하늘을 나는 친구들도 눈보라 때문인지 오지 않아 적적하고 무료했습니다. 멍에를 메지 않은 '봄향기'와 '가을바람'은 신들린 무당처럼 신나게 첫눈을 만끽하며 나뒹굴고 있었습니다. 주인께서 열두 시간이 지나서야 비탈진 눈길을 헤치며 돌아오고 있었습니다. 주인께서 조심조심 계단을 오르는데 셋째 애들이 반가움에 넘쳐, 매일 그러하듯 주인에게 엉겨붙어 장난을 치고 있었습니다. 스무 개 계단 중 두 계단을 남기고 주인은 우리 애들을 밟지 않으려다, 그만 넘어지고 말았습니다. 주인님의 잘생긴 이마와 콧잔등에서는 시뻘건 피가 범벅이었습니다. 돌부리에 정통으로 얼굴을 다쳐 눈쌓인 돌계단에는 홍매화가 여러 송이 피었습니다. 피는 멈추지 않고 엄청 솟구치고 있었습니다. 우리 가족은 능지처참감이었습니다. 불안과 초조에 간이 녹아 내리는 것 같았습니다. 병원에 가야 하는데 눈길이라 위험하고, 주인께서는 약주도 몇 잔 드신 것 같았습니다. 119를 불러야 하는데 퍽 난감했습니다. 화가 머리끝까지 치받은 주인님은 '봄향기', '가을바람'에게 처음으로 회초리를 들었습니다. 냅다 혼쫄이 난 그 애들은 그 시간 이후 우리에 갇히는 신세가 되었지요. 후우, 천만다행이었습니다. 마음씨 고운 주인님은 이튿날 "회초리질을 해서 미안하다!"며 사과하고 아이들을 다시 풀어 주었습니다.

주인님은 그 이튿날 병원에서 수술을 하고 이마와 인중, 콧잔등에 영광의 퇴직훈장, 사성장군四星將軍이 되었습니다. 달포가 지나도 계급장은 더 뚜렷하게 반짝이고 있었습니다. 퇴임식 관계로 주인님이 얼굴에 화장하시는 것을 처음 보았습니다. 내가 한없이 송구스럽고 미안했습니다. 그동안 근무처에서 고객과 아랫사람들 보기에 얼마나 부끄럽고 불편하셨겠습니까. 분명 술을 많이 드셔서 그랬을 거라는 비아냥과 오해도 받았을 겁니다. 내가 일일이 해명해 줘야 하는데 그럴 수 없어 몹시 안타까웠습니다.

두 해가 가까워 오고 있습니다. 아직도 상흔의 별 하나가 남아 있습니다. 매일 아침 먹을거리를 가져다 줄 때마다 죄책감에 몸 둘

바를 모르겠습니다. 내 죽기 전에 상흔이 없어지기를 매일, 밤하늘의 별을 보며 기도합니다. 지난 삼복더위엔 얼마나 가슴을 졸였는지 모릅니다. 고급 야만 보신족補身族들은 우리 진돗개를 제일로 알아준다고 귀동냥으로 들었거든요. 다행히 삼복더위를 무사히 넘겨 성년이 된 내 자식들이 당분간 무사할 겁니다.

나는 행운아인 것 같습니다. 선량한 주인 내외를 잘 만나 좋은 환경 속에서 사랑을 받으며 부귀를 누리며 사니까요. 우리 가족을 풀어 기른다면 얼마나 좋을까요. 지나친 욕심일까요? 우리는 야성이 발동하여 아랫마을의 개와 닭, 온갖 작물들을 그냥 두지 않을 테니까요. 그리고 숲 속에서 알을 품는 꿩과, 고라니, 노루, 다람쥐, 토끼들을 닥치는 대로 물어뜯을 테니까요. 그들은 온갖 날짐승과 더불어 외롭고 심심할 때 동무가 되어준 정다운 이웃이며 친구들입니다. 나의 본연의 임무인 외딴집을 잘 지키고, 멧돼지나 노루, 고라니가 작물에 손대지 못하도록 지킴이 역할을 철저히 해야겠지요. 주인 내외분께 충성을 다하여 사랑받아 내 가족의 평안과 강녕을 누리는 일입니다. 이웃 임실지역의 전설 오수의견의 충직을 실천하겠다고 다시 한 번 다짐합니다.

지천명을 넘겨 이순이 가까운 나이에, 지나온 내 짧지 않은 삶을 되돌아보며 몇 자 적어 보았습니다. 처서가 지났으니 곧 주변은 단풍으로 물들겠지요. 계절의 변화는 그 누구도 막을 수 없는 법, 또 눈보라 휘날리는 하얀 계절은 어김없이 올 테고, 그때 난 또 이곳에 처음 온 날과 올무사건, 주인나리 사성장군 사건을 추억하며 픽 쓴 웃음을 지을 것 같습니다.

2009. 8. 24.

≪전북수필≫ 71호(2010년 12월) 게재.

늙은이 뱃가죽

우수가 지나면 저 북녘 대동강 물도 풀린다는데, 경칩이 가까이와 윙크하건만 금강 상류 용담호 얼음은 요지부동이다.

해빙기의 아침이다. 살얼음이다. 여름 소낙비같이 겨울 장대비가 내린다. 우르릉 쿵! 쫙! 번갯불이 정월 그믐을 대낮같이 밝힌다. 미친년 널뛰는 날씨다. 앞산 부귀산 계곡 응달에 쌓인 눈은 아직도 하얗다. 드디어 불어난 흙탕물을 이기지 못하고 용담호를 덮었던 한 뼘 두께의 얼음장이 쩍쩍 갈라지고 부서져 항공모함이 된다.

소년 시절 마을 앞 강물이 꽁꽁 얼면 온종일 내내 스케토(스케이트, 얼음썰매)를 타고 팽이치고 연을 날리곤 했다.

발스케토를 타다가 숨구멍에 빠져 불알이 꽁꽁 얼어붙고 죽음의 언저리를 헤맨 위기의 순간들은 이제 아련한 추억으로 다가온다.

친한 동무들끼리 삼삼오오 떼 뭉쳐 도끼와 삼지창을 들고 강고기를 잡으며 때 되는 것도 몰랐다. 어른들은 강 건너 대덕산에서 농번기 때 쓸 땔나무를 하였다.

봄바람 살랑살랑 남쪽에서 불어오면 한 자 두께의 강 얼음이 녹는다.

해빙이다. 스케토 타는 참맛은 이때다. 강심이 얕은 곳을 골라 즐긴다. 손바닥 두께로 얇아진 얼음은 유연하게 수면 위를 오르내린다. 스케토를 타고 질주하면 얼음 표면은 푹 가라앉으며 금간 틈새로 강물이 솟아올라 고인다. 썰매나 우리들이 지나가면 괸 물이 빠지며 얼음장은 수평을 이룬다. 이러기를 수없이 반복한다. 요새 놀이공원의 롤러코스터 타는 재미, 스릴 만점 겨울 놀이다. 할머니는 성가시도록 물에 빠져 사고 난다고 한사코 말려도 막무가내였다. 그 시절 이만한 겨울놀이는 존재치 않았다.

우리는 해빙기의 얼음판을 '늙은이 뱃가죽'이라 했다. 늙는 것도 서러운데 하필 왜? 늙은이 뱃가죽이라 했을까? 아주 적절한 표현이다. 울퉁불퉁 근육질인 내 뱃살도 서서히 늙은이 뱃가죽이 되어간다. 한 20년 뒤엔 해빙기 이른 봄, 그 옛날과 오늘처럼 '늙은이 뱃가죽'이 될 것이다. 얼음이 잘게 깨지면 틀림없이 물에 빠진다. 오들오들 떤다. 어금니 위아래 턱이 지진판 충돌하듯 강열한 맞물림을 한다. 몰래 숨어 모닥불 피워 옷을 말려 입고 할머니 눈을 피해 도장방에 숨는다. 해빙기의 추억 '늙은이 뱃가죽'이 불현듯 오늘따라 아련하다.

2011. 3. 1.(음 정월 스무엿새)

솟아오르는 해를 삼키고

우리나라엔 축제와 그와 비슷한 행사가 많지만 우리 민족을 상징하거나 대한민국을 내세울 만한 세계적인 축제는 없다. 브라질 리우 삼바축제, 독일 뮌헨 맥주축제, 일본 삿포로 눈꽃축제를 세계 3대축제로 꼽는다. 태음력에 익숙한 동양, 우리나라도 태양력 사용을 공식화한 지 50년이 채 못 된다.

옛날부터 달맞이 행사가 크게 성행했다. 우리 동양인의 정서에 맞는 행사였던 까닭이다. 정월 대보름과 팔월 한가위가 그 대표적인 예다.

연말연시가 되면 여러 해 전부터 해맞이행사가 정동진 등 동해안 이곳저곳에서 이루어지더니, 이제 해넘이행사도 서해안 여러 곳에서 수없이 이루어지고 있다. 전국 군단위, 면단위에서도 행사가 이루어진다. 특히 높은 산과, 동서 땅끝(土末)을 찾는 극성스러운 사람도 많다. 우리네 세시풍속에 달맞이는 있었어도 해맞이나 해넘이 행사는 없었다. 근래에 생긴 신세대 풍속이다.

꼭지바위에 오르는 오솔길은 발바닥 촉감이 작년과 달랐다. 눈이 쌓이지 않아 늦가을 나뭇잎 밟는 것만은 못해도 어스름 여명인데도 사각거리는 부드러운 낙엽의 소리를 들을 수 있었다. 싸늘한 북서풍에 묻어오는 송진 냄새가 은은하고 싱그러웠다.

어제 아내와 두 손을 꼭 잡고 토방에 앉아, 배때기산(부귀산) 너머로 유난히 붉은, 커다란 해가 지는 노을을 보면서 해넘이 행사를 대신했다.

어젯밤 늦게 후배로부터 해맞이 행사 기원 축문을 지어 읽어달라는 부탁을 받았다. 여러 해 전부터 선후배들의 부탁으로 해마다 해오던 일이었다. 덜렁이 후배가 깜박 잊고서 늦게 부탁드린다는 사과를 했다.

꼭지바위는 성주봉 정상을 이루는 수직의 큰 바위다. 용담댐 상류 상전면 월포리 원월포마을 뒷산에는 수직에 가까운 백 길 바위산이 있다.

어린 시절엔 지그재그로 바위산에 오르곤 했으나, 지금은 30번 국도 1km가 넘는 월포대교를 지나 상전 망향의 동산을 뒤돌아 오른다. 등산로를 잘 만들어 놓아 4km 남짓한 산길을 한 시간이면 족히 오를 수 있다. 대덕산, 운장산, 구봉산, 지장산, 마이산, 덕태산 등 1,000m급 준봉들의 조망이 좋다. 특히 남북으로 펼쳐진 용담댐과 주변에 어우러진 경관은 뭉클한 감동을 주며 산행을 헛되게 하지 않는다. 500m급 낮은 봉우리지만 896m 대덕산 위로 불끈 솟는 일출이 장관이며 월포대교와 어우러진 전망이 좋아 이제는 전국적으로도 꽤 유명한 산이 되었다. 꼭지바위 끝에서 발아래를 내려다보는 수직의 절벽과 시퍼런 호수는 등골이 오싹할 정도로 두려움과 쾌감을 준다.

무자년 새해 일출은 대덕산 영봉에 구름이 끼어 해맞이가 썩 좋지 못했다. 그러나 기축년 새해 일출 광경은 아침 8시 5분부터 8분까지 3분간 휘황찬란한 순간을 연출하여 위대한 걸작이 되었다. 산의 능선 벌거벗은 참나무 사이로 레이저 불빛보다 강렬한 빛줄기를 부챗살같이 쏘며 떠올랐다. 요 근래에 본 가장 장엄한 해돋이였다.

수태를 위해 보름달의 음기를 숨이 멎을 때까지 들이마시는 여인네의 정성 어린 마음으로 붉은 양기를 가슴 깊이 단숨에 들이켰다.

지역주민 200여 명, 외지 해맞이꾼 100여 명 중 가장 먼저 한 아름 안아서 나에게 먹여준 아내의 정성도 효험이 없이 그저 그랬던 지난해를 생각해 본다. 올해는 심장처럼 붉은 해를 내 스스로 제일 먼저 삼켰으니 뭔가 달라지겠지 싶다. 새해에 이루어지기를 바라는 나의 소망을 되뇌어 보았다.

눈이 부신 단기 4342년 첫날, 우람하게 솟아오르는 새해를 보며 짧지만 긴 생각을 했다. 이 지역과 이 동네 사람들, 이곳을 떠나 지구촌 이곳저곳에서 땀 흘리며 열심히 살아가는 이 고장 출신 출향인들의 건강과 행운을 빌고, 우리나라와 북한 동포가 더 좋은 삶을 향유할 수 있는 힘을 주기를 간절히 기원했다. 전쟁 없는 평화로운 세상, 맑고 투명한 정치, 국민과 나라를 위해 일하는 국회, 올바른 투표를 할 수 있는 국민들의 높은 안목, 정직한 사람이 잘 사는 세상, 이 평범한 진리가 이 땅에 꽃피울 수 있는 세상, 나와 내 주변이 지난해보다 조금 더 향상된 행복을 누리도록 소망하며 간구했다.

2009. 1. 1.(목)

진짜로 딱 하루만!

올해 해맞이 때 붉고 큰 해를 삼켰기에 지난해보다는 뭔가 더 나아지겠지 하는 막연한 기대를 하고 있었다. 요새 나는 중병인 공황恐慌병을 앓고 있다. 봄날의 나른한 무기력증이 아니라 정서적 무기력이 온 몸뚱어리에 암세포처럼 번졌다. 바보가 이렇게 되는가 보다. 모든 의욕을 잃어버려서 아무것도 하기 싫고 일상이 너무 단조롭고 나태하다. 권투선수가 카운터펀치를 맞고 KO 직전 그로기 상태처럼 혼미하고 몽롱하고 멍한 현상이다. 육신도 의지대로 움직여주지 않는다. 머릿속은 불개미집을 쑤셔 놓은 듯 미친 여자 머리처럼 어수선하다.

지난해 5월 아까시 향기 속으로 어머니를 보내드리고, 12월에는 셋째 동생 내외와 졸지에 이별을 했다. 시련의 끝인가 했더니만 2월 꽃샘바람은, 무슨 큰 죄를 지었기에 나에게 심장을 도려내는 아픔을 주는 걸까? 또 넷째 동생이 너무나 갑자기 내 곁을 떠났다. 아홉 달

만에 네 사람의 혈육을 저승으로 보내고 보니 가슴이 텅 빈 매미 허물 같은 껍데기뿐이다.

지난달 25일 오후 2시경 어떤 모임에서 인천남구경찰서로부터 긴급연락을 받았다. 부랴부랴 서둘렀어도 초저녁 8시 반에서야 인천한방병원 영안실에 도착하였다. 먼저 도착한 제수는 실신했고 국방부 고위 공직자인 매제와 첫째 여동생이 망연자실 넋을 잃고 있었다. 철 지난 어촌의 파시처럼 장례식장은 쓸쓸하고 공허했다. 창밖을 휘몰아치는 겨울 끝자락, 바닷바람에 실려 오는 갯내가 역겹고 허황했다.

평소 자동차가 주정차하지 않는 곳, 육교 위에 약간 비스듬히 승용차가 정차돼 있다고 지나던 교통통신원이 경찰서에 알렸고, 인근에서 순찰하던 경찰이 도착하였을 때 동생은 운전석에서 잠자는 사람처럼 편안히 누워 있었단다. 잠자는 줄 알고 깨워도 기척이 없어 자세히 살피니 심장박동이 금방 멈춘 듯하고 체온은 온기가 조금 남아 있었단다.

검진의의 사인 소견은 급성심근경색증으로 인한 심장마비였다. 사망 시간은 10시 35분경으로 추정되고, 자해나 타살의 흔적이 발견되지 않았으며, 도난 분실물도 없었단다. 그래서 시신을 인근 장례식장으로 옮기고 신분증을 증거로 검시보고서를 인천지검에 보냈으며, 가족에게 연락했다는 담당형사의 답변이었다.

넷째 동생 재황이는 우리 6남매 가운데 공직생활을 뿌리치고 기업을 경영하는 유일한 녀석이었다. 중소기업이긴 하나 질 좋은 폴-라 화장품을 경영하면서 자금난, 직원의 사고와 모질지 못한 성품 탓으로 우여곡절이 많았다. 작년 말 바로 위의 형을 잃은 충격과 고환율, 불경기가 겹쳐 호된 자금난을 겪으며 몹시 시달린 것 같았다. 폭설도 원인이었지만 설날 집에 못 온 것도 회사경영의 어려움 때문이었으리라 짐작했다.

나와는 10년이 넘는 나이 차로 셋째, 넷째와 막내 여동생은 내 손으로 내 집에서 대학을 가르쳤기에 연민의 정이 더 깊다. 이상과 현실의 부조리 속에서 갈등을 극복하려고 부단히 애를 썼으나 보람도 없이, 결과적으로 꿈과 이상을 좇는 뜬구름 잡는 돈키호테가 되고 말았다.

이 동생은 성격상 사업가가 아니기에 사업을 접으라고 여러 번 충고를 했건만 끝을 보겠다고 아등바등 발버둥을 치다가 쉰을 눈앞에 두고 한마디 말도 없이, 연약한 제 처와 어린 자식 셋을 남기고 꽃바람 속으로 떠나가버렸다.

제수씨 말에 의하면 8시 반 인천 대리점 대금결제 문제로 집에서 출발했고 11시 반경 비보를 통보받았단다. 9시 반부터 10시까지 대리점 사장과 만난 뒤 서울 회사로 돌아오다 사고를 당한 것 같다고 울먹였다. 유난히 정이 많고 자식 사랑이 지극한 넷째의 염습과 입관식 때 중학교 3학년 큰딸과 초등학교 5학년 아들의 몸부림치는 절규와 통곡은 어떻게도 막을 수 없었다.

"아빠! 진짜로 딱 하루만 더 살지. 어서 빨리 깨어나세요! 학교에서 상 많이 타 왔어요. 보고 가야지요."

가슴에 꼭 안아 주는 수밖에 그 어떤 위로도 필요가 없었다. 철부지 여덟 살 막내딸은 지 애비 죽음이 뭔지도 모르고 영안실 이곳저곳을 껑충껑충 뛰어다니고 있었다. 미수가 내일 모레인 아버지께 알리지도 않고 장사를 치렀다. 평생 심부름하며 허튼짓 말라고 어머니 곁에 묻어주었다. 저승에 가서는 절대로 사업은 접고 네 소질과 적성에 따라 행복하게 살라고 부탁했다.

조용히 살고 싶어 깊고 조용한 이 산골짝을 찾아왔더니만 끈질긴 인연의 끈은 나를 꽁꽁 묶어 놓아주지 않는다. 젊은 날 이상적인 자식 숫자는 아들 둘, 딸 둘이면 황금 비율이라 생각했다. 서열은 상관없이 둘, 둘이면 사촌, 고종, 이종 등 혈연관계가 가장 이상적이기 때문이다. '둘만 낳아 잘 기르자.'는 가족계획과 가정 경제에는 문제가 되긴 했지만.

삼 남매를 둔 나로선 졸지에 셋째 동생 어린 자식 남매의 후견인이 되고, 넷째 동생의 어린 세 자식을 아니 보살필 수가 없게 되었다. 무슨 자식 복이 많아 8남매를 거느린단 말인가?

셋째 동생 자식들의 법정 관리인으로 선임되어 막 자산관리가 시작되는 때에 또 하나의 커다란 짐을 지게 되었다. 정년퇴직 뒤 여생을 소박하게 한가하고 여유롭게 살고 싶은 내 작은 소망은 물거품이 되었다. 약 10년간 집행유예인 셈이다.

마음의 행로는 갈피를 잡을 수 없다. 붙잡아 둘 수 없는 외로움에 천형의 벌을 받으며 멀고 긴 여행을 떠나고 싶다. 만년설 뒤덮인 히말라야에서 아무것도 보이지 않는 망망대해 태평양 상공을 쉼 없이 날아보고만 싶다. 한 번 창공에 떠오르면 수만 리를 날아가는 알바트로스(Albatros)처럼…….

2009. 3. 20.(금)

은반의 여왕, 김연아

그녀가 우리에게 왔다. 앳된 열여덟 어린 나이에 세계를 누르고 금메달을 목에 걸고 여왕이 되어 돌아왔다. 꿈의 200점대를 훨씬 넘은 세계 최초의 신기록을 수립한 것이다.

얼음판에서 하는 운동으로는 스케이팅과 아이스하키가 있다. 스케이팅은 스피드 스케이팅, 피겨 스케이팅, 쇼트트랙으로 나뉘어진다. 피겨 스케이팅은 싱글, 페어, 아이스 댄싱이 있다. 그리고 동계 스포츠의 꽃, 눈 위에서 즐기는 스키가 있다.

피겨스케이팅(Figure Skating)은 높은 테크닉과 현란한 예술성을 요구하는 아름다운 운동으로 여성에게 더 어울린다. 아름다움과 멋을 추구하는 예술적인 운동으로 수중발레, 리듬체조, 체조, 다이빙, 무용으로 분류되는 발레 등이 있다. 피겨 스케이팅은 정靜과 동動이 어우러진 아름다움의 으뜸이라고 할 수 있다.

세상이 어수선하여 국민들의 양 어깨가 축 처져 있는데, 심심찮게 즐거운 소식들이 우리의 시름을 달래준다. 지난해 베이징올림픽에서 박태환과 야구선수들, 엊그제 끝난 세계야구선수권대회에서의 아쉬운 준우승, 이번엔 피겨여왕 김연아 선수가 일본의 세계적인 선수 아사다 마오와 안도 미키를 시원스레 누르고 우리 민족에게 크나큰 기쁨을 안겨주었다.

한때 피겨 스케이트는 미국과 유럽, 일본의 독무대였다. 1980년대는 볼륨이 큰 독일의 카타리나 비트가, 1990년대는 신비스런 혼혈 중국계 미국인 미쉘 콴이 전설처럼 주름잡고 있었다. 금세기에는 일본의 안도 미키, 아사다 마오, 우리의 자랑스러운 김연아가 트로이카 체제를 이루고 있다.

나는 영재교육의 필요성을 주장하는 사람이다. 우리나라는 뒤늦게 2000년에야 영재교육진흥법이 제정되었다. 우수한 인력은 유아기부터 특수교육을 시켜 국가인적 자원으로 삼아야 한다. 1960년대 세계를 깜짝 놀라게 했던 IQ 220인 김웅용 군은 제도상의 희생양이 된 줄 안다. 불행하게도 우리나라엔 영재교육시설과 전문 교육자가 없었기 때문이었다. 교육열이 세계 으뜸인 우리나라의 사교육으로 일구어 온 현실이었다. 피아니스트 한동일, 바둑의 이창호, 첼로의 장한나, 골프의 박세리, 김미현, 수영의 박태환, 피겨의 김연아 등 기라성 같은 영재들이 많다. 그러나 불행하게도 국가에서 그들에게 교육의 터전을 마련해주지 못했다. 열성적인 부모들의 사교육에 의하여 성공한 영재들이다. 그들은 대한민국을 전 세계에 빛내고 있다. 그러나 김웅용처럼 수많은 영재들이 적절한 교육을 받지 못하여 안개처럼 사라지고 말았다. 안타깝기 그지없는 일이다. 영재 한 명의 국가 기여도는 외교관 수십 명의 몫을 한다고 생각한다. 하루빨리 앞날이 기대되는 우수한 인재를 찾아내어서 훌륭한 교육을 시켜

넓은 세계의 바다에 띄워야 한다. 영재교육진흥법 개정안이 국회에서 하루빨리 보완, 제정되기를 바란다.

자원이 부족한 우리나라로서는 훌륭한 인재양성만이 우리의 살길이고 진정한 선진국으로 가는 지름길이 아니겠는가.

용수철처럼 튀어올라 한 마리 나비가 되어 사뿐히 내려앉고 팽이처럼 황홀한 빠른 회전, 백조처럼 우아한 유영, 은반에서 토란 잎에 아침 이슬방울 구르듯 자유자재로 매끄럽고 막힘이 없다. 동양적인 신비스러움과 선이 예쁜 몸매, 해맑은 미소, 강열한 눈빛, 단정한 의상, 물 흐르듯 자연스런 스케이팅, 어느 것 하나 흠 잡을 데 없는 완벽! 그것이었다. 배경음악과 조화를 이룬 안무 등으로 관중의 기립박수를 아니 받을 수 없었다. 연출된 작품이지만 탄성이 절로 나왔다.

어린 소녀 김연아는 몇 년간 무리한 프로그램과 잦은 부상 탓으로 아사다 마오와 안도 미키에 가려 2인자로서 큰 좌절과 아픔이 있었으나, 드디어 그 큰 산을 넘었다. 큰 점수 차로 완벽한 승리를 거뒀다. 그의 앞길엔 탄탄대로가 펼쳐져 있다. 오랫동안 챔피언으로서 종주국에서 붙여준 여왕의 자리를 지켜주기 바란다. 내년 동계올림픽과 세계선수권대회를 오래오래 지켜서 장수챔피언이 되기를 바란다. 몇 안 되는 선수와 열악한 환경 속에서 위대한 승리를 거둔 김연아 선수가 장하고 대견하다.

2009. 3. 31.(화)

안개 속 미로에서 쉰아홉 고비를 넘으며

작년 말 33년간 몸담았던 농협에서 명예롭고 홀가분한 마음으로 정년퇴임을 했다.

나만의 시간을 갖게 되어 무척 기뻐했다. 33년 만에 1년이라는 긴 휴가를 얻었다. 그래, 아무 생각 말고 1년을 즐기자며 무자년 시간계획표를 꼼꼼하게 짰다.

주간계획에 충실하자며, 요일별로 그동안 하지 못했던 몇 가지 자기계발을 위한 프로그램을 촘촘하게 엮어 실행하기로 결심하고, 정월 초하루 여명에 아내와 아들과 집 뒤 900m의 대덕산에 올라 해맞이 겸 다짐의식을 가졌다. 어느 해보다 경건하고 진지한 마음이었다. 연말연시에 나타나는 현상, 작심삼일은 절대 아니고 작심 365일을 고수하기로 독한 마음의 칼을 갈았다.

오래전부터 연말이면 대부분 각 언론사 별로 국내외 10대 뉴스를 발표해 왔다. 아무래도 내겐 10대 뉴스감이 없을 것 같아 망설이던 때에 교수님의 공개지령에 따라 특종 아닌 특종까지, 처음으로 나를 중심으로 10대 뉴스를 간추려보아 실업 1년차를 정리해보고자 한다.

1. 아까시 꽃향기를 밟고 가신 어머니

조선 초기 명재상 방촌 황희의 후손임을 늘 자랑으로 여기던 어머니 장수황씨 인순 여사께서 우리나라 여성의 평균 수명, 여든을 살고 우리 곁을 떠나셨다.

아까시 꽃향기가 온 천지를 진동하던 5월 11일(음 4월 7일) 일요일, 초파일 전날 새벽에 영원한 안식을 찾아 나비처럼 훨훨 날아 이승을 떠나셨다. 지난해부터 쇠약해지던 어머니는 전북대병원에 입원 가료하다 일주간 병원생활이 답답하다며 전날 오후 퇴원한 뒤 소방관인 전주 둘째 동생 집에서 누구에게도 지켜볼 기회를 주지 않고 홀로 입적하셨다. 아버지와 학교 선후배로 만나 만 59년을 살며, 육 남매를 공직자로 키운 적극적이고 진보적 사상을 갖춘 신학문을 공부한 분이시다. 글쓰기와 그림 그리는 데 출중한 재능을 가진 분이었다. 육 남매 중 한 사람도 임종을 지켜보지 못했다. 당신의 운명이려니 생각하나 한없이 죄송하다. 그렇게 편하고 조용히 우리 형제와 이별을 했다.

2. 셋째 동생 내외 김재청, 김명애 불의의 교통사고

한 해가 저무는 12월 5일 8시 40분 전주 진안 간 26번 국도에서 제수가 교통사고로 죽었으며 동생은 중태라는 연락을 10시에 받았다. 허겁지겁 아내와 빙판 진 눈길을 달려 전북대병원에 도착했다. 무의식인 동생을 살려보려는 10시간의 내 사투도 효험 없이 20시

25분, 제 마누라 따라 어린 자식들 남매를, 부탁한다는 아무런 말도 없이 떠났다.

부부 공직자인 동생 내외는 하루 전, 추위로 얼어붙은 도로 위에 아침에 살짝 내린 눈으로 빙판 진 길에서 미끄러지는 순간 상대편에서 과속으로 달리던 직행버스와 정 측면 충돌을 했단다. 그곳은 중앙분리대도 없는 약간 굽어진 응달 지역이며 내리막길이다. 1초만 비켜 갔더라면(?) 아쉬움과 회한뿐이다. 그것은 날씨 때문이고, 안전성이 결여된 도로의 탓이고, 운전자의 부주의가 복합된 불가항력의 사고이며, 저들의 운명이라 자위하건만 분하고 원통할 따름이다. 재주가 많고, 나 닮아 자연과 예술을 즐기고, 나이 쉰에도 마라톤 풀코스를 3시간대에 완주하는 팔방미인이다. 쉰 살도 못 사는 인생, 유별나게 금슬이 좋던 부부는, 우리 형제 중 유일하게 "저승에서도 부부로 다시 만나고 싶다."고 지난봄 어머니 치상 후 물은 나의 물음에 답했었다. 이놈은 나에게 많은 회한을 준 녀석이다. 20대 후반 200대 1의 경쟁인 검찰 4급(현 7급) 시험공부를 위해 내 박봉으로 학원과 고시원 생활 3년, 오토바이 사고로 1년간의 투병 생활 뒷바라지 등 여러 모로 내게 아픔을 제일 많이 준 동생이었다.

끝내 큰형 정년퇴직을 기다렸다는 듯이 어린 두 남매를 나에게 유산으로 남겨두고 떠나갔다. 나의 뜻인 화장을 접고, 어린 조카들을 위해 화려하고 크게 합장으로 매장했다. 저승 가는 길, 2대의 영구차 뒤에 경찰공무원인 제수의 직장 진안경찰서의 경찰차 6대의 경호 아래 전주에서 고향 진안 장지까지 길목마다 엄숙한 작별인사를 받고, 동생 직장동료, 친구들 50여 대의 자동차가 2㎞를 뒤따르는 장관을 연출했다. 많은 지인들이 요절 아닌 애통哀痛절을 슬퍼하고 동정했다. 죽으면 다 그만이고 부질없는 것을…….

3. 큰딸 김세라 서울대에서 전북대로 옮김

서울대학교에서 석사를 마치고 박사과정을 밟으며 후학을 가르치던 큰딸 세라가 올해 초 전북대로 이동하였다. 서울대에서 있었으면 했으나 같은 국립대이고 2020년 세계 100대 대학 진입을 위한 일환의 영입 형식과, 더 나은 대우와 장래성을 고려하여 어려운 결단을 했다. 전주대에도 출강할 수 있는 조건이다. 가까이 있어 좋지만 또한 살림 차리자니 버겁다. 2월 말 조그만 아파트 전세계약과 동시 이삿짐을 옮겼다. 경차도 한 대 사주었다. 아내의 노고가 컸다. 대학 시절 소설로 등단한 작가이면서 글 쓰기보다는 학문에 무게를 두고 교수 수업 중인 딸애가 대견키도 하지만, 결혼은 생각지도 않는 것 같아 씁쓸하다.

4. 둘째 딸 김세리 팀장 승진

전자공학을 전공한 둘째 세리는 삼성전자, SK, 아시아나 항공 등 굴지의 대기업 다섯 곳에 합격한 뒤에, 세계여행을 꿈꾸던 애답게 삼성전자의 끈질긴 입사 권유를 마다하고, 전공과 무관한 항공사 승무원직을 택했다. 친구와 동서가 임원과 간부로 근무하는 대한항공은 그해 신규채용이 없었다. 부단히 노력하더니 동기 80명 중 최선두로 올 5월 팀장으로 승진되어 탑 클래스에 근무하게 되었다. 기쁨을 감출 수 없었으나 선배들을 거느린 후배 상사로서의 처신에 대하여 충고를 많이 해 주었다. 여자 아이들의 야릇한 심리가 염려되었다.

5. 셋째 아들 김세련 세리와 합침

큰누나와 관악산 아래 신림동에서 같이 살다가 세라가 전주로 내려온 뒤 연구실에서 파묻혀 있는 아들 세련이가 안쓰러웠다. 학교가 멀더라도 집에 있는 시간보다 연구실에서 많은 시간을 보내는 아이의 건강을 생각, 작은딸 세리와 합치기로 했다. 둘째 딸과 막냇동생 집 근처인 강서구 등촌동으로 9월 말 헤쳐 모였다. 양쪽 집 전셋돈을 빼도 20평 아파트 전세금이 부족하다.

6. 아내 이정자 여사 요양보호사 자격증 취득

이곳 산중으로 옮긴 뒤 자투리 시간을 이용, 해마다 자격증을 하나씩 얻던 아내는 올 상반기 중 요양보호사 자격증을 취득하였다. 이제 한식조리사 등 국가자격증 5개를 보유하게 되었다. 나보다 1개가 많다. 써먹지도 않을 자격증이지만 머리 녹스는 걸 방지키 위하여 내가 격려하며 공부하길 권했다. 다행히 척척 단번에 합격하는 재주가 있어 나를 기쁘게 한다.

7. 전북대 평생교육원 문학공부 시작

막연히 글 읽기와 글쓰기를 좋아해 청소년 시절부터 가끔 일간지, 잡지, 사보 등에 칼럼으로 투고는 하였으나, 전문적인 문학공부를 하지 못했다. 좋은 단편소설 한 편 쓰고 싶은 미련을 버리지 못해, 월요일 야간 문예창작 과정과 수요일 주간 수필 창작과정을 등록하고 수강을 시작했다. 그러나 소설작법 이론시간은 없었다. 훌륭한 교수님과 선후배 문학인들과 교유하며 배우는 기쁨이 만만치 않다.

진전도 있고 보람도 있다. 두려움 너머 한편으론 조그만 자신감에 도취해본다. 오래전 호주, 뉴질랜드 여행 시 짧은 영어 실력에 자괴감에 빠져 1999년 평생교육원 개원 때 영어회화과정 1기로 수강했던 기억이 불현듯 떠오른다. 이왕 시작했으니 알찬 수확을 하자. 잃어버린 어휘 찾기에 머리가 아프고 가슴이 답답하다. 공부는 젊어서 해야 되는데!

8. 승마와 초경량 항공기 조종 다시 시작

전주를 떠나며 그만둔 승마를 이른 봄 3월부터 시작했다. 이제 승마복으로 갈아입고 준마를 타고 달리는 쾌감이 전신을 흥분시킨다. 제법 폼도 난다. 불운의 황산벌 계백장군이 된 느낌이다. 퇴직 준비로 1년여 쉬었던 초경량 항공기 조종도 시작했다. 물안개 피어오르는 아침, 푸른 하늘 제 3차원의 세계로 뛰어들어 아름다운 산하를 훑고 지나는 쾌감은 새들이나 알 것이다. 저녁놀이 붉게 타는 석양의 하늘도 무척 신비하고 서정적이다. 생명체인 말과의 호흡과 무생명체인 기계구조물 항공기와의 호흡, 오묘하고 신비롭다.

9. 서도 공부 시작

진즉부터 하고 싶었으나 하지 못한 서예를 3월부터 시작했다. 한글을 하고자 하나 선생님이 없다. 우선 한자를 먼저 배우자. 노전 선생을 모시고 주1회 2시간씩 정진하고 있다. 평생학습은 참 좋은 제도이다. 지금도 글씨 쓸 때 손에 먹물이 까맣게 묻는다. 10년 법칙에 따라 내 나이 고희쯤이면 일필휘지를 할 수 있겠지란 기대를 하면서 스스로 만족해 한다.

10. 대일원 세 마지기 땅 확장과 세심지洗心池 조성

퇴직 뒤 1월 2일부터 무료함을 달래기 위하여 눈보라 속에서 2000년 산막 대일원을 지을 때 못한 일을 하기로 했다. 두 달 계획이었다. 집 앞 삿갓배미 26다랑이 논 2,155m²가 있다. 하양허씨 문중의 10여 년 넘게 묵은 논으로 나무와 잡초만 우거진 숲이 된 토지를 퇴직금으로 사들였다. 엔진 톱을 구입하여 벌채와 절단을 하고 표고원목 200여 개를 만들고, 가시덤불과 일주간의 싸움 끝에 잔가지와 잡목들은 장작으로 만들었다. 아름드리 리기다소나무는 도끼날을 완강히 거부했다. 팔목은 붓고 통증이 참기 어려울 정도로 심해졌다. 중장비 2대로 일주간의 작업 끝에 2다랑이의 논을 만들었다. 돌천지인 논을 트랙터로 갈고 추리고 갈고 추리기를 다섯 번, 또 일주가 지났다.

집 입구에 40m²의 연못을 만들기 20일, 곡괭이와 삽으로 파고 돌을 쌓아 모양새를 냈다.

150m 위편 골짜기에 소류지를 파고 파이프를 묻어 연결하였다. 2월이 다 가고 있었다.

나이 먹기 싫어 엊그제 동짓날 팥죽을 먹지 않았다. 나라 안팎으로 나쁜 일이 더 많은 해였다. 나에게도 물론이다. 속는 셈 치고 돌아오는 기축년, 4342년을 기대해 보자.

나의 바람은 국궁國弓을 시작하고, 초경량 비행기 구입과 개인 비행장 건립이란 허황된 꿈을 꾸는 돈키호테다. 그래 로또 복권을 사자. 그리고 기도하자. 그리고 기다리자.

2008. 12. 25.(목)

시련이 끝나지 않은 한 해

— 4342년(2009) 대일원 10대 뉴스

워낭소리를 울리며 친근하게 다가왔던 소띠 기축년을 이제는 보내야 한다. 날카로운 눈빛이 범상치 않은 호랑이해, 경인년을 맞을 준비를 한다. 늘 이맘때면 가는 해가 아쉬워 미련과 섭섭한 마음이 앞선다. 오는 해는 지난 세월보다 더 나아지겠지, 막연한 기대 속에 설렘으로 맞는다. 지난해 이맘때 우리 집 10대 뉴스 〈안개 속 미로에서 쉰아홉 고비를 넘으며〉를 쓰며, 처절한 쓰라림에 눈시울을 붉힌 기억을 지울 수 없다. 작년 이맘때의 야무진 각오는 불의의 암초에 부딪쳐 좌초되어 버렸다. 동생들 일 뒤처리만 하다 좋은 글 한 편 못 쓰고 한 해를 허무하게 보내버렸다.

1. 넷째 동생 재황과 영원한 이별

지난해 봄날 어머니를 여의고, 무자년 끝자락에 셋째 동생 내외를 저세상으로 보냈다. 참으로 힘들었다. 퇴직 1년 차의 시련치고는 혹독한 엄동설한이었다. 시련은 아직 끝나지 않은 듯 겨울의 끄트머리인 2월 25일, 서울에서 폴-라 화장품 대리점을 경영하던 넷째 동생이 심장마비로 갑작스레 이승을 떠났다. 제 사랑하는 아내와 어린 3남매를 남겨둔 채, 오십을 못 넘기고 싸늘한 겨울바람 속으로 홀연히 가버렸다. 고환율과 고금리에 의한 자금압박, 불경기로 인한 미수금의 회수불능사태 등으로 힘겨워하더니만, 쇼크사로 짧은 생을 마감했다. 대리점 파산절차와 뒷마무리가 만년휴가를 즐기는 제 큰형인 나를 잠시도 놔주지 않았다. 전생에 무슨 업보가 이리 크기에 살아서도 학교와 금전관계, 죽어선 제 식솔들까지 돌보도록 맡기니 인생은 끝없는 시련의 가시밭길인가 보다.

2. 격월간 ≪수필과비평≫에서 〈할미꽃〉으로 신인상 수상

지난해 12월 수필 세 편을 응모하였다. 어린 시절의 아린 추억을 할미꽃을 소재로, 할머니와 외할머니를 대비 형상화한 수필 〈할미꽃〉이 ≪수필과비평≫에서 신인상을 받았다. 지난해 4월 하순 뜨락에 핀 할미꽃을 보며 쓴 서정적인 작품이다. 1월 30일 전주관광호텔에서 '신곡 문학상 및 수필과비평 신인상 시상식'이 있었다. 99회 신인상을 수상하며 문단에 얼굴을 내밀게 되었다. 2008년 하반기 신인상 당선자 17명 가운데 청일점이라 어색하고 쑥스러웠다. 저명한 전국의 수필가, 전북을 대표하는 원로문인, 전북대 평생교육원 수필창작 수요반 문우, 수필과비평작가회의전북지회 회원, 수필과비평작가회의 회원 등 400여 명의 축복을 받으며 수상했으나 어설픔과 두려움이 헝클어진 머리칼처럼 심란하게 내 가슴을 헤집어 놨다. '다음 목표는 신춘문예 당선이다.'라고 다짐했다. 아내와 아이들은 늦은 등단을 축하하기보다는 질책을 앞세워 닦달했다. 아이들에겐 시

상식을 알리지 않았다.

3. 아내 이정자 여사 취업

퇴직 1년이 지났다. 글 쓰고, 비행하며, 여행하고, 돈만 쓰면서 느긋하게 긴 휴가를 즐기는 나를 예의 주시하던 아내는, 월 팔십만 원의 국민연금으로 적자 가계를 꾸리노라 노심초사했었다. 일자리 제안을 받아도 일언지하에 거절하는 내가 이상하다며 취업을 했다. 세 군데 자리 중 조건이 가장 알찬, 조그만 J 유통회사 중견간부로 2월부터 출근한다. 컴퓨터 실력이 수준급이고, 결혼 전 대기업 H그룹에서 10여 년 근무한 노하우를 십분 발휘하여 잘 적응하리라 믿는다.

4. 아들 세련 병역 특례자로 군 입대

서울대학교 자연생명과학대학원에서 응용생물화학을 전공하여 석사학위를 얻은 아들의 병역문제가 남아 있었다. 리더십 함양을 위해 장교 복무를 권했으나 3년 세월이 아깝다며 미국유학 시 유용하게 쓸 영어실전에 대비, 카투사에 응소했으나 4:1의 제비뽑기여서 실패했다. 8월 1일부터 병역 특례자로 대전 테크노 밸리, P주식회사 연구원으로 근무케 되었다. 아파트와 괜찮은 연봉, 서울대와 충남대 카이스트를 오가며 연구 활동과 실험으로 군복무를 마칠 수 있으니 다행한 일이다. 참 격세지감이 든다. 가벼운 마음으로 이불 보따리를 실어다주고 왔다. 그래도 제 엄마는 눈물을 글썽였다. 옛날 같으면 스물여섯이니 장가갈 나이인데…….

5. 둘째 딸 세리 상견례

큰딸 세라의 결혼은 신기루 같아 작은딸 세리의 혼례를 먼저 치르기로 마음을 굳혔다. A항공사 팀장으로 VIP 클래스에 근무하는 세리는 미국 뉴욕에서 아침에 막 돌아왔다. 12월 13일 서울 종로 삼청동에서 사돈이 될 분들과 상견례를 했다. 사위 될 총각은 프리랜서 무명 시나리오 작가이다. 일정한 직업이 없어 아내는 마냥 못마땅해 한다. 그렇다고 눈에 빛나는 예기가 보이지 않으니 나 역시 불만스럽다. 재능이 많은 딸이 아깝긴 하지만, 저희들이 좋다는데, 사랑을 위하여 참고 참으며 내년 오월을 기다리기로 했다. 예나 지금이나 글쟁이는 늘 배가 고프니 마음이 편하지 않다.

6. 조카들 법정 후견인(친권자)으로 선임

전주지방법원으로부터 미성년인 조카 태웅, 혜랑의 친권자로 선임되었다. 작년 말 불의의 교통사고로 고아가 된 두 조카들의 상속과 재산관리에 한 해를 소모하고 있다. 금융감독원, 여러 은행 등 금융기관, 각종 보험회사, 경찰서, 법원, 저들의 근무처, 아파트, 자동차, 빌라, 준비서류만 100여 종에 1,000여 쪽이나 되었다. 수입증지 등 각종 수수료만 100만 원이 넘었다. 자동차 연료비와 시간이 너무 아까웠다. 연초에 계획한 일들이 와르르 무너졌다. 성년이 되어 결혼 뒤까지 보살피려면, 나는 칠순을 훌쩍 넘긴 할아버지가 될 것이다. 부디 건강해야겠다.

7. 대한민국 춘계서화도예대전 입선

작년 퇴직 후 틈틈이 서예공부를 하고 있다. 진즉 갈망했던 일이었으나 이 핑계 저 핑계로 시작지 못한 서예 수련을, 주 1회 두 시간씩 하고 있다. 시작한 지 1년도 안 된 3월에 지도하는 노전 선생께서 체본을 주며 한 달간 시간을 주고 제출하라 하셨다. 글씨가 괜찮다며 출품을 권유하기에 극구 사양했으나 선배 문하생에 휩쓸려 같이 출품하였다. 4월 초 입선 통지를 받고 어리둥절했다. 4월 20일~30일까지 서울 서대문구 문예회관에 전시되었다. 노무현 전 대통령이 "삶과 죽음은 한 조각 구름 같다."라는 선문답을 남기고 간 날, 4월 26일 관람을 했다. 내 글씨는 글씨도 아닌 것 같았다. 심사평에 "글씨가 크고 힘과 기가 살아 있다."고 했다.

8. 아내 출퇴근용 경차 구입

버스로, 혹은 내 차로 출퇴근하는 아내가 안쓰럽고 측은했다. 출퇴근용 경차 '마티즈'를 구입했다. 아내의 일상이 편리하고 자유스런 일상이 되었으면 한다. 두 대를 운용하다 한 대를 없애고 보니 불편이 여간 아니었다. 우리 집에서 진안읍까지 12㎞의 거리니 자동차는 필요충분조건이었다. 아울러 사고 없이 운행하기를 바랄 뿐이다.

9. 보험회사(흥국생명)와 분쟁 소송

셋째 동생 내외의 각종 보험금 지급 청구를 하는 과정에서, 유독 흥국생명만이 보험금 지급에 제동을 걸었다. 법정 대리인을 인정치 않고 아버지와 미성년자인 두 조카들을 연대 보증인으로 각서 제출을 요구했다. 10여 개 회사 20여 건 중 보험금도 별로 많지 않은 두 건이다. 다른 보험사는 보험금 청구 후 1주 내에 지급처리가 됐는데 유독 흥국생명만 공탁을 하겠단다. 부당함에 응할 수 없었다. 국민고충처리위원회, 금융감독원을 경유하여 민원을 제기했으나 대한민국 정부기관의 무성의, 안일 무사한 사고, 공직자의 무능한 모습만 보는 꼴이 되었다. 지급 거절한 법무담당팀장과 공탁금 소를 대행한 K변호사를 혼찌검을 내주었다. 법원의 판결을 무시하는 법치국가, 오늘의 대한민국 자화상을 부끄러워하며, H사 사장과 K변호사의 간곡한 사과와 시정 약속을 받고, 'KBS 시청자 칼럼' 방송계획을 그만두었다. 금융기관에서 30년 넘게 근무한 경력과 지식이 큰 도움이 되었다.

10. 어머니 첫 제사 봉행

지난해 5월 11일(음 4월 7일), 여든을 일기로 돌아가신 어머님의 첫 제사를 4월 30일에 모셨다. 동생들과 조카들이 한자리에 다 모였다. 그러나 두 동생과 제수 한 명은 보이지 않았다. 뒤늦게 도착한 첫째 여동생은 기일 날 추모예배로 모시자고 했다. 제수음식도 안 먹었다. 다음부턴 오지 말라고 했다. 신학대학을 마치고 성직에 종사하는 막내 여동생은 다소곳한데, 이해할 수 없었다. 어머니를 추억하며 옛 상념에 젖어 우울한 하루를 보냈다.

작년 이맘때 꿈꾸었던 비행장 건립과 경비행기 구입, 국궁수련은 불의의 사고 뒤치다꺼리를 하다 보니 도저히 이룰 수 없었다. 1년 연기하기로 했다. 존경하던 민주화의 화신 김대중 전 대통령의 서거가 너무 가슴 아팠다. 노무현 전 대통령의 국민장과 김수환 추기경의 선종이 이 나라를 어른이 없는 나라로 만들었다. 나는 원래 돈과 재수와는 거리가 먼 사람이지만, 값이 껑충 뛴 경비행기를 사려면 열심히 로또복권이라도 사야겠다. 늦복이 터질지, 행운의 여신이 붙잡아줄지 누가 아는가. 인간지사 새옹지마라 하지 않던가. 희망찬 경인년 새해에는 기쁜 소식이 달콤한 꿈처럼 찾아오기를! 기다려야겠다.

2009. 12. 24.

인생 게임 제3세트

— 2010년 우리 집 10대 뉴스. 상서로운 백호의 해 경인년을 접으며

60년 만에 돌아오는 경인년! 백호白虎의 해, 상서로운 영물, 호랑이해가 밝아왔다.

그래서 그런지 김연아를 비롯한 우리의 장한 아들딸들이 태평양 건너 이국 캐나다 밴쿠버에서 기쁨과 감동을 연일 전해주었다. 어수선하고 짜증난 국내정세에 찌들고 답답한 가슴에 폭염에 지친 땀방울을 씻어내리는 시원한 한 줄기 소나기가 되었다.

뭔가 올해는 멋진 한 해가 되겠지! 한 가닥 희망의 불씨를 지펴본다. 해마다 이맘때의 작은 바람이다. 그러나 백호白虎가 백호白虎를 만났으나 황호黃虎를 만난 것보다 나아진 게 없는 것 같았다.

나에게는 아주 특별한 이 해[年]를 몇 자 적어 기록으로 남긴다.

첫째, 아! 벌써 회갑回甲이라니

상서로운 백호의 해, 육갑 60년 만에 찾아온 경인년을 맞았다. 내

나이 이순, 환갑이다. 아득히 멀게만 느껴졌던 회갑이란 불청객은 대문을 활짝 열고 당당히 들어왔다.

아버지 어머니 회갑잔치를 걸판지게 해 드렸던, 한 세대 전 용담호에 잠긴 옛집 넓은 마당이 아른거린다. 아내의 회갑도 몇 달 남지 않았다. 이렇게 늙어가는구나. 세월은 분명 차창에 스치는 산천이다. 아이들 삼 남매와 사위 단출한 모임을 가졌다. 기별을 안 해서 그런지 동생들과 제수 조카들 소식이 없다. 왠지 허허롭다. 마을 사람들을 초대하여 읍내 불고깃집에서 소연을 베풀었다. 이틀 뒤 막내 여동생 문숙과 매제 임용우의 축하전화를 받았다. 태음력에 익숙하지 못한 태양력 세대라 그런가 보다고 웃어넘겼다. 이어령의 신간 ≪지성에서 영성으로≫를 선물로 보내왔다. 내가 희생하며 동생들 뒷바라지 한 지난 세월이 회한으로 남는다. 헛살아 왔음을 통감한다. 하기야 동생 둘은 나에게 짐만 져주고 먼저 갔으니 기다림 자체가 무의미하다. 인생은 그저 스쳐가는 한 줄기 바람인 것을.

둘째, 둘째 딸 세리, 오월의 신부가 되다

큰딸 세라를 먼저 보내는 게 애비어미의 마음이지만, 학문과 혼인했다며 결혼이란 말을 꺼내지도 못하게 하는 큰아이와 줄다리기를 2년이나 했다. 미뤄오던 둘째를 보내기로 어려운 결정을 했다. 계획했던 남아공 월드컵 관람과 아프리카 킬리만자로 등반을 미루고, 계절의 여왕 5월 29일 토요일 서울 상암동 오월의 정원에서, 사위 백성욱에게 사랑하는 딸 세리를 넘겨주었다. 기쁘지도 그렇다고 서운치도 않다. 많은 일가친척과 친지들이 축복해줬다. 33년 전 내 결혼식을 상기하며 감회에 젖었다. 아들 세련이가 애를 많이 썼다. 퇴직

후 며칠간 가장 바쁜 날들이었다.

셋째, 아들 세련 군軍 입대와 제대

대전 테크노벨리에서 연구원으로 근무하는 아들 세련이가, 군 특례요원으로 6월 10일 논산육군훈련소에 입소했다. 4주간 기본훈련을 마치면 예비군복을 입고 퇴소와 동시 제대를 한다. 리더십을 기르기 위해 장교 복무를 권했지만 3년이 아깝다며 사병의 길을 선택한 아들의 지혜가 더 현명한 것인지 모르겠다. 그 나이에 나는 군 삼 년 복무 후 직장 초년생이었는데. 석·박사 출신 연구원들이라 나이가 30전후라니 스물일곱은 어린 편이란다. 염천의 더위를 잘 이기리라 생각한다. 내 훈련병 시절 소금기 전 훈련복과 설사병, 아폴로 눈병, 황톳길, 1971년 논산훈련소의 7~8월을 잊지 못한다. 입대는 제대한 제 친구들과 했지만 제대退所만큼은 아비인 내가 동행하고 싶었다. 내 옛 추억의 그림자를 찾기 위함이었는지도 모른다. 공교롭게도 부자 2대가 논산 육군훈련소 28연대 훈련병 출신이다. 눈을 크게 뜨고 훑어봐도 40여 년 전 흔적은 찾을 길 없다. 그림자도 없다. 시설은 C급 호텔 수준이다.

넷째, 매제 문정기 사망

바로 손아래 매제이자 친구 동생인 문정기 군은 여동생과 초등학교 동기동창이며 부부간이다. 정규 시골 중학교 출신이지만 검정고시를 거치고 부단히 노력, 대학원을 마친 국방부 고위공무원이다. 당상관으로 엘리트다. 미련할 만큼 성실한 사람이지만 재작년 이사관 진급 누락의 쇼크가 큰 탓이었을까. 담배도 피지 않는 모범생에게 폐암이 침입했었다. 3기 진단을 받고 병마와 싸우다 8월 2일 염천 속으로 사라졌다. 명예퇴직을 하고 지병 치료를 강력히 권유했건만, 진급과 아름다운 정년을 고집하더니 끝내 쉰여덟으로 생을 마감했다. 죽기 일주 전까지 근무를 한 미련퉁이였다. 자신과의 처절한 아름다운 싸움이었으리라. 명복을 빌 따름이다.

다섯째, 제19회 월드컵 경기 시청

지구촌 저 너머 아프리카 대륙 끝, 남아프리카공화국에서 6월 12일부터 7월 12일까지 2010 월드컵 경기가 열렸다. 축구광인 나는 열대야에 시달리며 전 경기를 시청했다. 지겨운 부부젤라 소리를 들으며 흥분과 평정, 환희와 애통 속을 오락가락했다. 허정무 감독과 박지성의 눈부신 활약에 힘입어 16강 진출과 선수들의 묘기를 보며, 잠시라도 짜증난 이명박 정권의 무능과 오만, 열대야 무더위를 잊을 수 있는 행복감에 빠져들기도 했다. 그래도 —월드컵 축구이야기— 수필 두 편을 건졌다.

여섯째, 김대중 자서전 읽다

흠모하던 김대중 전 대통령 서거 1주기를 즈음하여 자서전이 출간되었다. 즉시 주문하였으나 1쇄가 동이 나 구입할 수 없었다. 2쇄판 2질을 신청한 지 열흘 뒤에 받아봤다.

1~2권, 1,350여 쪽, 질당 55,000원의 만만찮은 가격이다. 한 질은 존경하는 ㅈ선생님께 우송하였다. 근대사 중 나의 소년 시절 이전, 역사의 정립이 애매모호했던 1950~60년대 초반의 정치사와 사회상을 자세히 알 수 있는 좋은 기회였다. 비사와 정치판의 추한 얼굴들

을 보면서 이 세상은 낙원이 아님을 재삼 확인했다. 불굴의 의지, 민주주의에 대한 열망, 남북통일의 염원과 동포사랑, 애국심, 여러 가지로 재주 많은 특별한 분임을 확인했다. 그러나 부유 집권층과 영남권 보수주의자들로부터 얼마나 많은 핍박을 받았는가. 삶과 죽음의 문턱을 세 번이나 넘나들며 이 나라 민주주의를 지키고 발전시키기 위하여 감옥을 제집 드나들듯 했었다. 한민족 최초로 노벨상(평화상)을 받은 걸출한 이 시대의 거인이었다. 끝내 최초의 국민이 뽑은 수평적 정권 교체의 주인공, 진정한 대한민국의 대통령이었다. 그러나 그는 그의 정적들에겐 지금도 영원한 빨갱이였고 빨갱이로 남아있다. 어떻게 빨갱이가 투표에 의한 대통령이 될 수 있었을까? 나는 참 이상한 나라를 조국이라고 걱정하며 살고 있는 게 야릇하다.

일곱째, 사회주의국가 여행

아내와 함께 해외여행을 한 지도 3년이 지났다. 정년퇴직하던 해 중국 스촨성(泗川省)과 티베트 여행을 다녀온 뒤 해외여행을 가지 못했었다. 아내 혼자 가까운 일본열도 여행을 다녀왔었다. 고산병에 시달리는 아내의 고통을 어루만지며 손잡고 천천히 올라야 했는데 눈 쌓인 4,000m 고지를 발 빠른 내가 혼자 씽씽 앞서 가버리니 그게 많이 서운했던지 다시는 함께 등산, 트래킹, 여행을 하지 않는다고 선전포고를 했기 때문이었다.

1972년 군복무 중 베트남 전쟁 참전을 간절히 바랐건만, 월남파병이 갑자기 중단되어 이루지 못했었다. 40여 년의 세월이 흐른 뒤 전설의 인물 호치민의 나라 베트남과 앙코르 와트와 킬링필드 비극의 현장 캄보디아를 훑으며 전쟁의 참혹과 인간의 잔학성에 치를 떨었다.

그러나 느림과 게으름의 철학, 태평과 행복한 모습, 아이러니가 답답하고 슬프게 했다.

여덟째, 이상야릇한 교통사고

12월 22일 전북수필과비평작가회의 2011년 문예진흥기금 신청차 전라북도청에 가는 길이었다. 화심순두붓집에서 간단히 요기를 하고 정상적인 U턴 후 전주 방면으로 진행 중 동상 방면에서 과속으로 진입하는 차량이 내 승용차 앞 측면을 들이받았다. 차량은 많이 부서졌으나 다행히 탑승자는 다친 데가 없었다. 상대방이 억지를 부리며 중앙선 침범이라고 우겼다. 30년 넘게, 백만km 이상 달렸어도 이런 일은 처음이다. 경찰관을 불러 사고조사 처리를 요청하여 조사를 했다. W경찰서 J조사관은 초보자 같고 서툴었다. 내 쪽으로 불리하게 조사를 하는 것 같았다. 제반 증빙서와 사고 경위서를 작성 재조사를 요청, 며칠 뒤 재조사를 하였으나 경찰관은 고정관념을 바꾸지 못하고 억지를 부렸다. 한심하고 어이없어 국립과학수사연구소에 3차 조사 요청을 하였다. 정의사회 구현을 위해서, 내 양심에 떳떳하기 위해서 법원에 소를 제기할 계획이다. 정당한 판결을 받아야겠다. 경찰관은 사고가 경직된 미련한 사람 같다. 진행 중인 앞차를 진입 중인 뒷차가 과속으로 측면을 받았는데 어째서 받친 앞차의 과실이란 말인가. 상식 밖이다. 정직한 양심보다 더 값진 덕목은 없는 법이다.

아홉째, 전북수필과비평작가회의 사무국장 맡음

행촌수필 사무국장직을 수행해 달라는 제의를 G회장으로부터 세

번에 걸쳐 받았다. 설중에 진안읍까지 찾아와 간곡한 부탁을 했지만 어쩐지 마음이 내키지 않았다. 정중히 거절하였다. 50여 회원을 거느린 전북수필과비평작가회의 사무국장직을 여러 번 고사하다 어쩔 수 없이 수락했다. 여러 가지 행사와 전라북도, 전주시에 들락거리며 쥐꼬리만 한 문예진흥기금 신청과 정산, 크고 작은 행사, 동인지 출간 등으로 많은 시간을 허비했다. 글도 못 쓰며 허송한 시간이 아깝기만 하다. 개인 사정을 핑계삼아 비협조적인 일부 회원들에게 서운한 감정을 감출 수 없다. 진안 내 산막山幕에서 전주까지 왕복 100㎞넘게 20여 회 들락거렸다.

열째, 전라북도 서도대전 입선

서예 입문 2년째 접어들었다. 2009년 4월 춘계 중앙서예대전에 이어 4월 전라북도 서도대전에 매곡 선생의 시를 출품하여 입선하였다. 일주에 2시간씩 하산 서홍식 선생으로부터 배우고 있다. 5월 초 전라북도 예술회관 전시실에서 시상식을 하고 작품은 일주간 전시되었다. 전국에서 출품되어 입선된 100여 점의 수준 높은 수상작 가운데 햇병아리 내 작품이 한 자리 자리잡고 있었다. 10년만 정진하자. 휘호를 썼다. 불광불급 십년법칙不狂不及 十年法則. 그때쯤이면 운필은 제대로 할는지.

영원한 노벨문학상 후보인 고은 시인과의 만남과 술자리, 이 밖에도 지역노인회 일을 봐주는 사무국장 일 등 몇 가지 일을 즐거운 마음으로 봉사하고 있다. 또한 장시간 근무가 무리인지, 나이 탓인지 몹시 힘들어 하는 아내가 직장을 옮겼다. 아내는 여학생 대표로 구례 원촌초등학교 35회 동창회 부회장이다. 지난 7월 동창회 참석차 구례로 가던 중 장애물을 피하려다 빗길에 미끄러지고, 지난달 퇴근하던 길에 큰 차를 피하려다 눈길에 미끄러지는 등 두 번의 교통사고가 있었다. 크게 다치지 않은 게 다행이다. 운전 부주의로 자동차는 많이 망가졌다. 한동안 운전하기를 두려워했다. 일주일간 아내의 운전기사가 되었다.

어느 해든 다사다난하지 않으랴만 경인년 이 해는 유달리 탈이 많은 해로 기록될 것이다.

정부의 정책부재로 인한 여야갈등의 증폭, 보수주의 확산으로 남북 간 대립과 긴장, 천안함 피격 침몰사건과 연평도 피격사건, 정치인 공무원의 부정부패, 세계적인 기상이변에 기인한 한 달 넘게 지속된 폭설과 한파, 고온과 폭우, 삼백만 피붙이를 생매장한 구제역 사건들이 아시안게임 2위의 영광을 묻어버렸다. 영남과 수도권에서 잘못 선택한 대통령이 민주주의와 문화 복지를 너무 멀리 뒷걸음치게 만들었다. 오늘 비분한 마음으로 가슴에 묻지만 한 해의 역사이다. 경인년이 다하는 섣달 스무이렛날 기록으로 남긴다.

2011. 1. 30.(庚寅年 陰 2010. 12. 27.)

아! 나는 진정한 대한민국 국민인가?

40여 년 전까지만 해도 나는 주권국가인 우리 대한민국의 헌법에 명시된 대로 진정한 주권국가 국민으로 알고 있었다. 또한 국가의 모든 권한의 집행은 국가의 통수권자인 대통령이 행사하는 줄만 알았다.

1960년대 말 고교 시절에야 한국군軍 통수권이 미국 즉 주한 미 8군 사령관(현 한미 연합 사령관)에게 있음을 알고 심히 통분했었다.

최근 노 대통령의 전시작전 통제권 이양에 대하여 이념논쟁과 반대 세력이, 유사 반공단체들이 집회와 반대 궐기대회를 하고 있다.

전직 국방부장관을 비롯한 장성들의 모임인 성우회와 보수 세력인 반공단체들이 주축이다. 그러나 전체의 뜻은 절대 아니라고 생각한다. 엊그제는 역대 치안총수인 전직 경찰청장들까지 반대 성명을 발표했다.

참으로 슬픈 일이다.

우리는 대한민국 국민인가? 미국의 식민지국가 국민인가?

30년 이상을 국방과 치안을 책임졌던 분들이기에, 그분들 나름대로 분명한 이유가 있을 테지만 작통권 이양 반대의 이유를 식견이 모자란 탓인지 충분히 이해가 안 되고 용납되지 않는다.

대한민국의 작전 통제권이 6 · 25 발발 후인 1950년도에 이승만 대통령으로부터 UN군 총사령관인 더글러스 맥아더 원수에게 넘어간 걸로 알고 있다. 그리고 오늘에 이르렀으나, 그동안 평시 작전통제권은 한국군에 이양되었으나 전시통제권은 아직도 미국에 있다. 연차적으로 2009년에 작전권이 완전히 우리나라에 이양된다면 그때가 진정한 자주 독립국가인 셈이다.

제2의 독립인 셈이다. 우리 민족이 일제의 핍박 36년, 미국에 자주권의 일부를 빼앗긴 지 60여 년, 어언 100년 1세기의 긴 세월이다. 지금부터 충분한 준비를 하고 3년 후에는 완전 이양이 이루어져야 할 것이다. 지금 경제가 어렵긴 하나 자주 국방을 위해선 빠르면 빠를수록 좋다고 생각한다.

우리 민족의 지상목표는 통일임을 부인할 사람은 아무도 없으리라. 북한과 좋은 관계를 유지하면서, 주변 우방국과도 최대한 긴장을 억제하면서 통일된 조국을 하루빨리 이루어야 할 것이다.

우리는 한국전쟁을 증오한다. 동족끼리 3년간의 전쟁의 후유증……. 통일이 되어도 상처는 아물지 않을 것이다. 남북 전쟁이 아니라 이념의 전쟁, 미국과 소련의 대리전이었던 것이다. 나는 가끔 우리나라 정당 정책 중 여야가 뒤바뀐 게 아닌가 하는 착각을 한다. 진보와 보수의 혼돈 속에서 말이다.

선진국 대열 속에서 우리가 미국의 간섭이 없다면 헌법과 국제법의 테두리 안에서, 얼마든지 자주 국방과 자주 외교로 통일을 충분히 앞당기리라 단언한다. 1945년 해방 후 우리 민족 지도자들의 잘못된 선택으로 민족의 분단 – 그로 인해 이 지구상에 동일 민족 중 두 개의 통치체제를 갖고 있는 유일한 민족이다.

한미 FTA(자유무역협정)도 우리나라 농업의 특수성이 전혀 고려되지 않고 우리 농민에게 대단히 불리하게 진행되고 있다. 이 역시 보이지 않는 구속이다. 힘이 약한 자의 설움이리라.

하루빨리 국민의 뜻을 한데 모아 작전통제권을 이양받아 주권 국가로서의 권리행사를 하여야 할 것이다. 대통령의 권한 남용은 견제기관인 국회에서 할 수 있으므로 별문제가 없으리라 생각한다. 국가경제가 어렵고 국방비 부담에 국민 가계가 걱정이 된다지만 지금 우리나라는 미국에 천문학적 국방비를 부담하고 있다. 우리의 생존은 우리가 지키는 게 당연하지 않은가?

자기 방어수단은 본능이요, 생존의 법칙이리라.

2006. 9. 12.

이 기고문은 2006. 9. 20.(수) ≪전북도민일보≫ 칼럼 〈열린광장〉에 게재된 것임.

5부

바람 — 風 — 비움 — 空

익산 여산면 원수제 상공 비행 모습

하롱베이(Halong Bay)

3년 만의 해외나들이다. 해마다 훽 바람처럼 돌아와야 직성이 풀리는 나로서는 고통의 인내였다. 아내가 동행을 강력히 거부한 탓이다. 가까운 일본과 국내여행을 즐기면서 한사코 나와 동반 해외여행을 거절했다. 이유는 3년 전 중국 스촨성 구채구, 황룡, 설보정, 티베트 여행 시 해발고도 3,500m에서 고산병에 호되게 시달린 기억 때문이다. 정확히 말하면 힘겨워할 때 보살피며 같이 하산치 않고, 나 홀로 목표지점 5,800m를 등반했기 때문이었다.

아이들이 추석 선물로 미주여행과 유럽여행권을 가져왔다. 여러 사정상 내년에 안사람 회갑 선물로 남겨두고 동남아 사회주의국가를 돌아보기로 했다.

초겨울 하오의 햇살을 마주하고 딸아이의 배웅을 받으며 국적기에 몸을 싣고 낯익은 인천공항을 이륙했다.

베트남 이곳은 자정이 가까운 깊어가는 가을밤이다. 하노이 노이 바이 국제공항은 허술하고 어둡다. 전기가 부족한 가난한 나라이려니 이해했지만 입국 수속은 정말 짜증스럽다. 전산화 후진국이니 컴퓨터 속도가 느리고 더디기도 하지만, 서두르지 않는 남쪽나라 국민성과 풍습이 느릿느릿 거북이니 어이하랴. 참고 느긋하게 기다리는 수밖에. 밤길을 뚫고 세 시간을 달려 새벽 한 시에 남국의 잠자리에 들었다.

하이퐁-하롱베이로 더 잘 알려진 호텔 23층 스카이라운지에서 통킹만 해변의 여명을, 떠오르는 태양을 야자수 숲 사이로 해풍과 같이 맞았다. 38년 전 전쟁을 체험하고파 베트남 전쟁 참전을 희망했으나 특수 병과라서 뜻을 이루지 못한 아쉬움이 갯내에 흩날린다. 안정효는 단 사흘 만에 참전 경험을 ≪하얀 전쟁≫으로 형상화하여 소설가로서 입지를 굳혔는데…….

유람선은 옛 선비들의 유선놀이처럼 느리게, 느리게, 아주 천천히, 코발트빛 바다 위 호수처럼 잔잔한 수면을 가른다. 3,000여 개의 섬 거대한 죽순竹筍바윗돌이 떠다닌다.

여러 전설 속에 파묻힌 석회암으로 이루어진 천장동굴의 규모와 비경은 장엄하였다.

선상에서 남국의 해산물을 안주 삼아 토속주를 마시며 신선놀음을 한다. 갈매기는 보이지 않고 머리 위엔 물수리 몇 마리가 저공비행을 한다. 영화 <인도차이나>의 촬영지로서 유명세도 탔지만 세계문화유산으로 등재된 세계 8대 절경 중의 하나로 손색이 없었다.

하롱베이는 중국의 계림과 장가계를 합성하여 나뉜 물 위에 떠 있는 상상 속의 산수화였다.

낯설지 않은 남국의 멜로디는 뱃전에 부딪는 포말 속으로 살며시 사라진다. 큰 바다이지만 삼천여 개의 섬들에 둘러싸여 호수처럼 잔잔하고 적막에 휩싸여 있다.

용 섬, 원숭이 섬, 거북이 섬, 키스바위를 지나 적막의 극치 향로원을 향한다. 순백 아오자이에 칠흑같은 긴 머리칼이 잘 어울리는 아가씨가 노를 젓는 작은 보트에 옮겨 탔다. 유일한 출입구, 천장 낮은 해수동굴을 지나 원숭이 울음소리가 애절한 바닷속의 호수, 물결 하나 없는 별천지, 그곳은 사방은 백 길 정도의 기암절벽의 바위산으로 둘러싸인 작은 백두산 천지 같은 곳이었다. 지름 오백여 미터의 동그란 수면은 초록빛 양탄자를 깐 듯 매끈하다. 햇빛에 반사되는 초록빛과 열대 원시림에서 발산하는 열기는 코발트빛 해수에 숨죽인다. 정적의 극치다. 이따금씩 머리 위 절벽에서 짝을 찾는 원숭이의 애가가 정적을 깨며 낯선 이방인의 가슴을 설레게 한다.

인류 최초 우주비행사 '유리 가가린'이 절경에 반해 '호치민'에게 선물로 달라고 억지를 부렸다는 전설의 티톱 섬. 20여 분 땀 흘리며 올라 전망대에서 바라본 주변의 섬, 섬, 섬들의 풍광은 가히 경악 그 이상이었다. 흐릿한 해무 속에 숨바꼭질하며 자유분방 서 있는 뾰쪽뾰쪽 기이한 바위섬들을 열병하는 총사령관이 되었다. 우리나라 맑고 고운 가을 날씨 같다면 금상첨화일 텐데……. 영락없는 보슬비 갠 뒤 옅은 운무에 젖은 대작 수묵산수화 한 폭이다. 경비행기를 몰고 섬 높이에 맞춰 저공비행을 하고픈 욕망이 회오리바람처럼 용틀임한다.

돛단배보다 더 느린 속도로 옥색바다를 가르며 귀항을 한다. 느림의 미학을 연마 중이다.

선상에서 아들과 통화 중 연평도 피격 소식을 듣는다. 자세한 상황파악이 어렵다. 소형유람선에선 CNN 방송 청취가 불가능하다. 그저 답답할 뿐이다. 예견된 일이지만 이명박 정부의 대북 강경정책의 산물임을 직감했다. 의문투성이 천안함 피격 침몰사건이 터진 지 얼마 전인데. 더 큰 피해가 없기를, 분쟁의 확산이 없기를 빌 뿐이다. 긴급뉴스를 알려주니 같이 투어 중인 일행들이 술렁인다. 특히 서울에서 온 이웃 40대 여섯 주부 팀과, 안동 모 초등학교 동기동창 50대 남녀 7명으로 이루어진 팀이 동요한다. 산전수전 다 겪은 광주 K씨 가족과 우리 내외는 대체로 평안하다. 숙소에서 서울발 뉴스에 귀 기울이며 뒤척이다 하얀 밤을 꼬박 지새웠다.

2010. 11. 23.
베트남 하이퐁 몽탄하롱 호텔에서.

밀림 속의 왕국 크메르

시골 버스정류장 같은 하노이 국제공항, 활주로를 박차고 구름 속으로 솟아올랐다. 이따금 가는 빗방울이 비행기 창에 번진다. 한 시간 반 거리의 고대 크메르왕국의 수도 시엠립으로 향한다. 이국기 베트남 항공의 기내는 비좁고 허접하다. 기내에서 입국 수속 서류 네 종류를 후다닥 쓰고 창밖 구름 사이로 펼쳐지는 이국의 풍경을 본다. 수년 전 태국에 갈 때 인상 깊던 베트남 해변의 긴 백사장과 검푸른 남중국해가 갓 낚아 올린 물고기 비늘처럼 반짝인다. 안남산맥의 열대정글이 짙푸르다. 40여 년 전 발아래 저 숲 속에서 얼마나 많은 목숨이 사라졌는가. 이념을 위해, 민족을 위해, 국가를 위해, 내 나라 젊은이들의 수많은 영혼들이 지금도 정글 속에서 한 마리 나비가 되어 날갯짓을 할 것이다. 옆자리 여행객 두 분이 입국서류 작성을 부탁한다. 기수를 남으로 돌려 고공비행을 하니 내 나라 가을 하늘처럼 푸르고 맑다. 새하얀 뭉게구름이 유별나게 많이 떠다닌다. 이곳 하늘은 우리나라 한여름 하늘과 같다.

시엠립(Siemreap)

굽이치는 거대한 황토색 메콩 강 줄기가 점점 다가온다. 우기를 맞아 평야가 범람한 듯 열대림 사이로 바다처럼 넓은 폰레샵 호수 위로 비행기는 부드럽게 스친다. 녹색정글 숲 속에서 황톳빛 고대도시 시엠립이 흑진주처럼 반짝인다. 거무튀튀한 '앙코르 톰'도 윙크한다.

짧은 활주로 위를 비행기가 요동치며 내려앉는다. '앙코르 와트' 덕분에 국제공항이 됐지만 대형 비행기는 뜨고 내릴 수 없다. 인구 30만의 캄보디아 제3의 도시에 발을 내딛는다.

택시나 소형버스 대신 일명 뚝뚝이(네 명이 탈 수 있도록 만든 수레를 소형 오토바이에 부착한 탈것)를 타고 유적지 사원으로 이동한다.

앙코르 와트(AngkorWat)

크메르 고대왕국의 위대한 건축물이다. 진흙 평원 위에 열대 정글 속에 베이징의 고궁처럼 폭이 200m에 가까운 사각의 해자에 둘러싸여 있다. 높이 55m의 중앙 탑을 중심으로 사방 대각선 방향으로 네 기의 조금 작은 탑으로 이루어져 있었다. 1층은 인간의 자리, 2층은 왕과 왕족의 자리, 3층은 신, 힌두신의 영역이었단다. 1층 회랑의 수많은 조각품들은 인간이 아닌 신의 작품이었다. 인디아의 영향을 받은 탓일까? 힌두신과 인간의 계급사회 코브라 뱀들과의 공존, 불교 문화권이면서도 크메르 왕조의 국교가 힌두교이었음을 알려준다. 전장의 전투 장면, 인간의 섹스 장면, 무희들의 춤추는 모습, 원숭이 코끼리 사자 조각들이 눈에 많이 띄었다. 사자는 없고 호랑이가 많은 나라에 호랑이 상은 없고 사자 모습이 있는 게 아이러니였다. 돌이 전혀 없는 이곳에 거대한 석조 건축물이 어떻게 만들어졌을까. 불가사의다. 백 리 떨어진 돌산에서 코끼리를 이용하여 옮겨와 건축하였을 것으로 추정하고 있었다. 백성들의 고초와 신음소리가 들리는 듯했다. 장기간 부역에 시달리다 보니 국력은 약해졌고 태국의 침략을 받아 왕국은 몰락했단다.

앙코르 톰(Angkor thom)

앙코르 와트의 6배가 넘는 엄청난 규모의 크메르 왕조의 왕궁이다. 평원의 특성상 정글과 해자, 높은 담으로 둘러싸여 있다. 중심엔 앙코르의 미소로 잘 알려진 바이욘 사원이 있다.

바이욘 사원은 특이한 불교신전이다. 54개의 우아한 탑에 200여 개의 잔잔한 미소의 부처님 조각상이다. 얼굴을 보는 각도, 빛의 방향에 따라 미소가 천차만별인 신비의 세계다. 동남아 대부분 부처상은 갸름하고 야위고 날카로운 편인데 바이욘 부처상은 우리나라처럼 동그랗고 두툼하며 후덕한 미소가 특징이다. 조각가의 마음과 시대의 태평세월을 읽을 수 있었다.

사원의 내 · 외벽에는 그 당시 생활상이 담긴 풍속과 전투 장면이 1,200m에 이른다. 불교 사원에 이상하게도, 힌두교의 개방된 성 문화 탓일까. 남녀의 정사 장면이 섬세하게 묘사되어 있었다. 로열 팰리스, 바푸온 사원, 레퍼왕 테라스, 코끼리 테라스, 파미나카스 신전 등 온통 석조 건축물이다. 손꼽기가 어려운 수많은 유적들 때문에 머릿속이 지끈거린다.

타 프롬(Ta Prohm) 사원

'안젤리나 졸리'가 주연한 영화 <툼 레이더>의 촬영지로 잘 알려진 곳이다. 유일하게 복구를 하지 않은 사원이다. 거대한 스펑나무 줄기와 뿌리가 수백 년간 방치되어 반 폐허가 된 사원의 돌틈 사이를 뱀처럼 휘감고 있다. 하늘을 꿰뚫을 것 같은 몇 아름드리나무들의 연륜을 짚어본다. 역사의 허무를 실감한다. 돌틈을 비집고 나온 나무뿌리에 어빡자빡 되어버렸다. 사원은 인간의 돌봄이 없었으니 인간의 무관심과 왕조의 몰락으로 이 모양 이 꼴이 되었으리라. 사원을 휘감은 스펑나무 뿌리는 거대한 아나콘다 몇 마리가 뒤엉켜 옥죄고 있는 것 같았다. 징그럽다 못해 소름이 돋았다. 인간의 화려했던 문명도 자연과 세월 앞에선 한갓 티끌 같은 존재에 불과했다. 요란한 자동차들의 클랙슨 소리, 매미들의 울음소리는 부부젤라의 역겨운 소리보다 더 톤이 높아 머리가 아프다. 숲 속의 정막을 깨며 사람이 살아 있음과 역사의 쳇바퀴가 돌아가고 있음을 인식게 한다.

프놈 복(Phnom Bok)

왕실과 귀족의 화장터로 이용된 사원이다. 두 동의 별개 건축물이다. 뾰쭉한 탑으로 이루어져 있다. 가파르고 높은 계단을 오르면 사각의 굴뚝이 서 있고 구멍이 나 있어 하늘을 볼 수 있다. 영혼이 천국으로 가는 길이란다. 화려하고 규모가 큰 중심의 건축물은 왕족의 화장터이고, 규모가 작고 좀 투박한 한쪽 건축물은 귀족의 화장터로 사용됐었다고 한다.

인간의 삶과 죽음의 길에서도 차별과 등급이 있으니 인류의 역사는 영원한 계급사회인가 보다. 평민의 화장터는 어땠을까 궁금할 뿐이다. 관리공무원은 향 피우는 값 1달러를 노골적으로 요구한다. 화장터 굴뚝 아래 가장 높은 곳에서 바라보는 지평선을 이룬 정글 위로 남국의 태양은 톤레샵 호수를 반짝이며 기운다.

압살라 춤

춤추는 여신, 천상의 무희라는 뜻이란다. 앙코르 와트 벽면에 수없이 섬세하게 새겨져 있는 무희들의 동작과 표정들이 단연 압권이었다. 특히 손동작과 요염한 몸놀림, 얼굴 표정과 눈 표정은 살아있는 무희였다. 캄보디아 전통무용으로 힌두교의 전설에 기인했다 한다. 춤동작은 왕자, 공주, 거인, 원숭이가 주체가 되며 그 동작들을 춤으로 형상화한 것이란다.

즐거운 춤을 추면서도 슬픔이 비치는 눈빛, 요염하고 풍만한 육신, 눈부시도록 하얀 피부의 아름다운 부조浮彫 속 무희는, 작은 체구와 검은 피부색 현지인들과의 엄청난 차이에 혼란과 갈등을 느꼈다. 이해를 돕기 위해 저녁에 압살라 전통 민속춤 공연을 관람했다. 전통의 맥을 이어 공연하겠지만, 섬세하나 아주 느린 동작의 춤에서 벽화의 신비와 황홀을 느낄 수는 없었다. 공연 도중 자리에서 일어났다. 영화 속에서 본 압살라의 그 느낌도 아니었다. 너무 변형되었을까? 아니면 나의 무지 탓일까?

찬찬히 둘러보려면 짧아도 족히 한 달은 걸릴 것 같다. 규모 면은 말할 것 없지만 예술적 가치에 비중을 두고 싶다. 어마어마하게 강력한 왕권이 있었기에 이런 위대한 문화유산을 감상할 수 있지만,

축조 당시 긴 시간을 노동에 시달리며 온갖 고초를 겪었을 백성들의 햇빛에 그을린 검은 얼굴에 초롱초롱 예지에 빛나는 눈망울이 선연하다. 작은 체구에서 어떻게 그런 창조력이 살아 숨쉬었을까? 크메르인들은 진정 위대한 문화민족임에 감탄하지 않을 수 없다. 수수께끼를 안고 발길을 옮긴다. 언제 다시 올까 기약도 없이.

2010. 11. 30.
시엠립에서.

어쩌면 마지막일 것 같은

아내의 회갑이 바람처럼 다가왔다. 아이들이 부산을 떨며 서유럽 쪽을 추천했다. 아끼고 숨겨두었던 찬란한 문화유산의 보고, 파리와 로마여행을 무척 망설였다.

'여행은 문명과 먼 곳부터 가까운 곳으로' 라는 나의 지론을 내 스스로 허물어야 하는 아픔이 뒤따라야 했다. 이색 음식에 취약한 아내의 특성상, 여행 아닌 관광이 되어야 하기에 망설이지 않을 수 없었다. 아내의 동반자가 아닌 보디가드로 만족하기로 마음을 굳혔다.

항공사 승무원 매니저로 근무하는 둘째 딸의 전송을 받으며 OZ-521기에 몸을 실었다. 나에겐 꽤 큰돈인 왕복 항공료를 그냥 날려버리기가 아까운 게 진심이었다. 한낮의 햇살을 받으며 해를 따라 서쪽으로 눈길과 마음을 돌렸다.

나는 창가를 좋아한다. 자동차, 기차, 비행기를 탈 때면 가능한 한 창 쪽 자리를 예약한다. 배를 탈 때도 강의실에서 강의를 들을 때도 창가 앞쪽 자리를 고른다. 창은 바깥세상과 단절의 문턱이지만, 또 다른 세상과 소통의 길이기 때문이다. 비행기 앞쪽, 창가 넓은 자리가 우리 내외를 기다리고 있었다. 회사의 배려에 감사하며 몸을 뉘었다.

텐진과 베이징 상공을 지나 아나콘다처럼 역동적으로 꿈틀대는 만리장성을 넘었다. 흙먼지 뽀얗게 이는 몽골초원에는 칭기즈칸의 말발굽 소리는 들리지 않고 한겨울 흰눈에 파묻혀 적막강산이다. 4월 초순인데도 황사바람의 본거지는 동토의 땅이다. 바이칼 호수 상공 북위 60도, 시베리아 평원이란 말이 무색할 정도로 드넓은 대륙 위를 900km 내외로 몇 시간째 달린다. 우랄산맥을 넘는다. 기내 모니터엔 고도 3만 5천 피트, 기외온도 -50도를 알려준다. 칭기즈칸은 이 드넓은 초원을 몇 날 몇 밤을 새우며, 말달려 서아시아제국들을 정복했을까? 천 년의 시차는 스무 배의 속도를 증가시켰다. 생명체에서 무생명체로 변환시킨 인간의 위력 앞에 그저 고개 숙일 뿐이다. 태양을 뒤따라 모스크바, 상트페테르부르크 상공을 지나 바이킹의 바다 발트해 위를 난다. 북해 상공을 스쳐 구름을 뚫고 이내 런던 히드로(Heathrow) 공항에 접근했다.

'하룻동안 사계절이 있다.'는 변덕스런 영국 날씨 탓에 런던 상공의 전경을 기대치도 않았는데 하얀 뭉게구름과 연두색 정원이 나를 맞이하였다. 지금은 약간 금이 간 말이지만 민주주의의 나라, 신사의 나라, 해가 지지 않는 나라 등의 화려한 별칭을 가진 선진국에 들어선 것이다. 여객기는 세계를 주름잡던 작지만 큰 나라, 영국의 수도 런던 상공을 하강하며 착륙을 시도한다. 황톳빛 템스(Thames)강 주변에 눈 익은 웨스트민스터사원, 빅벤의 국회의사당, 타워브리지, 런던탑, 런던아이, 하이드 파크, 버킹엄 궁전이 서서히 크게 내게로 다가왔다. 연두색 구릉의 품에 안긴 시가지를 눈요기하리라 기대하지 않았는데 행운이 뒤따라 카메라 셔터를 정신없이 눌러댔다. 이번 여행은 시작부터 예감이 좋았다. 여행이란 시기를 잘 맞춰야 기쁨과 만족이 배가(倍加)된다는 게 상식이지만 날씨의 몫을 무시할 수 없다.

공항 인근 ST, Giles 호텔 1018호실에서 첫날 밤을 시작했다. 소시지와 햄, 우유가 들어가니 뱃속에선 풍랑이 인다. 된장국 산채나물에 단련된 뱃속이 놀라는 것은 당연한 일. 색다른 음식을 맛보는 것도 여행의 큰 기쁨이다. 아내는 냄새마저 역겨워한다. 벌써부터 걱정이 앞선다.

평원 위에 고즈넉이 안겨 있는 시가지, 고층 건물이 드문 것이 특징이다.

8시간의 시차, 세계 모든 시간을 지배하는 이곳 그리니치. 모든 시간은 이곳에서 시작되고 끝이 난다. 게르만계 앵글로 색슨족이 잉글랜드를 통일하고 세계를 제패한 이유를 찾기가 쉽지 않았다. 우리 한반도보다 조금 큰 섬나라가 어떻게, 어떤 신통한 힘으로 세계를 지배했었을까? 지정학적으로 섬나라는 유 불리가 상존한다. 산업혁명과 민주주의, 단결력과 개척정신, 대륙정복의 원대한 꿈과 탐험정신, 튼실한 교육에 의한 과학과 문명문화의 발달이 선진대국 영국의 밑거름이 되었으리라.

새들이 낭랑한 목소리로 낯선 이방인의 아침을 열고 있었다. 호텔 동쪽 창이 밝아온다. 동방의 빛이다. 도버해 위로 치솟는 붉은 빛이 장관이다. 심야 몇 시간 잠잠하던 공항의 유도등 불빛이 분주하다. 동트는 여명을 뚫고 꿈과 사랑을 실은 비행기는 쉼 없이 뜨고 내린다. 창을 연다. 미풍에 실린 이국의 새벽 봄바람이 상큼하다. 반짝이는 비행기의 날카로운 엔진 소리가 신선하다. 초록의 선명함이 영락없는 우리나라의 5월 중순이다. 북위 50도가 넘는 북쪽이지만 해양성 기후 탓인지 온난하다. 빨간색 지붕이 아기자기한 고풍스런 시외에서 시내 중심가로 버스가 진입한다. 날씨는 최상급이라고 한다. 도심 공원엔 일광욕을 즐기는 시민들의 반 나신이 여행객의 마음을 설레게 한다.

민주주의의 본산 국회의사당에선 '피, 땀, 눈물'을 갈파한 '윈스턴 처칠'경의 우렁찬 웅변이 들리는 듯했다. 웨스트민스터 사원을 스칠 때 비운의 황태자비 '다이애나'의 모습이 아른거렸다. 런던타워를 보며 비련의 왕비 '앤'과 왕권통치의 서슬에 몸이 떨렸다.

워털루 부리지를 건넜다. 비련의 명화 〈로버트 테일러〉, '비비안 리'의 〈애수〉의 한 장면이 강물 위에 희미하게 일렁인다. 버킹엄 궁전의 주인 엘리자베스 여왕은 출궁 중이었다. 화려한 근위병 교대식을 보고 하이드파크 잔디 위에 몸을 눕혔다.

대영박물관 관람은 꼼꼼히 했다. 시공을 뛰어넘어 이역만리 타향에서 감옥살이하는 이집트, 그리스, 페르시아 유물들이 안쓰럽고 측은하였다.

시가지 건물들의 나이는 약 200세 내외란다. 보존하고 가꾸는 문화, 옛날이 있어 오늘이 있는 것. 오래된 것을 보존하고 가꾸는 문화 선진국이 진정한 선진국임을 다시 한 번 가슴 깊이 되새긴다. 전봇대와 전깃줄이 없어 도시는 깔끔했다. 도로는 좁고 골목은 구불구불하다. 옛 마차길, 양옆으로 건축된 모든 건물은 그대로가 다 문화재이다. 우리나라 같으면 더 크고 넓고 높게 그리고 반듯하게, 손대지 않아도 될 멀쩡한 얼굴에 성형 수술하듯 뜯어 고칠 것이다. 자동차의 대부 '롤스로이스'의 고향이건만 거리에는 소형차 중심이다. 자동차도 그리 많지 않다. 덩치 큰 사람들이 불편할 법도 한데 용케 견디나 보다. 자연친화적인 천연 연료사용 자동차와 2층 버스, 지하철 등 대중교통이 잘 발달되어 있었다. 괜히 선진국이 아님을 느낄 수 있었다. 자유주의, 법치주의, 보수성, 융통성이 잘 아우러진 영국은 이유 없는 '해가 지지 않는 나라'가 아니었다.

2011. 4. 8.
런던에서.

개선문 앞에서 만난 나폴레옹

파리행 유로스타의 시발점, 중앙역은 혼잡했다. 흑, 백, 황이 뒤엉켜 시끄러운 시장 같았다. 수 세기世紀 동안 서로 앙숙이던 프랑스와 영국이 도버해협(칼레해협), 바다 밑 50m지점에 약 34㎞의 해저터널을 뚫어 고속열차 유로스타가 왕래한다. 1세기 전만 하여도 가당치도 않은 꿈이 현실이 되었다. 영국은 섬나라가 아닌 유럽대륙의 일부분이 된 것이다. 런던에서 파리까지 시속 300㎞ 이상 고속으로 비행기가 아닌 기차로 달렸다. 차창의 사물들은 쏜살같이 달려왔다 눈 깜짝할 사이에 사라졌다. 세 시간 남짓 달려 유럽의 자존심, 예술과 낭만의 나라 프랑스에 도착했다. 드넓은 프랑스 평원을 쉼 없이 달려왔다. 유행과 패션, 문화와 예술의 도시 파리는 오래전부터 동경하면서도 내 생애 마지막 여행지로 아껴 두었던 곳이었기에 큰 설렘으로 다가왔다. 한적한 아이비스 호텔에 여장을 풀었다.

호텔 주변 연둣빛 숲에서 노래하는 새들의 인사를 받으며 파리의 아침을 맞았다.

세계 3대 박물관 중의 으뜸인 800세 루브르박물관 관람을 했다. 미술품의 보고寶庫였다. 그저 감동과 탄성이다. 영국의 대영박물관과 비교치 않을 수 없었다. 규모, 시설, 건축물에 새겨진 조각품, 건축양식 등 어안이 벙벙하였다. 국왕 루이 14세는 이곳이 비좁아 더 크고 화려한 베르사이유 궁전을 새로 짓고 옮기면서 루브르는 왕궁에서 최고의 박물관으로 다시 태어났다. 책과 사진으로만 보아왔던 문화유산은 상상을 초월하여 혼절할 지경이었다. 레오나르도 다빈치의 〈모나리자〉 진품을 가까이서 감상할 수 있는 행운과, 밀로의 〈비너스〉상, 사모토 라케의 〈니케〉, 드라크로와의 〈민중을 이끄는 자유의 여신〉 등 걸작에 마음을 빼앗겼다. 주어진 한나절 짧은 시간을 최대한 이용 꼼꼼히 살폈다. 한국어 해설을 들을 수 있어서 국력신장의 격세지감을 느끼며 자못 자긍심이 일었다. 몇 년 전만 해도 한국어 해설은 들을 수 없었고 불어, 영어, 스페인어, 일본어 등에서 선택하여야 했었단다. 지식이 짧은 서양미술사의 이해를 돕기 위해 한국어판 루브르 박물관 사진첩과 해설서 등을 구입했다. 문학과 문화예술에 뛰어난 재능의 소유자 나폴레옹에 감사하며 소년기에 책으로 만났던 그를 꼭 보고 싶었다. 루브르는 어쩌면 나폴레옹의 컬렉션이기 때문이다.

에펠탑! 상상을 훨씬 뛰어넘는다. 뭐든지 최고는 그저 최고가 아님을 또다시 절감한다.

교과서나 건축사 미술사에 소개되는 걸작은 인간이 한계를 뛰어넘어, 신의 경지에 이르러 창조한 불가사의한 작품들이기 때문이다. 대평원에 우뚝 선 320m 큰 키로 파리 시가지를 대장군처럼 거느리고 있었다. 천박한 철골 구조물이 아니라, 현대문명과 쇠붙이가 건축과 미술이란 이름으로 조화 응집된 실용적인 예술품이 바로 에펠탑이었다. 발아래 센 강 위엔 유람선이 오르내리고 알렉산드르 브리지의 화려한 금빛 치장이 반짝인다.

개선문, 샹젤리제 거리, 콩코드광장, 퐁피두센터가 있는 신시가지, 그랑팔레, 앵발리드, 샤이오박물관, 로댕박물관. 루브르박물관, 오페라하우스, 노트르담사원, 퐁네프다리, 배고픈 젊은 예술가들의 고향 몽마르트언덕을 센 강은 두 팔로 포근히 안고 있다.

센 강에서 유람선에 몸을 싣고 파리 야경을 감상한다. 강바람이 한낮과는 반대로 싸늘하다.

낮에 눈여겨 새겨놓았던 기억과 상상력을 동원하며 해설을 듣는다. 루브르, 오르쉐, 그랑팔레, 국립재판소, 상아빛이 우아한 노트르담 사원을 스치며 영화 속의 곱추 콰지노모도 역의 '안소니 퀸'과 에스메랄다 역의 '지나 롤로브리지다'를 회상한다. 퐁네프다리 밑을 지나며 퐁네프 연인들의 암울한 사랑이 안개 속에 흐릿하게 가물거린다.

개선문을 중심으로 부챗살처럼 펼쳐진 대로. 나는 개선장군 나폴레옹이 되어 샹젤리제 거리를 걷는다. 의기양양한 병사가 뒤따른다. 좌우 연도에 선 수만 시민들의 환호를 받으며 행진한다. "나폴레옹! 보나파르트!" 우레 같은 함성과 말발굽 소리가 지축을 흔든다.

"위대한 프랑스 만세!" 개선문에 올라 나폴레옹은 승전 보고를 유창하게 갈파한다.

2011. 04. 09.
파리에서.

레만 호에 비친 융프라우

눈의 나라, 알프스의 나라, 호수의 나라, 스위스에 입국 신고를 했다. 세계평화의 상징 도시 제네바. 제네바 역에서 테제베와 이별의 키스를 하였다. 평원과 구릉으로 이루어진 프랑스와는 달리, 가파른 산악과 만년설이 희끗희끗한 알프스 자락 아래 옹기종기 모여 사는 또 다른 세상 스위스. 국제 적십자를 비롯하여 많은 국제기구가 레만 호 주변 제네바에 본부를 두고 있다. 시가지 투어를 하며 유럽과 스위스 지도를 먼저 구입하였다. 국제도시답게 제네바 시 거리거리마다 세계 각국의 국기가 펄럭인다. 잘 정리된 녹색의 정원, 좁은 면적을 규모 있게 농경지로 운용하고 있었다. 프랑스와 영국과는 대조적이다. 산속에 사는 내겐 더 정감이 간다. 태백산맥 주변의 한적한 도시를 연상한다. 불어의 부드러운 발음에 익숙해진 내 귀는 악센트 강한 독일어가 거슬리는 듯 아파한다. 인구 20여만 명 스위스 제3의 도시 제네바는 시계 등 정밀산업과 금융업이 세계 최고이다. 국내외 은행들이 수두룩하다.

이탈리아인이 운전하는 버스투어가 시작되었다. 산줄기 중턱을 가로지르는 고속도로 아래로 낭만이 가득 찬 레만 호가 끝없이 펼쳐진다. 멀리 몽블랑, 마터호른, 융프라우를 품에 안은 알프스산맥의 고봉에서 반사되는 흰 눈에 눈이 부시다. 설산 아래 사면斜面 위 층층의 마을들이 자유롭게 펼쳐진다. 발아래 펼쳐진 농장과 목장, 초원, 옥색 물빛, 가슴 시린 호수, 주변에 자유롭게 아기자기한 빨간 2층 지붕의 주택과 마을, 온갖 꽃들과 도시. "그림처럼 아름답다."란 말로는 한참 부족한 것 같다. 여행은 계절과 날씨가 좌지우지하듯 시기적으로 잘 선택하였고 날씨마저 더할 나위 없으니 큰 복을 받은 황홀감에 도취되었다. 이 나라의 행정수도 베른 시의 주택은 전원 별장이다. 숲 속에 사는 요정들의 집 같았다. 인구 13만 명의 작은 도시, 자연친화적인 도시였다.

좌우 만년설이 쌓인 산골짜기 따라 버스는 숨 가쁘게 오른다. TV와 유명 화보에 소개된 낯익은 명승들이 이따금 나타나 눈과 마음이 즐겁다. 툰(Thrn) 호수와 브리엔즈(Brienz) 호수 사이에 자리한 인터라켄(Interlaken)시 두락 호텔에 여장을 풀었다. 쌀쌀한 찬바람이 시원 상쾌했으나 아내는 한기를 느끼며 추워했다. 이 나라 국민성의 상징처럼 검소하고 전형적인 산악호텔이었다. 인터라켄 시는 이름으로 알 수 있듯이 만년설이 녹아 흘러, 에메랄드빛으로 빛나는 두 개의 호수 사이에 자리잡은 제법 넓은 개활지에 형성되어 있는 조그만 휴양도시이다. 툰 호수 위엔 몇 척의 요트가 한가롭게 유영한다. 알프스의 삼 형제 아이거, 묀허, 융프라우를 오르는 관문이기도 하다.

오스트 역에서 산악열차를 타고 세계에서 가장 높은 3,454m에 위치한 융프라우 역에 오른다. 두 번 갈아타고 지그재그로 천천히 오른다. 눈 아래 비탈진 녹색 초원 위에 소와 양들이 한가롭게 풀을 뜯는다. 빨간 지붕 2층집들이 옹기종기, 혹은 띄엄띄엄 제멋대로 앉아 있다.

봄과 겨울이 공존하는 제3의 세상 풍광이다. 천 길 수직의 절벽 위에선 만년설이 녹아 하얀 실타래가 되어 이슬폭포가 바람에 흩날린다. 떠오르는 태양에 반사되는 융프라우 만년설이 커다란 반사경이 되었다. 자동으로 선글라스를 끼게 한다. 황금빛과 코발트빛의 기묘한 조화가 신비롭다. 100년 전 산악열차가 개통되었다 한다. 험준한 산악에 철길을 내고 긴 터널을 뚫어 기차를 운행할 수 있었던 작지만 강한 나라 스위스가 돋보였다. 얼마나 많은 희생과 시행착오가 있었을까. 별다른 장비 없이 오로지 인력과 축력의 힘으로 이루어낸 피땀의 역사였기에 경외에 앞서 인간의 위력에 절로 머리 숙여진다. 그 당시 우리나라는 일본제국의 식민통치에 시달리고, 쇄국에 의한 조선제국이 저물어가고 있었으니 그저 한심하고 답답하기만 하였다.

유럽의 지붕 융프라우(4,158m) 아래 스핑크스테라스(3,571m)에서 만년설 빙하를 내려다보며 우아하게 와인의 향에 취한다. 칼바람이 내 몸 깊이 스며든다. 산악열차로 같이 올라온 파란 눈 스키어들은 잽싸게 스키에 몸을 싣고, 옥색 빙하의 설원을 날렵한 자태로 미끄러져 간다. 경비행기 한 대, 한 마리 흰 독수리가 되어 은빛 날개를 반짝이며 융프라우 영봉과 능선을 휘감아 돈다. 날고 싶은 욕망이 강렬하게 꿈틀거린다. 일곱 빛 무지개색 패러글라이딩 마니아들이 한 떼 나비가 되어 군무를 한다. 알프스계곡 바람을 가르며 설원과 초원 위아래로, 이리저리 오르내리며 나풀거린다. 젊은이들은 차디찬 계곡의 급류에서 래프팅을 즐기며 스릴을 만끽하고 있었다. 브리엔즈 호수에선 요트와 수상스키를 즐긴다.

레포츠 왕국, 선진 스포츠문화의 일면을 보고 있다. 경비행 레포츠마저도 자유롭지 못한 내 나라 형편이, 남북이 대치한 채로 서로 으르렁거리며 찢고 바수는 내 조국의 현실이 가슴 아플 뿐이다.

알프스의 산자락에 자리한 조그만 나라 스위스. 척박한 자연환경과 비탈진 고산 산악지대. 남한의 반도 안 되는 국토와, 천만도 안 되는 인구를 가진 작은 나라. 프랑스, 독일, 이탈리아, 오스트리아 등 강대국에 둘러싸인 나라. 바다가 없는 나라. 결코 입지적 여건이 우리나라보다 나을 것이 없는 나라이다. 세계 최상위 국민소득 6만 달러로 우리의 세 배가 넘는다. 이 나라는 왜 이렇게 잘 살까? 작지만 진실로 큰 나라. 근면 검소한 국민성, 일찍 과학문명을 발전시키고 정치적 안정인 영세중립국으로의 전환, 시계공예산업, 자연친화적인 목축업을 근간으로 휴양관광과 레저산업, 각종 국제평화기구의 유치와 국제금융업을 세계 제일로 육성하였기 때문이리라. 경차와 소형차를 애호하는 검소한 생활문화, 화석연료 사용을 제재하며 목재연료를 최대한 이용하는 국민과 정책. 선진국, 경제대국, 부럽고 탐나는 나라이다. 대학교육을 받는 국민이 우리나라 절반에도 못 미치건만 장인정신으로 가업을 몇 대씩 이어가고, 중산층이 잘사는 나라. 면세점 진열장에서 수제시계와 맥가이버칼 등이 강렬히 유혹한다.

스위스는 문화예술의 여러 분야에서 세계문화를 이끌어 왔다. 노벨상을 수상한 석학들 수에서도 우리와는 비교가 안 된다. 즐거움을 찾으려던 여행길이 무겁고 답답한 마음의 병만 얻어가는 초라한 꼴이 되었다. 세계에서 두 번째 길다는 30여km의 터널을 지났다. 알프스 소녀 하이디를 만나 이야기하고 에델바이스 한 송이 꺾어 보려던 순진한 낭만은 긴 터널의 어둠만큼 침침했다. 나폴레옹이 넘었던 험준한 알프스 산맥을 넘어 시저가 기다리는 이태리로 내려간다.

2011. 4. 11.
스위스 알프스 자락 인터라켄에서.

아모로(AMOR)-로마(ROMA)

로마의 영화와 파멸을 보기 위해 두 눈을 부릅뜨고 찬찬히 살폈다. 고대도시 로마는 발길 스치는 모든 것이 문화재이고 보물이었다. 대리석 빛깔이 은은한 거대한 박물관이다. 신 마르스와 인간 레아 실비아 사이에 태어난 쌍둥이 형제 레무스와 로물루스, 테베레 강에 버려진 형제를 암늑대가 젖을 먹여 키우고, 이들이 자라서 세웠다는 독특한 매력이 넘치는 사랑의 도시 로마. 로마건국의 신화 같은 전설이다.

2천 년 전 마차길 보전을 위한 좁은 도로 탓으로 러시아워 교통난은 심각하였다. 시내 중심가를 가로질러 지중해로 흐르는 테베레 강폭은 좁으나 수량이 풍부하고 유속이 빨랐다.

갈매기 몇 마리 바티칸 성당 위와 강물 위를 유유자적 난다. 바다가 멀지 않음을 직감한다. 중세 이후 제일 작은 영토를 가지고 최대의 권력을 휘두른 바티칸 가톨릭 공화국을 먼저 둘러보기로 했다.

국가라기엔 이상야릇하다. 가톨릭 성채라야 맞을 것 같다. 드높은 성벽 안에 교황청, 박물관, 성 베드로 대성당이 있다. 유럽을 좌지우지하는 무한한 종교의 힘은 그 어떤 강력한 왕권 위에 군림했었음이 역력했다. 종교의 힘은 왕권이나 국가의 힘을 초월한 무한의 힘이었다. 14C 아비뇽 유폐를 마치고 돌아온 뒤 지금까지 전 세계 가톨릭의 총본산으로 교황이 기거한다. 박물관, 미술관, 도서관에는 역대 교황이 모은 진귀한 작품들이 소장되어 있었다. 천재 예술가 미켈란젤로의 〈천지창조〉, 〈피에타 상〉, 성베드로 대성당의 규모나 예술적 조각들은 숨을 멎게 하며 감동을 넘어 경악이었다. 바티칸은 부의 상징인가?

세계 제일이라는 이름에 걸맞게 성 베드로 대성당의 위용은 가히 압도적이다. 베드로의 순교지이며 묘지인 이곳은 삶과 죽음이 공존하는 곳이었다. 성 베드로 광장의 오벨리스크와 돌기둥의 규모가 나를 짓누른다. 이천 년 전에 만들어졌다는 사실이 도저히 믿기지 않았다.

교통관계로 시내관광은 잘생긴 로마인이 운전하는 벤츠투어를 선택하였다. 자동차의 나라가 왜 독일의 벤츠를 이용하는 걸까? 브랜드의 유명세를 이용한 관광기술이려니 싶다.

시저와 원로원 회원들의 열띤 토론 소리가 들리는 듯하다. 포로로마노에서는 로마의 번성과 영화, 몰락과 파멸을 느낄 수 있었다. 2,500년 역사의 뒤안길 정치, 경제, 종교의 흔적이 비교적 고스란히 남아 있었다. 네로 황제 때 대화재는 대리석 건축물들을 다 태울 수는 없었나 보다. 치르코 마씨모의 로마 옛 전차경기장을 달려본다. 영화 〈벤허〉의 전차경주 장면과 네 마리 순백의 잘생긴 말들이 눈에 선하다. 투기장 겸 극장인 콜로세움이 장엄한 자태로 위용을 자랑하며 내게 다가왔다. 6만 명을 수용할 수 있다는 대형 경기장, 오늘날 월드컵 축구경기를 치를 수 있는 규모다. 긴 세월에 부대낀 탓인지 허접스러운 모양새다. 검투사와 맹수 간의 생사를 건 싸움, 그것을 보며 희희낙락거리는 귀족들의 모습이 스친다. 인간의 잔혹성에 치를 떨고 "쿼바디스!" 신의 존재 여부를 고뇌했던 로마인들이 아른거렸다. 캄피돌리오 언덕과 광장, 하늘의 제단 산타마리아성당, 빅토리오 에마누엘레 2세 기념관의 화려함, 티투스 개선문, 가톨릭 본산답게 성당 천국이다.

영화 〈로마의 휴일〉에서 '오드리 헵번'과 '그레고리 펙'의 장난기 가득한 장면이 연출된 진실의 입, 사자상 앞엔 관람객의 긴 줄이 끝이 안 보인다. 원형의 사자상 조형물이 하수구 덮개(일설, 화장실 뚜껑)였다는 사실에 야릇한 웃음이 번진다. 트레비 분수는 발 디딜 틈이 없다. 동전을 던지며 사랑의 소원을 간구한 낭만은 어디로 날아갔을까.

스페인 광장과 계단, 계단 위로 보이는 삼위일체 성당의 모습에서 명화 〈로마의 휴일〉의 아련한 추억의 장면, 비련의 장면들이 안타깝게 겹쳐 나타나 사라지곤 한다.

건축물의 진수 판테온 신전은 나를 또다시 놀라게 했다. 웅대한 규모와 기하학적 균형을 이룬 조화가 최고의 건축 예술품임에 아무도 이의가 없을 것 같다. 천장에 뚫린 하늘(신)과의 통로이며 햇빛과 바람의 길이었다. 과학과 예술의 합성조화, 균형미의 극치였다. 라파엘, 페롯찌, 유명 왕과 왕비들이 잠들어 있다고 했다. 나보나 광장의 조형물들 또한 강렬한 매력으로 나를 유혹하였다.

수많은 유명 조각과 그림에서 남성의 상징, 성기는 하나같이 밋밋하였다. 그 당시 로마인들은 포경수술을 하지 않았던 것일까? 조각품과 그림의 창작 관례였을까? 의문으로 남았다.

해설사의 답변이 명확지 않았다. 로마 그 자체가 파리와 함께 하나의 종합예술품임에 다른 이유가 없었다. 선대들 덕에 최대의 관광수입을 올리는 로마와 이탈리아의 관광산업, 선진화된 관광 정책이 부러울 뿐이었다.

2011. 4. 14.
로마에서.

카프리의 푸른 물빛

경건한 마음과 감성으로 여행을 한다. 새벽 호텔 창문을 두드리는 빗소리에 잠을 깼다. 일주간 맑고 쾌청한 날씨가 처음으로 심술을 부린다. 비 좋아하는 나로서 이국에서 맞는 비도 괜찮을 성싶었다. 소낙비 아닌 가랑비니 이탈리아 봄비를 맞는 것도 축복이리라. 외제, 더구나 선진국 봄비가 아닌가. 왼편 아펜니노 산맥을 따라 1번(A1) 고속도로를 타고 남쪽으로 내려간다. 이따금 스포츠카의 천국답게 페라리와 람보르기니가 굉음을 내며 섬광처럼 달린다.

삼대 미항의 하나 나폴리로 떠난다. 베수비오 화산이 낮은 구름 속에 목까지만 보여준다. 이천 년 전으로 시간 여행이 시작되었다. 방탕과 사치, 쾌락으로 썩어 문드러졌던 로마귀족들의 휴양도시, 베수비오 화산폭발의 화산재에 묻혀버린 지하도시 폼페이. 광장, 주택가, 상가, 유곽지대, 경기장, 학교, 공장, 창고, 감옥, 로마의 축소판이었다. 우람한 소나무와 키 큰 사이프러스나무가 고풍스럽다. 숲에선 맑은 새소리가 이방인을 환영하는 듯했다. 호화 사치스런 생활, 방탕한 삶에 심판을 내리기 위한 신의 단죄였을까? 화산재로 일순간 도시 전체를 몰락시켰으니 자연의 힘은 정말 위대하였다. 삶과 죽음은 찰나이지 영원한 것이 아님을 다시 확인한다. 그저 자연의 한 부분이며 연속인 것이었다.

날씨만큼이나 찌뿌드드한 마음으로 소렌토로 향한다. 미니열차엔 각국의 언어가 막춤을 춘다. 음악의 나라답게 악사들이 낯익은 멜로디를 연주한다. 어린 집시들이 요염한 눈웃음을 지으며 구걸을 한다. 거리의 벽에는 원색의 낙서가 난무한다. 예술품 대접을 받고 있었다.

절벽 위 천혜의 요새 같은 성벽과 예쁜 건물들, 미로의 마을 골목길 상가를 눈요기하고 가파른 계단을 오르내리며 감청색 바다 항구에 이른다. 금세기 최고의 테너 엔리코 카루소의 옛집이 절벽 위에 학처럼 날렵하게 앉아 있다. 창밖으로 그의 노래가 들려오는 듯하다.

페리 호에 몸을 싣고 그 이름만으로도 설렘이 파도처럼 출렁이는 카프리 섬에 발걸음을 내딛는다. 옛 마차길 같은 좁고 구불구불한 가파른 비탈길, 미니버스가 헐떡대며 오른다. 서늘한 지중해 해풍에 보슬비가 그치고 햇살이 유난히 빛난다. 언덕, 절벽, 올리브농장과 포도원, 정원 테라스 앞에는 눈이 시리도록 푸르른 지중해가 가슴을 파고든다. 코발트빛 바다와 반짝이는 은물결, 유람선과 요트들의 어울림. 저 멀리 나폴리와 소렌토 항, 베수비오 화산이 선연하다. 섬 7부 능선에 자리한 카프리타운, 리프트를 타고 10여 분을 오르면 300m의 섬 최고봉 아나 카프리에 도착한다. 전망대에서 내려다보는 주변의 섬과 하얀색, 붉은색 집들이 멋지고 아름답다. 바람이 휘몰아 초겨울 추위를 느낀다. 수직 절벽 아래 깊이를 알 수 없는 심해로 날아갈 것 같다. 리프트도 흔들리고 갈매기마저 날기가 자유롭지 못하다. 갯바위에 부딪쳐 산산이 부서지는 흰 파도와 하얀 포말. 잉그리드 버그만의 집이었다는 저택이 눈부시게 돋보였다. 줄 떨어진 연이 저 산 너머로 날아가듯 모자가 바람에 날려 수직 절벽 아래 바다 위로 나를 떠난다. 나의 작은 흔적, 한동안 나와 같이했던 일부분이 한 마리 나비가 되어 지중해 이 섬 저 섬을 기웃거릴 것이다. 오디세우스가 되어 험난한 방랑의 항해를 시작한 것이다.

갯냄새가 없어 이상한 이국의 바다, 이렇게 아름답고 멋진 곳이 마피아의 본거지였다는 것이 아이러니다. 절벽 위에 위태롭게 서 있는 그림같이 예쁜 집들과 성당, 묘한 느낌으로 다가온다. 나폴리 만은 베수비오화산을 중심으로 양팔을 반쯤 벌려 놓은 모양새다. 화산은 사람의 머리, 왼쪽 팔꿈치는 폼페이, 팔 끝 왼손은 소렌토, 오른 팔꿈치는 나폴리, 오른손은 나폴리항, 가슴과 배 부분은 나폴리 만, 음부 부분은 카프리 섬인 셈이다.

나폴레옹의 고향 코르시카 섬과 마피아의 원초적 고향 시칠리아 섬이, 이곳 지중해에 있다는 것이 아이러니였다.

2011. 4. 13.
카프리에서.

이탈리아의 빨간 장미

도시는 한 송이 커다란 빨간 장미꽃이었다. 미켈란젤로 언덕에서 내려다보는 피렌체 시의 조망, 꽃의 도시란 말은 빈말이 아니었다. 꽃받침처럼 낮은 산과 구릉이 에워싼 분지 속에 붉은색 지붕의 높지 않은 건물들이 빼곡히 꽃잎을 이루고 있었다. 그 한가운데 성모마리아 성당의 두오모는 긴 꽃술을 자랑하듯 붉은색 아치형 돔이 드높이 햇빛에 반짝였다.

언덕 전망대 밑으로 흐르는 아르느 강은 영락없는 장미꽃 꽃대였다.

문예부흥운동(르네상스는 14C~15C 이탈리아를 정점으로 서구유럽에서 꽃피운 인류문화혁명이라고 말할 수 있다.)의 원조가 이탈리아 중부에 자리한 꽃의 도시 피렌체이며, 그 중심에는 메디치 가문이 있었다. 인구 50만이 채 못 되는 작은 도시이지만 도시 전체가 세계문화유산이며 로마 다음으로 수많은 문화재를 갖고 있는 도시다. 식품, 가구, 의료기기, 자동차부품, 가죽제품이 세계 제일을 자랑한다. 교통의 요충지이기에 상업이 발달되었고 신흥공업도시였다. ≪신곡≫의 저자 단테의 생가가 있고, 천재 예술가 미켈란젤로의 고향이며, 핵물리학자 페르미 등 노벨상 수상자 6명을 비롯한 걸출한 인물이 많이 배출된 역사적 인재의 고장이기도 하다. 부와 교육 문화예술이 최상의 조화를 이뤄 꽃피운 이상향이란 생각을 지울 수 없었다.

시뇨리아 광장, 성모마리아 성당의 빨간 아치형 돔– 꽃봉오리를 중심으로 시가가 형성되어 있었다. 성당과 종탑을 제외한 모든 건물들은 6층 이하로 지어져 있었다. 파리, 로마와 비슷하였다. 대홍수 때면 도시 일부가 물에 잠긴다 한다. 약 2C에 걸쳐 건축된 두오모는 장엄하고 화려하다. 내부 천장은 고딕양식의 진수였다. 106m 높이와 흰 대리석과 색색의 화려한 꽃 대리석 모자이크 벽체가 한낮의 햇빛에 보석처럼 반짝인다. 장관이었다. 황금으로 만들어진 세례당의 천국의 문, 지오토의 종탑, 시뇨리아 광장의 다비드상과 메디치상이 퍽 인상적이었다. 토스카나 지방의 주도, 피렌체 공화국의 정치경제 중심지 베키오 궁전의 화려함은 찬란의 극치, 황홀이었다. 그 당시 이 도시국가의 부와 예를 헤아릴 수 있었다. 도시 전체가 1982년 세계문화유산으로 등재되었다고 한다.

부를 축적하여 번성한 메디치 가문이 문화예술 분야에 아낌없이 투자하여 훌륭한 문화유산을 남긴 혜안이 돋보였다. 가난한 예술가들에게 창작활동을 지원하여 찬란한 문화예술을 꽃피우고 르네상스를 만개시키지 않았던가? 우리나라 재벌들은 소득의 얼마를 문화예술에 투자하고 환원하는지 궁금하였다. 몇몇 분은 환원사업 차원에서 문화예술 사업에 기여 지원하고 있다. 국내 최대 최고의 재벌기업이며 세계적인 모 기업은 문화예술품 구입에 많은 투자를 하고 있다. 이득을 얻기 위한 수단이며 부의 축적을 위해서다. 박물관과 미술관을 지어놓고 가격과 직결된 국보급 고古미술품이나 유명 화가의 작품을 사 모은다. 돈이 되지 않는 문학 분야에는 전혀 투자를 않는다. 소비자, 국민의 시선이 곱지 않은 이유이다. 걸출한 예술품을 감상하면서 뜨거운 정열의 환희에 흠뻑 젖어야 할 내 가슴이 왜 이다지 답답하고 무거울까? 다시 한 번 메디치의 동상을 올려다보았다. 진정 경외의 눈빛으로.

2011. 4. 15.
피렌체에서.

아드리아 해海의 진주

전혀 낯설지 않다. 롬바르디아 평원의 키 큰 이태리포플러가 인상적이다. 우리나라 농촌 풍경과 흡사하다. 평원은 드넓어 끝이 없고 아득하기만 하다. 12차선 고속도로에 매료된다.

이따금 나타나는 도시와 철도, 항공 교통이 앞서 있음을 금방 느끼게 된다.

물의 도시, 물 위에 떠 있는 도시, 수상도시 베네치아는 정말 물 위에 떠 있었다. 아니 물속에 잠겨 있다고 해야 옳을 것 같았다. 롬바르디아 평원 끝자락, 아드리아 해 북쪽 끝에 자리잡고 있었다. 아드리아 바다로 이어지는 석호潟湖 위에 수세기에 걸쳐 말뚝을 박고 흙과 돌을 채워 건설했다 한다. 불가사의한 일이다. 인간의 욕망과 의지, 위대함에 숙연할 따름이다. 연약한 지반 위에 330척尺의 종탑과 성당을 어떻게 축조했을까? 꺼지고 무너지지는 않을까? 안개와 습기가 많아 호흡기 질환 때문에 어떻게 살까? 의문이 꼬리를 물었다. 불행히도 유지보수를 계속하지만 근래에 침수되는 일이 자주 나타나 큰 문제가 되고 있다 한다. 9C~15C 지중해 상권을 장악했던 베네치아는 동서 문물의 합류지점이었다. 본토에서 약 4Km 떨어진 곳에 120개의 작은 섬들로 이루어져 있고, 150여 개의 운하와 400여 개의 다리로 연결되어 있었다. 인구 30만 명이 상주하며 유리세공업이 세계 제일을 자랑한다고 한다. 무역과 관광, 항구도시로 번영을 누리고 있었다.

수상택시, 보트를 타고 S자형 대운하를 유유자적 지나갔다. 양편은 온통 물에 잠긴 고풍스런 건물이 빼곡하다. 쾌속 보트가 물보라를 일으키며 지나간다. 크고 우람한 건물은 어김없는 성당이었다. 산처럼 거대한 크루즈선이 시야를 가린다. 크루즈선 위로 베네치아 공항에 착륙하려는 여객기가 기수를 낮추며 사뿐히 내려앉는다. 정박 완료 고동소리에 혼탁한 바닷물이 일렁인다. 크루즈선마다 개미떼 한 무리씩 토해낸다. 작은 섬, 시가는 곧 남대문시장이 되어 버렸다. 옛 총독관저, 세기의 호색한 카사노바가 탈옥했다는 감옥, 비좁은 골목길을 걸었다. 나폴레옹이 '세계에서 가장 아름다운 응접실'이라 극찬했던 산 마르코광장에 도착했다. 일본의 세계적인 유명기업 대형 광고판이 눈살을 찌푸리게 한다. 관광객이 던져주는 먹이를 여유롭게 쪼아 먹는 비둘기, 그 먹잇감을 잽싸게 낚아채는 작은 참새, 이곳에도 생존의 법칙은 치열하였다. 인도의 타지마할과 비슷한 흑, 백, 홍, 갈색 칼라 대리석으로 장식된 성당의 화려함이 돋보였다. 이 도시의 옛 영화, 부와 가톨릭의 무한한 절대권력, 신도의 헌신, 사제의 착취가 아른거렸다. 터키의 이스탄불처럼 동서양의 건축양식이 혼합된 독특한 건축물이었다. 99m의 종탑 전망대에 올라 도시를 조망했다. 해무 자욱한 다도해의 축소판 같았다. 비릿내가 해풍에 실려와 코끝을 간질이니 뱃속이 역겨웠다.

바이런, 괴테, 바그너 등이 자주 들렀다는 300년 역사의 플로리안 바에서 감미로운 음악을 들으며 본고장 커피 에스프레소에 혀끝을 달랬다. 아내는 카푸치노 한 잔으로 비위를 달랜다. 두칼레 궁전 역시 화려함의 극치다. 비좁은 골목길 가게마다 휘황찬란한 크리스탈 공예품이 선미촌 유녀처럼 강렬한 유혹의 신호를 보낸다. 눈동자가 초롱초롱 빛나고 심장은 고동치고 있었다.

곤돌라에 몸을 싣고, 운하 수로를 따라 시가지를 둘러보았다. 음습함과 퀴퀴함, 기울어진 건물들. 인간의 삶이란 과연 무엇일까? 자문해본다. 태국, 필리핀, 캄보디아의 수상마을, 가옥과는 전혀 다른 느낌이었다. 그림과 사진으로만 보아온 상상 속의 베네치아의 실체는 경이로웠다. 이 지방 특산물 고급 와인으로 목을 축이며 베네치아를 떠난다.

2011. 4. 16.
베네치아에서.

클래식 선율을 따라

음악의 나라 오스트리아로 가는 길은 멀고 험난했다. 협곡 사이로 물살 센 아르느 강이 힘차게 흘러내린다. 먼 산봉우리의 만년설이 희끗희끗하다. 온통 포도밭과 과수원이다. 비탈진 손바닥만 한 바위 산도 계단식 포도농장이다. 알프스 산악도시 볼차노를 지나며 이탈리아제 고급 대형버스도 힘겨워한다. 가파른 오르막길의 연속이다. 해발 2천 미터 동 알프스를 넘어야 한다. 주리 앤드루스의 청아한 목소리 에델바이스가 들려온다. 환청이 아니었다. 뮤지컬 영화 〈사운드 오브 뮤직〉이 TV에서 방영되고 있었다. 가파른 협곡 사이 띄엄띄엄 서 있는 가옥들이 무척 외로워 보인다. 가문비나무, 전나무, 삼나무 등 침엽수가 하늘을 찌를 듯 기세가 당차다. 국경은 터널 가운데 있었다. 국경 표지판이 유별나다. 같은 알프스권역임에도 스위스와 이탈리아 주택과는 다른 모습으로 다가온다. 규모는 좀 크나 투박스럽고 튼실하게 보인다.

3,000m의 설산에 에워싸이고 알프스 눈 녹은 물들이 흘러 골짜기를 이루고, 여러 골짜기가 합쳐 도도히 흐르는 인 강 주변에 도시는 형성되어 있었다. 봄과 겨울이 공존하는 멋진 고원도시였다. 티롤지방의 중심 도시인 인스부르크는 함스부르크 왕가의 문화적 유산이 많이 남아 있는 유서 깊은 도시이다. 교통의 요지이며 두 번이나 동계 올림픽이 열렸던 스키의 고장이기도 하다. 여름철에도 스키를 즐길 수 있는 스키어들의 천국이라 할 수 있었다.

인스부르크는 아늑하고 깨끗한 천혜의 휴양도시였다. 12C에 조성된 유서 깊은 도시란다.

인구 10만의 작은 도시지만 공항이 있고 문화 관광산업이 발달되었으며 상업과 스키 관련 산업이 왕성하였다. 천혜의 수력발전을 이용 섬유, 식품산업이 활발하단다. 세계적인 기업 스왈로브스키 크리스탈 본사가 이곳에 있다고 한다. 인 강 강변에서 올려다보는 알프스 줄기 산자락과 도시는 단연 압권이었다. 자연을 최대한 이용한 친 환경적인 개발, 눈처럼 깨끗하고 정갈한 느낌에 매료되었다. 노벨상을 두 번이나 수상한 인스부르크 대학이 이 작은 도시에 있다고 하니 그저 놀라울 뿐이다.

13C 함스부르크 왕가의 지배를 받으면서 신성로마제국의 찬란한 문화와 역사의 주인공이기도 했던 오스트리아. 1차, 2차 세계대전의 패전국이 되면서 국토의 3/4을 잃은 불행한 나라이기도 하다. 지금은 영세중립국을 영위하며 건설업, 금융보험업, 서비스업, 관광업이 발달되어 있다고 한다. 문화적 자긍심이 매우 강한 이 나라는 예술분야 가운데 유독 음악 분야에 탁월한 재능을 보여 하이든, 모차르트, 슈베르트, 브람스 같은 세계적인 음악가를 배출한 나라이다.

마리아 테레지아 여제가 사랑했던 도시, 그가 만든 마리아 테레지아 거리는 오밀조밀 아기자기하다. 작지만 섬세하고 아름다운 개선문, 그 옆을 느릿느릿 지나는 여유로운 전차와 이층버스, 황금지붕이 빛나는 막시밀리안 박물관, 인 강변江邊의 만남의 광장 벤치에서 설봉과 비췻빛 강물을 본다. 이 고장 특산물 티롤맥주 한 잔이 알싸하다. 평화롭다. 마음의 평안과 여유가 시간의 흐름이 멈춘 것 같다. 맑고 단아한 나나무스쿠리의 목소리, 슈베르트의 〈보리수〉가 들린다. 강물은 빠르게 흐르건만 내 안의 시계는 멈추어 있었다.

2011. 4. 17.
인스부르크에서.

하이델베르크의 상념

알프스의 아침은 상쾌하고 명징했다. 서늘한 새벽 공기와 나이팅게일 새 노랫소리가 옥구슬 구르듯 경쾌하다. 인 강변에 위치한 숙소 돌링거 호텔은 빼어난 경관을 자랑했다. 호텔 앞 공원은 청결하고 말끔했다. 활짝 핀 튤립이 눈부시고, 잎에 맺힌 이슬방울이 아침 햇살에 투명을 뽐낸다. 맑은 아침공기를 가르며 알프스 넘어, 낭만과 젊음이 가득 찬 대학의 도시 독일 하이델베르크를 보러 긴 여정이 시작되었다.

한참을 가다가 일행의 막내가 호텔에다 손전화를 놓고 왔다며 호들갑이었다. 과묵한 이태리 운전기사는 큰 버스를 되돌려야 했다. 숲과 계곡, 초원을 지나며 구불구불 산자락을 오른다. 나무도 산봉우리도 모두 다 뾰쪽뾰쪽하다. 색깔만 희고 푸를 뿐. 만년설이 녹아내려 물 고인 조그만 호수를 휘돌고, 담양 소쇄원 대숲을 연상케 하는 전나무 숲 사이로 난 좁은 산길을 덩치 큰 버스는 미꾸라지처럼 잘도 빠져 나아갔다. 갑자기 "쿵"하는 둔탁한 소리가 나면서 버스가 지그재그로 흔들리며 멈췄다. 아침부터 꿈속을 헤매던 일행들이 화들짝 놀라 잠에서 깨어났다. 가파른 경사와 절벽 알프스 7부 능선, 독일과 국경이 가까운 곳이었다. 전나무 숲에서 갑자기 야생 수사슴 한 마리가 튀어나와 버스 정면에 충돌, 생을 마감하였다. 침착한 이태리 기사의 노련한 대응이 대형 사고를 막았다. '손전화 사건이 이런 화를 당하는구나.' 혼자 중얼거렸다. 재빨리 자동차 파손 지점과 즉사한 사슴을 카메라에 담았다. 일억을 호가한다는 버스의 파손, 뒤따르던 스위스 버스 기사와 현지 안내인과 국경 부근 국립공원 사무소에 신고하였다. 우리 탑승자 전원의 증언, 내가 촬영한 사진 등으로 깔끔하게 처리되었다.

국경선을 넘자 서서히 기울어진 아름다운 구릉, 평원이 펼쳐진다. 꽃의 장원이다.

이따금 잘 가꾸어진 우리나라 소나무 숲들이 나타나곤 한다. 산림대국 독일이 개화 시절 우리나라에서 종자를 가져다 육성한 소나무들이란다. 선진국의 또 다른 한 면을 발견하고 부끄럽고 부러웠다. 맥주와 고성, 유럽 경제의 중심 독일의 국토는 잘 가꿔진 넓은 정원이었다. 가파르고 비좁고 아기자기한 스위스나 오스트리아, 넓고 규모는 크나 어딘지 삭막한 이탈리아, 독일의 산하는 이웃 프랑스와 비슷하면서도 또 다른 매력으로 다가왔다. 바이에른 지방의 구릉은 대규모 친환경적인 목장과 포도농원의 연속이었다.

주택도, 자동차도 커진다. 차창에 비쳐 스쳐가는 뮌헨, 슈투트가르트 대도시의 먼 모습이 상상의 나래를 펴게 한다. 저속만 제한속도가 있는 고속도로 아우토반 위로 낯익은 벤츠, 아우디, BMW, 폭스바겐이 쌩쌩 잘도 달린다.

젊음과 낭만으로 활기찬 영원한 대학도시, 넥카 강과 라인 강의 합류지에 자리한 고풍스런 옛 성들의 모습이 인상적인 하이델베르크는 짙은 녹색 숲을 거느리고 나를 맞이하였다.

12C 쇠나우 수도원을 세우면서 보름스 성곽을 발판으로 조그만 촌락이 발전하였다고 전해진다. 1386년 루프레히트 1세가 하이델베르크 대학을 설립하면서 오늘날 도시 한편은 온통 대학이 되었다. 넥카 강 위엔 보트가 한가롭고 강 주변과 산기슭엔 집과 성곽의 풍경이 고도임을 뽐낸다. 올드브리지에서 올려다보는 붉은색 고성은 고색창연하다. 산 중턱에 자리한 하이델베르크 고성은 붉은 사암으로 축조되어 색은 아름다우나 견고하지 못했다. 천혜의 요새, 이곳에서 내려다보는 도시가 퍽 아늑하고 평화로워 보였다. 발아래 하이델베르크 대학가는 힘차게 요동치고 있었다. 괴테, 헤겔, 당대의 대문호이며 철학자들이 사색하며 즐겨 걸었다는 '철학자의 길'을 걸었다. 일요일이라 그런지 사람들이 붐빈다. 서점에 들렀으나 문이 닫혀 있다. 시청 앞 광장에서 젊은 날로 돌아가 영화 〈황태자의 첫사랑〉의 촬영지 호프집에서 씁쓸하고 알싸한 맥주 한잔을 들이켜 보았다.

철학, 문화예술, 기술과학의 선진국. 이 나라에도 게르만 백호주의를 앞세운 히틀러 나치정권의 비참한 역사와, 상반된 이념의 불씨에 의한 동서 분리, 그리고 통일. 50년 전 가난한 우리 선배들이 이역만리 광부와 간호사로 파견되어 피눈물을 흘린 쓰라린 상처를 잊을 수 없다. 오늘도 총부리를 맞대고 남북으로 대치하는 우리 민족의 현실이 안타깝기 그지없다.

이웃 일본은 독도를 탐내고, 중국은 백두산을 기웃거리니 어찌하면 좋을까.

2011. 4. 17. 하이델베르크에서.

프랑크푸르트의 보름달

예쁘고 가녀린 3월 초승달을 집에 두고 떠난 여행길을 접어야 할 시간이 되었다.

환한 보름달이 휘영청 밝다. 프랑크푸르트 시가의 야경과 구름 속을 흐르는 초저녁 달빛이 외롭다. 산이 없는 광활한 평원 위, 하늘 속에 떠 있어서 그리 보이는 걸까.

이곳 프랑크푸르트 공항의 출국 수속은 꽤나 까다롭다. 전형적 게르만족 젊은 세관원은 꼼꼼하고 치밀하게 화물 검사를 하였다. 여행 아닌 쇼핑을 나온, 용감한 부유층 속물 아줌마들 덕분에 출국 수속이 꽤 지연되었다. 서둘렀으나 예정보다 한 시간 이상 늦게 점보기는 기수를 동으로 돌렸다.

두 주 동안 수박 겉핥기로 돌아본 선진 서구문명 세계, 내 생의 마지막 여행지가 되어야 한다던 내 소신을 스스로 무너뜨린 꼴이 되어 버렸다. 책과 TV를 통해 간접 체험한 서구문물과 문화 역사를 뜨거운 가슴으로 느끼며 감탄, 흥분, 경악했던 행복한 시간이기도 했다.

마치 외출하는 주인을 따르는 강아지처럼, 오른편 창문으로 보이는 보름달이 자꾸만 나를 따라온다. 베를린 상공을 지나니 슬금슬금 멀어져 간다. 발트해 상공에 다다르자 서양 보름달이 지쳤는지 보이지 않는다. 이별이란 이럴 수도 있음을 인식한다. 이별의 아픔이 이럴 것이다. 오늘은 이별이 아닌 석별인 셈이다. 어느 땐 기약 없이, 때론 운명처럼…….

보름달은 날 따라 오는 게 아니었다. 보름달은 나를 버리고 서쪽으로 한 달간의 긴 여행을 떠나는 것이었다. 나는 친숙한 우리 집 보름달을 만나러 낯선 코쟁이 보름달을 버리고 동쪽으로 떠나가는 귀향자인 것이다. 보름 전 왔던 길을 어둠을 뚫고 고향을 향해 난다. 이 밤을 지새우면 여명 속에서 동방의 치솟는 해를 볼 것이다. 그리고 밤이 되면 어제 버린 코쟁이 보름달, 수줍고 청초한 조선 여인으로 변신한 박 덩이 같은 열엿새 그녀를 볼 것이다.

2011. 4. 20.
프랑크푸르트에서.

6부

향수 — 水葬 — 고향 — 鎭安

정여립의 원혼이 서린 천반산과 죽도

천반산과 죽도 그리고 정여립鄭汝立

북녘에 개마고원이 있다면 남녘엔 진안고원이 있다. 진안은 이웃 장수 신무산 뜬봉샘에서 발원한 금강의 물줄기가 강다운 모습을 드러내는 곳이며, 섬진강의 발원지 데미샘이 있는 곳이다. 백두대간의 소백산맥에서 지맥인 노령산맥(호남정맥), 금남정맥, 금남호남정맥이 어우러진 산 높고 물 맑은 산자수려한 고을이다. 마이산을 중심으로 금강과 섬진강이 수태극水太極을 이루고 있다. 산이 높고 웅장하기에 물줄기가 길며 수량이 풍부한 땅이다.

천반산은 진안군 동향면 성산리와 장수군 천천면 연평리를 경계로 동서로 길게 누에처럼 뻗어 있다. 남덕유산에서 서쪽으로 흘러내린 지봉支峰이다. 예로부터 천방산天防山, 千防山으로도 불려왔었다. 이름대로 해석하면 산 위가 소반처럼 평편한 산, 천험의 요새要塞의 산, 천 명이면 방어할 수 있는 산이란 뜻이다. 해발 647미터로 그리 높지는 않으나 산세는 꽤 험준하다. 특히 평균고도 400미터인 진안고원에서는 낮은 편에 속한다. 그러나 동남쪽 일부 구간을 제외하곤 삼 면이 200미터 이상의 절벽을 이루고 있으며, 신무산과 육십령에서 흐르는 장수 천천天川과, 무주 안성에서 진안 동향을 거쳐 흐르는 구량천이 남, 서, 동쪽 산 밑을 휘감고 돌아 인간의 접근을 쉬 허락지 않는 천혜의 요새다. 지금이야 주변에 지방도로가 있지만 불과 30여 년 전만하더라도 말과 나귀의 힘을 빌리거나 보행이 아니면 쉬 근접할 수 없는 곳이었다. 또한 워낙 오지이며 강으로 휘감고 깊고 외진 곳에 숨어 있기 때문이다.

죽도竹島는 섬 아닌 내륙 속의 섬이다. 금강錦江 상류 천반산 아래 천천과 구량천의 합수 지점에 자리한 산죽이 많은 달걀 모양의 작은 산이다. 구량천은 쉰 길 수직의 벼슬(볏)바위에 부딪쳐 천천과 합류하여 제법 큰 물줄기를 이루며 다시 우회하여 진소, 삼형제바위, 용바위를 지나 벼슬바위에 이른다.

벼슬바위는 위 능선의 폭은 두 자 남짓, 아랫면 폭은 10여 미터, 길이는 100여 미터의 기암절벽이다. 상단부에는 천년송이 기기묘묘하게 풍채를 뽐내고 있고 바위는 닭 볏처럼 생겼었기에 벼슬바위라 불렀고, 병풍처럼 얇고 길고 높다 해서 병풍바위로도 부른다. 자연보호법이 발효되기 전 1970년대 초, 식량증산 차원의 정책에 힘입어 농경지를 조성할 목적으로 명승 벼슬바위를 절개하여 꼴사나운 죽도폭포가 형성되었고, 이름처럼 진짜 섬이 되었다. 나는 늘 벼슬바위에 터널식으로 구멍을 뚫어 물길을 돌려 폭포를 만들었으면 절경이 한껏 돋보였을 텐데 하는 아쉬움을 갖고 있었다. 조선 파평윤씨의 귀양처였고 40여 년까지 분교가 있었다. 용담댐 축조로 수몰 전까지 10여 호가 살고 있었다. 육로가 끊어지고 전기마저 없이 윤씨 후손 한 가구가 살고 있다. 용담댐 최상류인 이곳은 쏘가리를 비롯하여 민물고기의 보고였다. 또 천연기념물인 수달의 서식지이기도 하다.

천반산과 죽도는 코앞이면서도 구량천으로 나뉘어 지맥을 달리한다. 천반산은 죽도 선생으로 잘 알려진 인백仁伯 정여립鄭汝立이 이상향을 꿈꾸고 이 세상을 바꾸려고 한 역사의 현장이기도 하다. 조선 선조 때 군사를 기르다가 역모로 몰려 자결한 곳이라는 전설이 전해오고 있다. 그는 천하는 일정한 주인이 따로 없다는 천하공물설天下公物說과 누구라도 임금으로 섬길 수 있다는 하사비군설何事非君說을 주창하고 실현하려고 부단히 몸부림친 개혁자이며 선각자였다. 최초의 공화주의자로 인민주권설을 부르짖은 영국의 올리버 크롬웰보다 50여 년이 앞선 민주국가를 꿈꾼 이상주의자였다.

정여립은 본디 전주 사람으로 석학 율곡 이이가 총애하던 아주 명석한 사람이었다. 본래 서인이었으나 동인으로 변신했었다. 대동계를 조직 대동사상을 시현하려다 서인의 거두 송강 정철의 정적으로 몰려 삭탈 관직되어 뜻을 같이하는 동인들과 천반산에서 은거한다. 사병私兵을 일으켜 왜구의 침탈을 진압한 역사의 기록도 있다. 이발을 비롯한 동인과 서인의 당쟁인 기축옥사(1589)로 인하여 패자인 동인 수백 명이 죽고 천여 명이 피해를 당했는데 주로 호남의 사족士族이었다. 호남의 선비가 씨가 말랐다고 전해진다. 이씨는 망하고 정씨가 흥한다는(木子亡奠邑興) 정감록이 정여립을 역신으로 내모는 데 단단히 한몫했다고도 전해온다. 일설엔 표리부동한 선조임금의 정권 유지를 위한 자작극이라는 설도 있으며 정여립은 희생양이었다고도 한다.

천반산은 전주부에서 백오십 리, 진안현에서 오십 리 밖에 있지만 천혜의 자연요새였기에 정여립이 선택했을 것으로 미루어 짐작이

간다. 정여립은 3년 동안 수없이 전주와 이곳을 오갔을 것이다. 산성의 위치는 600여 미터 산상에 있으며 만여 평의 평평한 개활지가 있다. 성터, 샘터, 집터, 훈련장, 둔전屯田 등의 흔적이 남아 있다. 휘하의 사병私兵이 일천 명이었으며 정여립 체포 시 창고에는 백미 이백 석과 피 잡곡 일백 석이 남아 있었다. 천천과 구량천의 합수 터에는 교육기관인 서당이 있었는데 그 당시 첩첩산중에 학동들이 있었을 리 만무하다. 아마 서당을 위장한 사병의 교육을 위한 시설로 추정된다. 전설에 의하면 정여립과 그 아들이 관군에 쫓기다 죽도에서 자결했다고 하나 진안군 부귀면 오룡리 다복동에서 체포되어 전주부 남문 밖에서 육시를 당했다는 게 정설에 가깝다. 역사는 항상 승자의 것이었기에 역도로 몰린 정여립의 기록이 없으니 구전으로 전해오는 것이 몹시 안타까운 일이다.

천반산은 깃대봉, 뜀바위, 한림대, 마당바위, 송판서굴, 할미굴, 이암(바위) 등 정여립의 역사를 지켜봤던 유적들이 진실을 알건만 400년 넘게 침묵으로 일관하고 있다. 어릴 때 큰할아버지로부터 들은 이야기 중에 천 명분의 밥을 지을 수 있는 커다란 돌솥이 있었다고 했다. 병자년(1936년) 수해 시 산사태로 묻혀버렸단다. 돌솥의 지름이 팔 척이었고 솥 두께의 폭이 일 척으로, 장정들이 그 위를 걸어 다녔다고 전해온다. 200년 후 전라감사 이서구가 흠모하던 정여립의 발자취를 따라 죽도와 천반산을 방문하면서 초입인 상전면 수동리 소리실마을 앞 절벽에 성곡聲谷이란 친필을 남기고 갔다. 안타깝게 10여 년 전 그것도 용담댐 축조로 수장되고 말았다.

가을이 익어가고 있다. 시방 천반산은 불타고 있다. 한림대에서 내려보는 천천과 구량천은 에메랄드빛으로 코발트색 가을 하늘과 함께 맑고 깨끗하다. 서서히 죽어가는 나뭇잎, 시월 단풍은 정여립의 핏빛처럼 붉고 진하다. 바람에 나부끼는 은빛 억새들의 몸부림은 억울하게 죽어간 민초들의 애간장을 끊는다. 산발한 혼령이 되어 울부짖고 산천을 떠돈다. 덕유산, 마이산, 장안산, 대덕산이 동서남북에서 에워싸고 기세 당당히 자태를 뽐낸다. 농익어가는 이 가을 46번 지방도를 따라 달리다 보면 산촌의 아름다운 가을 풍경이 아스라이 먼 옛날을 추억게 한다. 산, 강, 나무, 바위, 들판, 새소리, 모든 자연이 조화롭게 어우러진 천반산과 죽도 주변은 드라이브 코스로도 일품이다. 용담호 상류와 정여립이 꿈꾸던 이상향의 흔적과 발자취를 더듬으며, 아직도 문명의 더러운 때가 덜 묻은 천반산에 올라 정여립이 400년 전 꿈꾸던 좋은 세상을 만나 보자. 세 시간 남짓 소요되는 사색의 산행은 만추를 즐기는 즐거움도 만만치 않으리라. 하산 후 죽도폭포 주변에서 건져올린 토종 쏘가리를 매운탕으로 안주삼아 곡주 한잔 곁들인다면 심신의 피로는 저만치 도망가고 충만한 가을의 축복이 햇빛처럼 쏟아질 것이다. 선홍색 나뭇잎은 서늘한 가을바람에 날려 백 길 낭떠러지 대섬소竹島沼에 떨어진다. 마치 구천을 헤매는 정여립의 원혼처럼.

2008. 10. 19.(일)
2009년 가을 ≪진안고을≫ 게재.

용담댐을 입체적 관광자원으로

겨울이 쓸쓸하고 황량한 계절이라는 것을 용담댐 주변에서도 실감할 수 있다. 첫눈이 오는 날의 추억과 함박눈이 펑펑 내리는 날의 낭만과 무드에 휩싸인 서정이 멋스럽기는 하지만 대체로 춥고 외로운 곳이다.

이곳 진안고원은 유난히 겨울이 길다. 산이 높아서 그럴 것이다. 용담댐 주변을 다니노라면 상류의 물 빠진 모습은 황폐한 전쟁터나 사막을 연상케 한다. 참 보기 흉하다.

옛 집터, 학교, 마을, 시냇가, 논과 밭, 신작로, 모든 삶의 흔적들이 보인다. 치부를 드러낸 채 부끄러워 어찌할 바를 모른다. 나신裸身을 가려주고 예쁘게 보여줄 물이라는 옷이 없기 때문이다. 물이라는 귀중한 자원을 유용하게 쓰려고 15,000명의 가슴에 못질을 하고, 역사와 풍물을 물속에 묻었으며, 수조 원 국민의 혈세가 투자되었다. 그게 용담댐이다.

지난해는 비가 아주 적게 내렸다. 태풍도 비켜가고 장마도 장마답지 않아 용담호는 물 한 번 가득 채우지 못했다. 2007년 동절기부터 치부를 드러내기 시작하더니만 지금은 옛 상전면의 수동들과 월포들, 정천면 봉학들, 용담면 와룡들까지 벌거벗은 몸매를 자랑한다.

용담댐이 담수를 시작한 지 7년이 되었다. 그동안 만수와 방류가 몇 차례 있었을 뿐이다. 다목적댐이기에 기능은 다양하다. 평상시 하류 하천 유지를 위해 댐 하류 금강으로 초당 5톤이 방류되고, 전주권역으로 필요에 따라 하루 90만 톤까지 용수를 공급한다.

옛날부터 아름다운 금강 상류는 민물고기의 보고였다. 강여울이 잘 형성되어 있고 강이 넓어 모래, 자갈 또한 잡풀과 늪지대 역시 훌륭하게 조성된 자연친화적인 곳이다. 홍수가 한 번 지나가면 물길이 바뀌고 모래와 자갈이 산더미처럼 쌓이곤 했다. 물 빠진 댐 안, 옛 문전옥답과 벌판엔 흘러내린 토사가 쌓였고 지난여름 무성했던 잡초의 잔해만 가득하다. 물줄기 따라 형성된 강변은 모래자갈이 가득 차 사막화되었다. 민물고기들의 보금자리를 뒤덮어 작은 언덕을 만들어 놓았다.

나는 국토해양부, 수자원공사의 법과 규정이 어떻게 되어 있는지는 잘 모른다. 정책의 탄력성을 발휘하여 이처럼 경제가 어렵고, 고유가일 때, 지역과 국가를 위하고 국민의 자원절약을 위하여 이런 제안을 하고 싶다.

첫째, 갈수기를 이용하여 무진장 쌓여 있는 골재를 채취하길 바란다. 그거야말로 자원을 재활용하는 방법이다. 건축자재로 요긴하게 쓸 수 있으며, 민물고기들의 집을 되찾아 줄 수도 있다. 또 실업자가 많은 이때 일자리를 만드는 방법이기도 하다. 소득창출로 국가예산 절감의 효과를 거둘 수도 있다. 산을 파헤치며 골재를 채취할 때의 환경파괴를 피할 수도 있다. 퇴적물을 제거하니 맑은 물 생산이 가능하다. 또한 담수량을 늘릴 수도 있다.

둘째, 1년생 사료작물의 재배다. 옛 논밭, 집터 등 물이 차지 않는 비옥한 공터에 사료작물을 재배하자는 이야기다. 비료가 사용되지 않아 환경피해를 염려할 필요도 없다. 축산농가와 계약재배를 하든가, 농협에서 관리하는 방법도 있겠다.

천정부지로 치솟는 사료 값에 대응하며 조사료를 짧은 기간 안에 대량 생산하여, 축산농업인의 원가절감과 축산물의 품질을 향상시킬 수 있을 것이다. 아울러 황량한 댐 안의 풍경이 녹색 벌판으로 변해 아름다운 모습으로 바뀌어 관광객들을 즐겁게 해줄 것이다.

셋째, 항공 관련 관광레저산업 개발이다.

유휴 부지와 일정 지역에 번지점프시설, 수상스키, 패러글라이더, 제트스키, 초경량항공관광 등 개발방식을 다양화해야 한다. 지금의 용담댐 관광은 자동차로 한 바퀴 도는 드라이브 코스밖에 되지 않는다.

관광객들은 진안에서 밥 한 그릇을 먹고 술 한잔을 마시는 대신 쓰레기만 남기고 떠난다. 하늘에서 보는 마이산과 용담댐이 어우러진 진안고원의 풍광은 사시사철 '감탄! 감동!' 그 이상이다. 기개 있는 산세와 맑은 물이 자연스레 어우러진 곳, 하늘에서 보는 진안고원을 개발하는 것이 진안관광사업의 성공 방법이라고 믿는다. 조그만 비행장 활주로만 건설하면 된다. 수륙양용을 겸비하면 더욱 더 좋을 것이다.

이 아이템을 진안군, 군의회 그리고 관련 정책 입안자들에게 몇 해 전부터 제공했으나 아직도 오리무중이다. 이웃과 차별화되고 독특한 사업 개발이 지역 발전의 지름길일 것이다.

충남 공주시는 작년 하반기부터 앞서가기 시작했다. 정책수립과 예산편성을 심도 깊게 해주기 바란다. 지방자치단체와 수자원공사의 노력과 협조가 절실하다. 지역발전을 위하여 무엇인들 못하겠는가?

그동안 진안군의 개발 사업은 대체적으로 독창성이 부족했다. 다른 지역의 사업을 모방하고 거기에 진안의 특성을 가미한 지역개발 사업이었다. 성공확률이 낮을 수밖에 없다.

여러 사업들이 막대한 국민의 혈세를 축내며 실패하고 있지 않는가? 남이 하지 않는 맨 처음인 기발한 창의력이 반짝이는 사업이라야 성공할 수 있는 것은 자명한 일이다. 2등은 살아남을 수 없듯이 오직 1등, 앞서가는 것이 취약한 진안군의 살 길이다.

어떤 사업이든 처음 시작은 어렵고 힘들다. 그러나 힘든 만큼 보람과 결실은 풍성하다.

인구 감소와 농업생산기반, 지역경제가 무너진 지 10년, 확실한 변화만이 우리의 살 길이고 지역발전의 주춧돌이 될 것이다.

2009. 1. 3.
≪진안문학≫ 17호(2009/12) 게재.

여기는 해발 450m, 진안고원

진안군의 위치는 완주군, 임실군, 장수군, 무주군, 금산군을 경계로 에워싸여 있다. 1960년대 초·중·고교 교과서에서 개마고원은 배운 기억이 난다. 그러나 1970년대 중반 막내 여동생의 초등학교 사회교과서에서 처음으로 진안고원을 발견하였다.

전주에서 학교에 다닐 때 주말이나, 방학 때 집에 가려면 도로는 비포장 자갈길이었다. 굽이굽이 곰치(熊峙)를 털털거리고 헉헉거리며 느릿느릿 오르던 그 무렵의 낡은 버스를 잊을 수 없다.

전주는 고도가 약 60m인데 진안에서 가장 지대가 낮은 용담댐은 만수 때의 수위가 265m이고, 진안읍이 290m이니 진안군민들은 전주시민보다 70층 이상의 높은 아파트에서 살고 있는 셈이다. 그러니 진안은 분명 고원이다.

진안군은 그동안 말썽 많던 마이산벚꽃축제를 폐지하고, 지난해부터 진안고원축제로 이름을 바꾸어 운영하고 있다. 때늦은 감은 있지만 참으로 다행한 일이 아닐 수 없다.

진안군에는 주봉인 1,125m의 운장산雲長山을 비롯하여 1,000m가 넘는 덕태산, 선각산, 성수산, 구봉산 등이 있고 대덕산(고산), 부귀산, 내동산, 만덕산, 지장산, 국사봉, 명도봉, 명덕봉, 옥녀봉 등 700m 이상의 산이 즐비하고, 명산 마이산과 천반산 등 평균고도는 400m가 넘는다. 금강錦江과 섬진강이 남북으로 흐르며 용담호가 축조되어 산수가 조화를 잘 이루고 있다.

진안군은 20번 고속국도를 비롯 26, 30, 13호의 국도와 여러 개의 지방도로가 얽히고설켜 소통된다.

국내를 여행하다 보면 유명 고개[嶺,재]엔 해발 몇 m라고 표기한 표지판이나 관광 안내판을 볼 수가 있다. 그런데 진안군은 고원축제를 개최하는 자치단체로서 진안고원을 알리는 시각적인 표지가 없다. 진안군에 진입하려면 가파른 오르막길을 올라야만 한다. 전북에서 장수군만이 진안군보다 해발고도가 더 높다.

2월 초 진안 군수의 군정보고회가 끝났다. 여러 가지 건의가 있었겠만 이런 제안이 없었다면 이 점을 참고하기 바란다. 또 국토관리청이나 도로공사 등 관계기관과 협의하여 소태정, 모래재, 곰치재, 방곡재, 솔재, 밤치재, 구신재 등 군의 경계도로에 가칭 '여기는 진안고원 곰치 450m입니다.' 등등 마이산과 용담호가 어우러진 관광 안내판을 제작 설치하였으면 한다. 여행자들이 오가며 보기 때문에 홍보효과가 크리라 생각된다. 그게 빠르면 빠를수록 올해 진안고원축제를 찾아오는 관광객들이 더 많아질 것이다.

2008. 3. 10. ≪진안신문≫ 게재.

보기 싫은 것들

열네 해 전 1월 초, 나는 가와바타 야스나리의 〈설국〉을 연상케 할 정도로 눈이 많이 내린 겨울의 한가운데에서 멀리 비켜 있었다.

1995년도 결산을 서둘러 마치고, 12시간의 비행 끝에 남극이 가까운 뉴질랜드의 가을을 즐기고 있었다. 양 떼와 사슴목장으로 이어진 끝없는 초원은 오존층 파괴의 원인인지 빛의 색감이 우리나라와 크게 달랐다. 자연이 잘 보존된 나라답게 거리와 도로, 주변 환경이 무척 청결하다는 인상을 받았다. 자동차 못지않게 요트가 많은 나라, 사람보다 양과 사슴이 많고 소와 말이 많아 목축업 선진국다운 면모가 절로 느껴졌다.

자동차 여행을 하면서 가끔 길가에 꽃다발이 걸려 있는 십자가의 모습을 볼 수 있었다. 의아했다. 교통사고로 숨진 사망자를 추모하는 표지이며 운전자에게 경각심을 깨우치기 위한 위험 표지판이라고 했다. 우리나라 한 배 반 넓이의 국토에 호남 인구와 엇비슷하니 사람 보기가 별보기 만큼이나 어려웠다. 비교적 사계가 뚜렷한 북섬과, 남극이 가까운 설국 남섬으로 이루어져 있다. 북섬은 북한 크기와 비슷하고 남섬은 남한 넓이의 한 배 반이다. 인구의 반 이상이 제1의 도시 오클랜드에 살고 있다. 몇십 ㎞를 달려야 조그만 도시가 하나씩 있고, 그저 초원엔 양 떼 사슴의 무리 등 가축들의 낙원이었다. 자연 소형 항공기와 요트가 발달된 이유를 알 수 있었다. 자동차 사고가 나면 인적이 드물어 발견하기가 쉽지 않단다. 병원 후송시간이 길어 대부분 사망사고로 이어진다고 한다. 대부분 수천 에이커의 목장 내에는 소형 항공기 활주로와 골프장이 있고, 항공기로 오클랜드에서 출퇴근한다고 하니, 인구 밀도가 세계 3위인 나라에 사는 나로서는 동화 속의 천국이란 느낌이 들었다.

우리나라의 도로는 사고를 간접적으로 유발시키는 곳이 많다. 도로 설계와 시공의 오류를 쉽게 발견할 수 있다. 시간이 걸리더라도 안전을 최우선으로 설계 시공되어야 할 것이다. 짧은 기간 내 준공을 하고 계속 보수, 보강 공사를 하는 일이 너무 잦은 게 우리의 현실이다. 사고가 난 뒤에 개선하면 무슨 의미가 있을까?

중앙분리대 등 안전시설을 지속적으로 설치해야 한다. 엄청나게 늘어나는 차량에 따라 도로도 수없이 신설 또는 확장되고 있다. 운전자는 안전운전수칙을 철저히 준수하는 정신무장을 해야 할 것이다.

교통사고가 잦은 겨울철, 도로사정이 좋지 못한 길가에서 사고 잔해와 사고 현장조사 흔적을 자주 보곤 한다. 그곳을 지나려면 늘 불쾌하고 께름칙하다. 자동차 유리 조각과 펑크 난 타이어 조각, 파손된 범퍼, 스프레이로 표시한 자동차 사고 흔적들이 오랫동안 남아 있다. 가해자이거나 피해자일지라도 사고 현장은 가기 싫은 곳이다. 특히 사망사고 관련 유가족이나 친척, 친구들이 그곳을 지나칠 때는 등골이 오싹하다. 한동안 그 길을 피하여 돌아가기도 한다. 정말 보기 싫고 혐오스러운 흔적이다.

자동차보험회사나 차량 견인회사는 사고차량 처리 시 각종 잔해를 말끔히 치워 주었으면 한다. 경찰은 사고조사 뒤 표시한 흔적을 말끔히 지워 주면 좋겠다. 사고현장의 망가진 시설물은 하루빨리 보수했으면 좋겠다. 이것이 곧 국민에 대한 따뜻한 배려이고 봉사가 아니겠는가?

≪진안신문≫ 2009. 1. 19. 게재.

그날

꽤~액! 우리는 그것을 돼지 멱따는 소리라 했다. 궂은 날이면 어김없이 꿈속에서 아스라이 들리는 듯했다. 한낮, 한밤중에 들려오는 황소 울음소리와 함께 내 어린 시절, 추억의 소리인지도 모른다. 돼지 멱따는 소리는 백여 리 떨어진 관촌역의 기적소리였고, 황소울음소리는 이십오 리 밖 진안읍 내 경찰서 망루에서 울어대는 오포午砲소리였다.

산골아이였던 나는 기적소리를 들을 때마다 기차를 보고 싶어, 마을 뒷산 꼭대기까지 올라가 기적소리가 들려오는 남서쪽을 바라보곤 했다. 저 멀리 마이산 너머 산, 산, 산들이 가려 기차는 보이지 않았다. 해 질 녘까지 기다렸지만 기차는커녕 그 산마저도 보이질 않았다. 이따금, 아버지가 계시는 부산을 어머니와 동생은 기차를 타고 오갔다. 기차 이야기는 늘 내게 무궁무진한 흥밋거리였고 호기심의 대상이었다. 큰집에 얹혀살던 나는 기차를 보기 위해 할머니를 졸라 전주에 사는 작은고모 집에 가기도 했다. 고모님께 인사를 하는 둥 마는 둥 하고서 곧장 전주역으로 뛰었다. 그때 내 나이 일곱 살이었다.

꽤~액! 굉음을 지르고 지축을 흔들며 달려오는 커다란 괴물은 나를 흥분시켰고 경악게 하였다. 커다란 충격이었다. 시커먼 연기를 뒤로 휘날리며 마치 개선장군마냥 의기양양하게 다가왔다. 시골집 담장 너머를 어슬렁거리던 먹구렁이보다 긴, 구렁이 할아비같이 징그럽고 거대한 느낌이었다. 꼬리를 무는 의문투성이의 욕망을 가까스로 누르며 한나절 내내 오가는 기차를 구경하고, 동갑나기 고종사촌과 역사驛舍와 기차 구석구석을 살필 수 있었다.

20대 전후 기차는 내게 많은 추억을 묻고 떠났다. 고등학교 1학년 여름방학 한 달 내내 기차를 이용한 무전여행, 길지 않은 공사空士생도 시절, 군 입대와 휴가 때 상경과 귀향, 결혼식 전날 익산역 폭파 사건으로 애를 먹었던 일들이 엊그제 일처럼 눈에 선하다. 호남선에선 호남평야의 드넓은 가슴에 안기고, 전라선에선 섬진강의 아기자기함에 마음을 빼앗기고, 종착역이 가까워지면 구수한 남도 사투리와 갯내, 생선장수의 비린내를 사랑했었다. 경부선 열차에선 시끌벅적한 경상도 사투리에 익숙하지 않아, 마치 타국에 온 이방인처럼 낯설어 귀를 막았다. 부산역에서 들리는 기적소리는 날카롭고 우렁찼다. 항구에서 울어대는 뱃고동소리는 왠지 우수 어린 연민이었다.

유신維新의 칼날이 시퍼렇게 날을 세우고 번뜩일 때, 나는 속초에서 군복무를 하고 있었다. 매달 한두 번 중앙선과 영동선을 이용하여 서울과 속초를 오갔다. 이 길이 기차여행의 으뜸 코스라고 지금도 생각된다. 봄 여름 가을 겨울 남한강 물길 따라 양평, 여주, 원주의 들녘도 지나고, 차창에 비치는 제천, 단양의 절경 도담삼봉도 만났다. 밤 열 시 청량리역에서 강릉행 열차를 타고 플랫폼을 빠져나갔다. 질러 길이 있었다면 세 시간 남짓한 거리를 날밤을 새며 동남쪽으로 가파르게 돌아 올랐다. 치악산의 절경 금대터널과 소백산 죽령터널은 똬리터널이다. 영주역에서 기차는 동북으로 방향을 바꿔 가파른 백두대간 태백산맥을 힘겹게 기어오른다. 태백의 시커먼 탄광지대를 지나 동해안 쪽으로 기차는 지그재그로 내려간다. 이 기차가 다시 서울을 향할 때는 죽을 맛이리라. 앞뒤에 기관차를 두 대 달고 한 대는 끌고, 한 대는 밀면서 가파른 비탈길을 오른다. 처음엔 앞으로 갔다 뒤로 갔다 하기에 사고인 줄 알고 깜짝 놀라기도 했었다. 루프식 터널과 지그재그식 철도가 처음이기에 신기했다. 밤새워 달려온 기차는 도계역과 묵호역을 거쳐 동해안을 따라 정북으로 달린다. 희끄무레하게 차창이 시나브로 밝아온다. 동해바다 위에서 아침 해가 솟구친다. 아침을 여는 파도는 삽상한 바닷바람과 흰 포말이 파리한 내 눈에 생기를 돋운다. 아름다운 해변, 옥처럼 맑은 옥계역을 지나 정동진역을 스친다. 밤새운 오징어잡이 어선들이 환한 집어등을 켜고 통통거리며 해돋이를 동무삼아 귀항한다. 하나둘 내릴 차비를 한다. 이별의 종착역 강릉역이 가까웠음이리라. 기차는 더 이상 북으로 나가지 못하고 멈춘다. 강릉에서 주문진-양양－속초－간성－고성－원산으로 이어지는 동해선 철길의 노반은 아직 남아 있건만 레일은 끊겨 있다. 한국전쟁 때 북한이 강릉 이북의 철도를 훼손시켰기 때문이다. 분명 기차는 더 달리고 싶을 것이다.

사춘기에 각인된 박계주의 순정소설 ≪순애보≫는 오랫동안 내 가슴속에 깊이 자리잡고 있다. 원산 앞바다, 송도해수욕장, 명사십리의 새빨간 해당화와 함께 피어난 로맨스.

오래전부터 나는 꿈꾸었다. 동해선을 타고 외금강 삼일포를 거쳐,

순애보의 주인공이 되어 붉게 불타는 명사십리 해당화를 보고 싶었다. 그리고 블라디보스토크를 거쳐 광활한 우리 옛 고구려 영토를 훑어보고, 시베리아 횡단철도에 몸을 싣고 징기스칸이 포효했던 몽골초원을 준마로 달리고 싶었다. 우리 민족의 뿌리로 일컫는 바이칼호의 차가운 물을 마셔보고, 시베리아 대평원을 거쳐 우랄산맥을 넘고 싶었다. 국민의 정부 시절 남북화해 해빙정책의 일환으로 남북철길이 이어질 듯하더니, 보수주의로 회향한 지금의 정부에서는 그런 희망을 버려야 할 것 같다. 남은 내 생애에 곧 이루어질 것 같던 소박한 꿈이 요즘엔 자꾸만 시들어간다.

꽤 오랜만에 밤기차를 탔다. 그 옛날 대전역의 구수하고 따끈한 우동 한 그릇을 잊지 못한다. 애조 띤 안정애의 〈대전 블루스〉가 외로운 여심旅心과 동행한다.

역마다 새로운 사람들이 타고 내린다. 서로 소통하며 새로운 문화를 창조하고 풍습을 익히고 행복과 감동을 얻는다. 다들 제 갈 길로 바쁘게 움직인다. 새로운 만남과 헤어짐, 출발과 도착, 인연의 끄나풀이 얽히고설킨다. 사람이 사는 곳엔 길이 있기 마련이다. 길을 통하여 특히 첨단문명의 이 시대엔 대량 수송, 빠른 이동이 경쟁력을 좌우한다. 육상교통수단으로 기차가 으뜸이리라. 삶의 질을 높이는 문화와 경제활동도 문명의 힘에 판가름이 난다. 기차는 칠흑 같은 어둠을 뚫고 달려간다. 강 건너 차창 밖에 비치는 외딴집의 등불이 아련히 깜박이며 졸고 있다. 이 깊은 밤에 누군가는 잠 못 이루며 뒤척이고 있을 것이다. 온갖 상상의 나래를 펴고 꿈의 여행을 하고 있을 것이다.

나 역시 상상의 나래를 편다. 풍부한 인적자원과 지식, 기술자원을 북으로 돌려, 광활한 발해와 고구려의 고토에 우리나라의 국력을 떨치고 문화의 꽃을 피워야겠다. 통일이 되는 그날까지 우리의 국력을 확산시켜야겠다. 언제 우리는 막힘없이 부산에서 모스크바까지, 목포에서 상트 페테르부르크까지 기차를 타고 여행할 수 있을까? 내 생애 그날이 오면 제일 먼저 달려가리라. 평생 동지인 아내의 손을 꼭 잡고서. 그날이 하루빨리 오기를 나는 오늘도 목마르게 기다리며 기도하고 있다.

2009. 10. 30.

벼락 맞고 살아남은 내 친구

자동차 와이퍼가 쉴 틈이 없다. 하늘이 화났는지 장대비를 사정없이 쏟아붓는다. 낮게 드리운 먹구름과 빗줄기 탓으로 대낮인데도 어둡고 컴컴하다. 10미터 앞도 구분하기 어렵다. 도로엔 폭우에 뒤집어진 흙탕물이 벌겋게 넘쳐흐른다. 태풍 갈매기는 소멸되었건만, 불청객인 국지성 호우가 폭우로 변하여 오보만 남발한 기상대를 더 곤혹스럽게 한다. 요즈음 날씨의 변덕은 시집 못 간 노처녀의 히스테리 같고, 현 정부의 정책만큼이나 갈팡질팡 엉망진창이다. 진안 읍내까지의 왕복 오십 리가 전주까지 다녀오는 만큼이나 멀게 느껴진다.

눈앞에서 섬광이 번쩍이며 "우르릉! 쾅쾅! 따다닥!" 두 귀의 고막이 찢어질 듯한 파열음으로 얼얼하다. 어디 한두 군데쯤 박살이 난 것 같다. 이렇게 서너 시간 폭우가 내린다면 어딘들 무사하랴. 근 한 시간 정도 퍼붓더니 언제 그랬느냐는 듯 햇볕이 쨍쨍 내리쬐고, 하늘엔 뭉게구름이 오락가락이다. 산골짜기와 논밭의 수로엔 헛물이 금세 넘쳐흐른다. 불어난 계곡에서 울부짖는 요란한 물소리가 맹수의 포효처럼 우렁차다. 이럴 때 제일 속이 타는 사람들은 농민들이다. 그나마 바람이 불지 않는 게 천만다행이다. 나는 이렇게 장대비와 뇌성벽력이 칠 때면 1984년 7월 7일 고원지대인 금강 상류를 할퀴고 간 끔찍했던 대홍수와, 벼락을 맞고 살아난 사나이, 기현이란 친구가 생각난다.

10여 년 전 진안 북부지역의 분위기는 어수선했다. 용담댐 축조로 인하여 약 3,000여 戶와 13,000여 명 수몰민의 이주가 시작되고 있었다. 일요일이라 고향집에서 잔일을 하고 있었다. 가랑비가 내리고 있어 일을 할 수가 없었다. 강 건너 마을에 사는 초·중학교 동기동창인 기현으로부터 전화가 왔다. "비도 오니 물고기를 잡아 어죽을 끓여 소주나 한 잔 하자."라고.

친구, 친구 동생과 나 셋이서 낚시를 드리우고 동자개와 메기, 쏘가리, 몇 수씩 잡았는데 집에 손님이 왔다는 연락이 왔다. 서둘러 집에 도착할 무렵 강가에서 번쩍하는 동시에 귀청을 찢는 천둥소리에 기함할 뻔했었다. 반 시간쯤 지나서 친구 동생한테 급한 전화가 왔다. 형이 벼락을 맞았다며 빨리 오라는 것이었다. 119를 이용하여 J대학교 의과대학병원 응급실로 긴급 후송하고 꼬박 이틀이 흘렀다. 무의식 상태일 뿐 다른 곳은 기능이 약간 떨어지나 의학적으로 지극히 정상이라고 했다. 수십만 볼트의 전류가 흘렀는데 말이다.

형제가 한자리에 있었는데 형은 낙뢰로 기절하고, 동생은 놀라고 우산 잡은 손만 데었을 뿐 멀쩡했다. 수수께끼였다. 사흘째 되던 날, 친구는 깨어났다. 벼락은 동생이 받고 있던 우산이 피뢰침 역할을 하여 전류를 땅속으로 흘려보내 무사했고, 우산대만 약간 휘었을 뿐이다. 비옷을 입고 있던 친구는 왼손 중지와 약지가 터져 약간의 출혈이 있었을 뿐이었다. 그 친구는 농사를 많이 짓는데, 수년 전 콤바인의 피댓줄에 중지와 약지를 세 마디씩 잃었다. 손가락 마디의 상처는, 전류가 그곳으로 빠지면서 난 것이고 그래서 살았단다. 살 확률은 백만분의 일이라던가. 이 사건은 J대학교 의대 교수들과 관련 학자들이 내린 결론이었고, 한동안 진안의 화젯거리였다. 곧바로 정상인이 되었고 전에 앓았던 신경통은 신이 내린 전기치료로 말끔히 다 나아 더 활달한 사람이 되었다.

SBS 〈세상에 이런 일이〉란 프로그램의 PD로부터 두 번이나 출연 요청을 받기도 했다. 출연하여 공중파도 타고 출연료를 받아 좋은 일에 쓰자고 유혹도 했지만 두 번 죽을 수 없다며 한사코 거절했다. 최고의 방송 소잿거리인 만큼 그로부터 1년 뒤 재차 출연교섭을 했던 PD는 혼쭐만 나고 포기해야 했다. 지금 그 친구는 J시 효자동에서 개인 사업을 하며 건강하고 윤택하게 살고 있다.

그 사건 이후 내가 지어준 '벼락 맞고 산 사나이'가 그 친구의 별명이 되었다. 그리고 그 친구는 우리 초·중학교 동기동창들의 행운의 마스코트가 되었다.

우리 인간은 천둥과 번개가 장대비를 동반하고 사정없이 내리칠 때 극도의 공포와 두려움 때문에 안절부절못한다. 특히 혼자 외롭게 있을 때는 더 공포감에 휩싸인다. 산속, 들판, 강가 등 외딴곳이라면 한층 더 불안과 초조를 느끼게 된다.

내가 죄 지은 일은 없는가? 살아오면서 평소 나쁜 짓은 하지 않았나? 본의 아니게 타인에게 깊은 상처는 주지 않았나? 사람, 아니 생명이 있는 모든 것들에게 공평하고 정대했나. 인간은 만물의 영장이라지만 위대한 자연 앞에선 언제나 미약한 존재임이 분명하다. 뇌성벽력에 공포와 불안을 느끼며 몸 둘 바를 모르니 말이다.

나는 여름철 천둥번개가 기승을 부릴 때면 지나온 세월을 반추하며 반성과 참회를 한다. 그리고 다가오는 시간에 대하여 착하고 정의롭고 진실한, 인간 본연의 덕목에 충실하려고 노력하며 다짐한다.

내 친구 기현이는 많이 배우거나 지식이 높지는 않지만, 순수하고 성실하며 의롭고 진솔하게 살았기 때문에 하나님의 큰 복을 받았으리라. 벼락을 맞고도 살아남고 지병인 신경통까지 말끔히 자연치유가 되었으니 행운아임에는 틀림없다. 나는 그 친구를 신이 선택한 사람이라고 생각해 왔다. 반백 년 넘게 이어온 우정, 우리가 이 세상 다할 때까지 더도 말고 덜도 말고 지금 이대로 오랫동안 함께 이 길을 걸었으면 좋겠다.

2008. 7. 28.

전북수필과비평작가회의 동인지 ≪모악에세이≫ 8집 게재(2009년 12월).

주평면珠坪面 상전리上田里

참 이상야릇한 동네가 되어버렸다. 누가 봐도 이것은 아닌데……. 아쉬움을 넘어 부아가 치민다. 한없이 어리석고 한심함의 표본이 진안군 상전면 소재지이다. 특히 상전면민과 진안군민은 개탄을 하고 있다. 통한의 용담댐 축조로 인하여 5개 면이 수장되었다. 그중 내 고향 상전면은 가장 많은 면적이 수몰되었고 희생과 고통이 가장 컸다.

끈끈한 정으로 뭉친 사랑하는 이웃과 혈연의 종친들은 뿔뿔이 흩어져 이산가족이 되었다. 전주, 서울, 대전, 부산 등 대처로 연기처럼 흩어졌다. 영원한 실향민 신세가 되었다. 대부분 토착민은 고향 산하를 등지고 떠나버렸다. 지연의 끈을 저버리지 못한 일부 주민은 수몰선 위쪽에 산을 깎고 메워 터를 잡아 조그만 마을을 만들었다. 아득히 먼 옛날 선사시대부터 산자수려한 대덕산, 물 맑은 금강 상류 물줄기 따라 기름진 논밭을 일구며 큰 마을을 이루며 주곡을 자급자족하며 살아왔었다. 강에선 물고기와 다슬기 잡고, 산에선 산짐승과 버섯을 채취하여 삶을 영위해 왔다. 산촌의 소박한 삶의 터전이었다.

진안은 백두대간의 소백산맥에서 노령산맥이 뻗어나는 분기점이다. 지대가 높아 진안고원을 이룬다. 골이 깊기에 섬진강의 발원지 데미샘이 위치하고 있다. 이웃 장수군 뜬봉샘에서 발원한 금강은 진안군에 이르러 이 골 저 골 물이 합쳐 상전면에서 강다운 모습을 나타낸다. 상전면은 6개 법정리 26개 자연마을에 1,000여 세대 3,000여 명이 살고 있었다.

소재지 수동리 대일(터일)마을을 중심으로 남쪽과 서편으로 갈현리, 주평리가 있으며 북쪽으로 월포리, 구룡리, 용평리가 있다.

옛 상전면 소재지는 지금의 진안읍 운산리 언건마을에 있었다. 일제강점기하의 행정구역 개편 시 진안읍에서 불과 10리 거리였다. 면 경계로부터 1~2㎞ 떨어진 운산리 7개 마을도 상전면 관할이었다. 뜻있는 수동리 주민과 면민들의 끈질긴 노력으로 1970년대 두 번에 걸친 행정구역 개편이 있었다. 운산리와 서쪽에 위치한 월평리를 진안읍과 정천면으로 이관시키고, 정천면 관할 구룡리와 용평리를 차례로 흡수 편입했다. 그동안 2분화 되어 있던 관공서를 한곳으로 모았다. 면사무소와 경찰지서(파출소), 우체국을 면 중심지에 있는 수동리 대일마을로 이전시켰다. 기존 상전초등학교, 농협, 농촌지도소, 보건지소, 군시설 등 공공시설과, 시장을 중심으로 양조장 정미소 등 일반상가가 이루어져 면 소재지 구색을 갖추고 있었다. 수동리 터일마을 주민들의 희생이 컸다. 관공서 부지를 제공하고 노동력을 제공하였다. 유일하게 진안군 11개 읍면 가운데 중학교와 시장이 없는 면이었다. 지근거리에 진안읍이 있기 때문이었다. 시장이 월포와 수동에 두 번이나 개장되었으나 자연 폐장되었다. 중학교는 진안읍의 끈질긴 방해공작으로 개교할 수 없었다. 기존 진안읍 중학교들의 학생이 감소된다는 이유였다. 참 웃기는 논리였다. 정의와 복지의 논리가 힘(권력)의 논리에 밀린 꼴이었다.

이러한 애환 서린 상전면은 용담댐 축조로 또다시 이전을 하여야 할 사나운 운명에 처하였다. 마을과 생활터전 3/4이 수몰되기 때문이다. 더욱 가슴 아픈 것은 이 지역 문화와 교육의 터전, 상전초등학교 외 용평, 주평, 월포 초등학교의 수몰로 인한 폐교이다. 학교가 한 곳도 없게 되었다. 새로운 면 소재지가 면의 한 귀퉁이 오지인 주평리 회사마을로 이전이 확정되었다. 대부분의 면민이 모른 채 결정되었다. 면사무소와 관련 모든 행정시설이 먼저 이전하였다. 면민은 고향을 등지고 떠나가는데 문화마을이란 새로운 마을 터가 부귀산 기슭에 조성되었다. 도로가, 교량이 이상하게 만들어지기 시작하였다. 어영부영 지역농협과 경찰서 파출소, 우체국도 인근으로 따라갔다.

나는 상전면 소재지 주평리 이전을 절대 반대했었다. 특히 농협 이전을 극구 반대했다.

공공시설이 한군데에 조성되는 것에는 이의가 없었다. 특히 수몰민 입주 마을로 조성되는 문화마을 위치 선정에 큰 분노를 삭일 수 없었다. 미래와 편리함 경제논리가 철저히 배제된 위치 선정이었다. 몇몇 개인의 사욕이 작용하고 이에 동조한 시행관서의 무지였다.

진안군, 용담댐건설단, 건설교통부, 농어촌개발공사의 졸속판단과 시행을 엄중히 규탄했다.

수천억 국민의 혈세와 10년 넘는 시간과 공력을 들여 만든 졸작의 극치를 그 누가 탓하지 않으랴. 그로 인하여 수몰 이전 4개 면(상전, 안천, 정천, 용담) 가운데 가장 웃기는 면이 되었다. 코미디의 극치라 웃음도 안 나오고 기가 막힌다.

그 당시 나는 고향을 떠나 있었기에 크나큰 영향력을 발휘할 수 없었다. 영향력 있는 선후배들에게 수시로 소재지 이전과 입주마을 조성, 도로와 교량 건설의 종합의견을 말했었다.

첫째, 면 소재지는 신설 30호 국도선 산정마을 주변에 조성되어야 한다. 그 당위성은 면의 중심지며 전주, 진안, 무주, 구천동, 스키장을 잇기에 교통량이 많으며, 주평리 도로를 죽도대교와 연결하여 삼거리를 만들고, 동향선 지방도를 일부 교량으로 산정마을 30호 국도와 연결하면 자연 상가가 조성된다. 농협과 마트 주유소가 성업할 수 있는 여건이 조성된다.

교통사고가 빈번히 발생하는 언건 삼거리－언건대교－중기교간 도로는 절대 불필요한 시설이다. 주평교 역시 불필요 시설이다. 그 돈이면 죽도대교와 30호 국도 산정지점을 잇고도 남는다. 연육교가 되어 용담호 주변 경관 명승지로도 손색이 없는 빼어난 볼거리가 되었을 것이다. 자동차 문화가 발달되었기에 주평리 주민들은 조금만 돌아가면 된다.

둘째, 가칭 문화마을 위치는 원담들 뒷산, 다리골과 농실골 사이 야산에 조성되어야 한다. 삼면이 호수에 싸여 아주 전망이 좋은 곳이다. 경관 좋은 호반 소도시(마을)가 되었음을 단언한다. 그리하였다면 이주민도 줄었을 것이며 외지 입주자로 넘쳐나 감소 인구에 큰 보탬이 되었음은 자명하다. 현재 부귀산 아래 조성된 문화마을은 본디 설계 규모를 두 번이나 축소하고 또 변경하였으나 분양률 20%에도 못 미친다. 농어촌개발공사는 수억의 손실이 발생하였다.

셋째, 죽도, 천반산 개발 사업이다. 지리적으로 진안읍과 동향면 상전면 지역이나, 전주 진안에서 근접성과 교통이 상전면을 거쳐야 가장 편리하다. 정여립을 문화 상품화 한다면 시너지 효과가 크리라 단언한다. 관광 상품화 하고, 옛 명성을 되찾아야 한다. 그러나 불행하게도 관광지 개발엔 눈곱만큼의 계획도 없었다. 죽도는 전북의 유명한 내륙 유원지가 아니었던가?

넷째, 잘못된 도로망이다. 수동리, 월포리, 구룡리, 용평리 주민은 이용에 불편이 이만저만이 아니다. 자가용이 있는 분들만 일부 이용할 뿐이다. 그것도 필요에 의해서. 버스교통마저 불편하여 자동차 없는 사람은 절대 기피한다. 더군다나 국도에서 지방도로 돌고, 또 돌아가지 않는다. 이웃 진안읍과 안천면을 대부분 이용한다. 면민에게 외면당하는 면소재지가 부끄럽게도 내가 사는 면이다. 주평리 주민에게도 절대 편익을 주지도 못한다.

앞날을 보지 못한 위치 선정의 큰 과오를 저지른 실무 관련자는 평생 죄인의 심정으로 살아가야 할 것이다. 그것은 절대 오판이 아니었다. 사욕이 작용했기 때문이다.

면민, 각계 전문가, 박식한 인사들의 충고와 의견을 수렴했어야 했다. 그리고 공청회 등을 거쳐 신중히 결정했어야 했다. 이웃 안천면민의 현명한 지혜에 부끄럽고 부러울 뿐이다. 소재지 선정에 관여했던 몇몇 분들!

상전면민과 진안군민, 이곳에 고향을 둔 모든 수몰민, 지연이 있는 모든 이들에게 대죄인으로 살아가야 할 것이다. 부디 앞으로 남은 생을 속죄하면서 살아가기를 진심으로 충고한다. 무슨 일이든지 '쥐뿔도 모르면서 제발 설치고 날뛰지 말기'를 경건한 마음으로 부탁한다.

2001. 7. 20.

평생 하늘을 그리워하는 수필가, 김재환

– 김재환 첫 수필집 ≪금물결 은물결≫ 출간에 부쳐

김 학 (수필가, 전북대학교 평생교육원 수필창작 전담교수)

1. 수필가 김재환의 문학 환경

수필가 김재환, 그는 어려서부터 하늘을 그리워하는 어린이였다. 환갑 진갑을 넘기고 예순셋이 된 지금까지도 그 마음엔 변함이 없다. 그는 전북 진안군 상전면 수동리 890번지 터일마을(옛 상전면 소재지) 큰집 아래채에서 태어났다. 그가 태어난 그 마을은 지금 거대한 용담호에 잠겼다. 이른바 고향을 물속에 묻고 사는 실향민이며 수몰민이 된 것이다.

소년 김재환, 그는 어려서부터 산골에서 태어났기 때문에 기차나 배는 보지 못했지만 비행기는 자주 보며 자랐을 것이다. 그래서 그는 하늘을 자유로이 날아다니고 싶은 꿈을 꾸었으리라. 그가 당당히 공군사관학교 21기로 합격한 것은 바로 어린 시절의 그 꿈 때문이었을 것이다.

공군사관학교 생도정복을 입은 김재환의 당당한 모습을 상상해 보라. 얼마나 멋졌겠는가? 김재환은 전투기를 몰고 한반도 창공을 누비고 싶었고, 전역 후에는 민간여객기 기장이 되어 세계의 하늘을 휘젓고 다니려는 꿈을 간직하고 있었다. 그러나 운명은 가혹하게도 그에게 그런 꿈을 허용하지 않았다. 얼굴도 모르는 고모부 때문에 공군사관학교를 자퇴하지 않을 수 없었던 까닭이다. 군사정부 시절의 연좌제 때문에 김재환 생도는 눈물을 머금고 공군사관학교에서 물러나야 했다. 그것은 김재환의 꿈을 앗아가 버린 처절한 아픔이요 절망이었다. 어떤 힘으로도 막을 수 없는 불가항력이었기에 그때 그의 가슴은 까맣게 타버렸을 것이다.

김재환의 고모부는 일본 유학 때 공산주의에 물들었다. 그래서 해방이 되어도 고향으로 돌아오지 않고 평양으로 가버렸던 것이다. 6·25한국전쟁이 발발하자 인민군 간부가 되어서 고향으로 돌아와 진안군인민위원장으로 활동한 골수 공산주의자였다. 그러니 김재환 생도가 공군사관학교를 퇴교하는 건 지극히 당연한 일이었다. 청년 김재환이 처음으로 마주친 큰 좌절이었다. 세상은 자신의 능력과 실력만으로 살아갈 수 없다는 사실을 깨닫게 된 것이다. 그 뒤부터 청년 김재환이 세상을 삐딱하게 바라보는 건 당연한 일이다. 그는 한때 자살을 생각하기도 했고, 속세를 떠나 승려가 되려고도 했었다. 그러나 사관학교를 중퇴하면 바로 군에 입대해야 했기 때문에 마음대로 스님이 될 수도 없었다. 그때가 젊은 김재환의 갈등과 방황의 시기였던 셈이다.

김재환의 본관은 사천泗川이며 18세손이다. 본디 사천김씨의 뿌리는 경주김씨. 경주김씨 시조 김알지의 28세손이 신라 56대 경순왕이다. 경순왕의 3세손 숙승淑承을 시조로 삼는 안동김씨, 고려 때 삼별초 난을 정벌한 김방경은 안동김씨 8세손이다. 고려 말 김방경의 5세손 김부金阜는 남해에 출몰하던 왜구를 토벌한 공으로 공민왕으로부터 사성부원군을 제수받아 사천지방에 터를 잡고 사천김씨의 시조가 되었다. 3세손 오매당 만서공은 문종 때 병조판서에 이르렀으나 장인 영의정 황보인이 단종복위 사건(계유정난)에 연루되는 바람에 파직되어, 전라도 전주부 월랑현 지금의 진안군 부귀면 오룡리 오산마을로 유배를 오게 되었다. 그 뒤 만서공의 후손들은 상전면 수동리 일대에서 6백여 년 동안이나 살아왔다.

김재환은 아버지 김광열과 어머니 황인순 사이 4남 2녀 중 장남으로 태어났다. 김재환의 아버지는 일본에 유학을 갔다가 일본군 해군 장교로 복무했지만 대한민국 정부수립 이후에는 해군이 아니라 육군으로 입대하여 부산에서 근무했었다. 그 때문에 소년 김재환은 부모랑 함께 살지 못하고 진안의 큰아버지 댁에서 할머니의 보살핌과, 인근 외가에서 외할머니와 외삼촌 이모의 사랑을 받으며 자라야 했다. 소년 김재환은 초등학교 때부터 공부를 잘했고, 급장자리를 놓치지 않았다. 그런데 넉넉지 못한 가정형편은 김재환 소년의 꿈을 가로막고 날개를 꺾었다. 실력으로는 명문 전주북중학교나 전주고등학교로 진학할 수도 있었지만 그 가난 때문에 진안중학교를 거쳐 3년 동안 장학금을 주는 신흥고등학교로 진학하였고, 입주가정교사로서 생활비를 마련하지 않을 수 없었다.

청년 김재환, 그에게 가난이란 시련이 없었더라면 그는 이른바 SKY대학에 진학하여 저명한 국문학 교수가 되었거나 유명한 작가가 되었을지도 모른다. 또 공군사관학교만 제대로 졸업했더라도 유능한 파일럿이 되어 세계의 하늘을 훨훨 날고 있을지도 모른다.

꿩 대신 닭이라 했던가? 김재환, 그는 공군 파일럿이란 꿈을 접은 대신 이순에 접어든 지금 취미로 경비행기조종사가 되어 하늘을 날고 있다. 전투기나 여객기 조종사가 되지는 못했지만 그는 요즘 경비행기를 조종하면서 젊은 날의 꿈을 되찾아 인생을 즐기고 있다.

그는 농협에 재직 중 경비행기조종사 면허를 따려고 전국을 누비며 항공역학, 기상학, 구조학, 항공법 등을 공부했다. 또 항공통신을 하려고 3급 아마추어 무선통신사 자격까지 얻었다. 3년에 걸친 노력 끝에 드디어 2003년 그는 최고령자로서 경비행기조종사 라이센스를 취득했다. 그때 그의 기분은 어땠을까? 파일럿이란 꿈을 향한 김재환의 집념은 참으로 집요했다. 그는 한 번 마음을 먹으면 기필코 이루어야 직성이 풀리는 뚝심의 사나이다.

총각 김재환의 결혼 비화도 여느 사람들은 흉내내기 어렵다. 문학소녀 친구 S의 소개로 그의 친구인 이정자를 만났던 것. 두 남녀는 7년 동안 5백여 통의 편지를 주고받으며 사랑의 탑을 쌓다가 결혼하게 되었다. 수필의 출발은 연애편지쓰기임을 보여 준 사례라고 할 수 있다. 김재환, 이정자 부부는 슬하에 세라, 세리, 세련 등 2녀1남을 두었다. 그 자녀들 역시 공부를 썩 잘 했기에 지금은 남부럽지 않게 자기 앞가림들을 잘하고 있다고 한다.

김재환, 그가 걸어온 인생은 평탄한 아스팔트길이 아니었다. 산전, 수전, 공중전까지 다 치러야 할 정도로 험난한 가시밭길이었다. 그러나 그는 삶의 길목에서 만난 그 가시밭을 슬기롭게 다 헤치고 오늘에 이르렀다. 김재환, 그가 겪어온 다사다난한 인생체험은 수필가가 된 지금 그에겐 누구도 빼앗아 갈 수 없는 무궁무진한 소재의 보고가 되었다. 그런 의미에서 체험의 문학인 수필은 김재환에게 가장 잘 어울리는 장르가 아닐 수 없다.

수필가 김재환, 그의 기억의 금고 속에 차곡차곡 쌓여 있을 수필소재들이 어서 나부터 수필로 빚어달라고 아우성을 칠 것이다. 그가 빚은 수필작품들마다 독자들의 사랑을 흠뻑 받을 수 있으리라 믿는다.

수필가 김재환, 그는 앞으로 수필뿐만 아니라 소설까지 영역을 넓혀도 무방할 것 같다. 그가 겪은 고난은 분명 수필가 김재환에게는 전화위복이 될 것이다. 그래서 인생은 새옹지마塞翁之馬라 하는 게 아닌가?

인간 김재환, 그는 다재다능한 사나이다. 특히 문학과는 고등학교 시절부터 인연이 깊었다. 닥치는 대로 책을 읽으며 내공을 쌓았고, 백일장에도 열심히 참가했으며, 틈만 나면 습작을 했었다. 구양수의 삼다설三多說을 몸소 실천했던 것이다. 당시 기전여고생인 최명희는 백일장에 참가한 신흥고생 김재환에게는 넘을 수 없는 산이었다. 백일장에서 번번이 선배인 최명희에게 앞자리를 내주어야 했으니 말이다.

청년 김재환은 군대 시절, ≪무진기행≫의 작가 김승옥을 부러워하며, 월남전에 참전하여 전쟁소설을 쓰고 싶어했었다. 그러나 그것도 뜻대로 되지 않았다. 제대를 하고 대학에 진학하려고 했으나 제자리걸음인 가정형편이 앞길을 가로막았다. 현실은 김재환의 발목을 붙들고 놓아주지 않았다. 4남 2녀의 장남인 그로서는 취직을 하지 않을 수 없었다. 자신이 돈을 벌어야 동생들을 가르칠 수 있었기 때문이었다.

청년 김재환, 그는 여러 가지 직업 중 보수가 제일 많은 농협을 택했다. 잠깐 머물다 전직하려 했지만 그것도 이루어지지 않았다. 농협이 그의 평생직장이 되고 말았던 것이다. 33년 동안 농협에 재직할 때 역시 우여곡절도 없지 않았다. 운명은 그를 그렇게 연단시

켰던 것이다.

정년퇴직을 한 장년 김재환, 그는 농협에서 물러난 뒤 2008년부터 전북대학교 평생교육원에서 수필과 문예창작을 공부하기 시작했다. 청소년 시절부터 글쓰기를 좋아했고, 문학적 소양을 쌓아온 까닭에 글쓰기 솜씨가 예사롭지 않았다.

이모작 인생을 시작한 김재환은 드디어 격월간 ≪수필과비평≫ 2009년 1, 2월호에서 신인상을 수상하여 수필가로 등단하게 되었다. 이모작 인생에서 첫 소득을 거둔 것이다. 문학은 그에게 순탄한 이모작인생의 문을 열어 주었다. 수필가란 날개를 단 김재환은 치열한 창작활동을 하는 한편 한국문인협회, 전북문인협회, 진안문인협회, 행촌수필문학회, 영호남수필문학회, 수필과비평작가회의 회원으로 활동하면서 전북수필과비평작가회의 사무국장으로서 봉사하고 있다.

이순의 수필가 김재환, 그는 다른 사람들과는 달리 하루를 24시간이 아니라 48시간으로 활용하는 것 같다. 그는 경비행기조종과 승마, 여행 그리고 서예 등 문어발식 활동을 하며 폭넓은 삶을 살고 있다. 고향에서 몇 가지 봉사활동을 하기도 한다. 문인화와 국궁 수련을 잠시 쉬고 있는데도 그는 항상 바쁘다. 고향 근처 산 중턱에 집을 짓고 맑은 공기를 마시며 살아서 그러는지 지치거나 늙을 줄을 모른다. 그는 또 인기가수 패티김의 열렬한 팬이기도 하다. 자신의 족보 못지않게 패티김에 대하여 꿰뚫고 있다. 수필가 김재환, 그는 지칠 줄 모르는 욕심꾸러기다. 이번에 첫 수필집 ≪금물결 은물결≫을 출간한 뒤 앞으로 세계여행가답게 ≪기행수필집≫과 ≪소설집≫까지도 출간할 꿈에 부풀어 있다. 김재환의 꿈은 종착역이 없다. 꿈 너머 꿈이 계속 이어지고 있으니 말이다. 이제 김재환의 수필작품 속으로 들어가 보기로 한다.

2. 수필가 김재환의 수필세계

좋은 수필은 예리한 관칠력과 풍부한 상상력이 돋보여야 하고, 솔직하고 담백해야 하며, 독자가 생각할 여지를 남겨둔 함축성 있는 문장으로 써야 하고, 교훈적이거나 직설적인 표현을 피해야 한다. 이것은 수필가라면 누구나 다 잘 아는 상식이다.

또 수필이 지켜야 할 산문정신은 인간의 결점을 들추어내는 것이 아니고, 상대를 비난하기보다는 결점을 교정하여 사회를 개선해 나가는 것이다. 그것이 수필의 본분이라고 한 박양근 교수의 이야기는 백 번 옳다.

수필을 잘 쓴다는 것은 불특정다수의 독자들에게 꿈과 희망, 그리고 기쁨을 줄 수 있는 내용이어야 한다. 수필을 공부하여 문장력을 기른 뒤 남에게 해를 끼치는 투서나 고발장을 쓰는 데 활용한다면 어떻게 되겠는가? 수필은 사람을 해치는 범죄자의 칼이 아니라 환자를 살리는 의사의 칼이어야 한다.

수필가 김재환의 작품은 대부분이 의사의 칼 같은 수필들이다. 심성이 곱기 때문일 것이다. 그래서 수필은 인품의 문학이라고 한 것이다. 김재환, 그는 영화와 가요 등 연예오락과 스포츠에도 관심이 많은 감성적인 사람이다.

> 공연시간이 임박하자 1층 천여 석이 꽉 찼다. 나의 자리는 로얄석 C줄 21번으로 무대 정면 세 번째 열이어서 공연자와는 직선거리로 3미터의 지근거리다. 너무 가까워 아쉬웠다. 라이브 콘서트는 공연자와 10미터 내외가 좋다. 눈부시게 하얀 드레스로 치장하고 휘황한 조명을 받으며 무대 왼쪽 천장에서 조각

달을 타고 1959년 그녀의 데뷔곡 〈파드레〉를 부르며 선녀같이 무대에 섰다. 〈틸〉, 〈빛과 그리고 그림자〉, 〈사랑은 생명의 불꽃〉, 〈마이 웨이〉, 아모로가 아닌 라틴음악 한 곡 등으로 콘서트는 점차 무르익어 갔다. 청중들은 서서히 열광하고 있었다. 5, 60대가 대부분인 관객은 나처럼 열렬한 팬이리라.

— 〈꿈의 요정 50년 칸타빌레〉 중에서

한국소리문화의전당에서 열린 패티김의 데뷔 50년 기념공연을 찾은 김재환은 황홀 삼매경에 빠졌다. 71세의 패티김을 정열적인 40대 에스파냐 집시로 여기며 그녀의 노래에 매료된다. 수필가 김재환은 허스키 보이스여서 노래를 잘 부르지 못한다. 그러나 그는 패티김은 물론 안다성, 정훈희, 박인희, 문정선, 양희은 등을 좋아한다. 김재환은 사춘기 때부터 패티김의 열렬한 팬이 되어 그녀의 디스크, 테이프, CD를 모두 가지고 있다고 고백할 정도다. 가요 분야의 귀명창인 셈이다. 패티김의 공연이 있다면 원근을 가리지 않고 찾아다녔다. 1979년에는 데뷔 20주년 기념공연을 감상하러 서울 워커일 디너쇼에도 갔었고, 1999년에는 데뷔 40주년 전국순회공연 때 전주실내체육관을, 또 2004년 데뷔 45주년 기념공연 때는 삼성문화관도 찾았다. 입장료가 만만치 않은데도 김재환은 그에 구애받지 않을 정도로 패티김의 열렬한 팬이다. 패티김을 향한 김재환의 일편단심을 높이 사지 않을 수 없다. 세월이 더 흘러 패티김이 무대에 설 수 없게 되면 그때부터나 김재환은 그 열정을 수필에 쏟게 되려니 싶다.

수필가 김재환은 남산타워처럼 시야가 넓다. 높은 전망대에서 세상을 내려다보며 소재를 찾는 것 같다. 스포츠 그중에서도 축구는 그의 관심권 안에 들어와 있다.

적중률 9할을 웃도는 내 예측은 여지없이 빗나간 화살이었다. 지난 12일 새벽, 에스파냐의 승리로 오렌지군단 네덜란드를 울음바다로 만들며 19회 2010 월드컵이 막을 내렸다. 연장전까지 가는 120분간의 혈투, 연장 후반 마지막 3분을 남기고 승리의 여신 니케는 정열의 나라 스페인에게 FIFA컵을 안겨주었다. 8년 전, 허리통증 때문에 진통제를 맞아가며 목발을 짚고, 경기장을 찾던 우스꽝스런 내 모습을 상상하며 씁쓸한 웃음을 지었다. 무거운 카메라와 쌍안경을 목에 걸고, "대~한 민 국! 짝! 짝! 짝!" 함성이 울리던 경기장. 힘겹게 계단을 오르는 나를 장애인인 줄 알고 부축해 주던 어느 젊은이의 모습. 비싼 관람료, 인터넷 예약, 휴가, 세계적인 선수들과의 만남, 촬영, 기록 등이 주마등처럼 스쳐간다. 전주, 광주, 대전으로 떠돌던 2002년 6월.

—〈되돌아본 2010 남아공 월드컵 축구 이야기〉 중에서

수필가 김재환은 축구광이다. 2002한일월드컵축구 때는 전주와 광주, 대전을 오가면서 축구를 관람했다고 한다. 역시 불광불급의 정신이다. 영화도 그에게 예외는 아니다. 김재환은 고등학교 때부터 지독한 영화광이었고, 또 영화배우 오드리 헵번의 열렬한 팬이었다.

돌이켜보면 나는 지독한 영화광이었나 보다. 다음날 시험이 있어도 보고 싶은 영화는 꼭 보아야만 직성이 풀렸다. 미성년자 관람불가 영화를 보기 위해서 변장을 수없이 하며 학생주임 선생님의 감시망을 뚫었다. 가끔 학교 생활지도 선생님들의 합동 단속에 걸린 때도 한두 번이 아니었다. 다행히 공부깨나 하는 장학생이어서, 영어공부를 한답시고, 또는 장래 영화감독 수습

중이라며 너스레와 임기응변으로 위기를 넘기기도 했다.

— 〈오드리 헵번〉 중에서

수필의 소재는 우주만물이다. 소 오줌 말똥 같은 하찮은 것들조차 수필의 소재가 된다지 않던가? 누구나 오감五感이란 안테나를 열어 놓고 수필 소재를 찾으면 된다. 그러니 소재가 바닥나서 수필을 쓸 수 없다고 말할 수는 없다. 가정은 수필 소재의 진원지다. 김재환 수필가도 예외일 수는 없다. 때늦은 후회로 가슴앓이를 하기도 한다. 가족은 가장 가까운 단골손님이다. 그러니 모든 가족들은 단골손님 관리에 더 많은 관심과 애정을 쏟아야 할 것이다. 단골손님이 발길을 돌릴 정도로 단골 관리에 실패한 상점은 문을 닫아야 하는 것은 당연한 이치가 아닌가?

이제 네 지붕이, 한 가족 한 지붕이 될 수 없다. 딸아이들은 머지않아 제 갈 길을 갈 것이고, 아들 역시 학문과의 지루한 싸움을 시작했으니 네 지붕 네 가족이 되겠지. 딸애의 충고대로 아내에게 잘하는 사람이 되어야겠다. 자상하고 따뜻하고 다정다감한 동반자가 되어 둘이 아옹다옹 살아온 세월만큼이나 남은 세월을 아기자기하게 살아가야겠다.

이틀간 들리지 않던, 아니 듣지 못했던 풀벌레와 귀뚜라미의 여름 환송곡이 들려온다. 중추절 밤에는 보여주지도 않던 한가위 보름달은 열엿새 오늘밤은 이지러진 모습을 보여준다. 그래도 보름달 못지않게 환한 얼굴이다. 무자년 한가위는 끝나고 있다. 지금쯤 아이들은 각자의 집에 도착했을까.

— 〈짧은 만남 긴 이별〉 결미

수필가 김재환, 그는 경비행기를 몰고 하늘을 난다. 하늘에서 내려다본 지상의 모습은 어떨까? 그는 마치 텔레비전에 출연한 방송국 리포터처럼 눈에 보이는 지상의 이모저모를 수필로 소개한다. 고향의 산하, 고향을 찾아가는 길, 고향에 얽힌 추억까지도 자세히 소개해 준다. 독자는 그 리포트를 읽으며 상상의 나래를 펼칠 것이다.

테이크 오프! C-H 701 조디악(ZODIX)은 활주로를 박차고 70마일로 3차원의 세계로 진입한다. 순식간 고도는 500피트에 도달한다. 비행장 계류장의 경비행기들이 핸드폰만큼 작아져 있다. 날씨는 피아골 계곡, 가을 물처럼 맑고 투명하다. 옅은 안개를 가녀린 서풍이 떠밀어낸다. 코발트빛 하늘은 최상의 가을 날씨다. 두부모마냥 가지런히 잘 정돈된 도시 위 상공을 질러 날아오른다. 서서히 파워스틱을 당겨 90마일로 가속을 해, 고도를 3,500피트에 고정시킨다. 지금 나는 고향 하늘 위로 방향타를 수정한다.

– 〈바람을 가르며 날으리〉 서두

고향은 누구에게나 그리움의 대상이요 추억의 보고다. 수필가들에게 있어서 고향은 아무리 퍼내어도 마르지 않는 샘물과 같다. 이순을 넘긴 수필가 김재환은 때때로 깊은 사색에 잠기며 인생철학을 깨닫는다. 연륜의 깊이가 느껴지는 수필이다.

인생을 살다 보면 타의에 의해 삶의 항로가 뒤바뀌기도 한다. 자신의 뜻과는 전혀 무관하게 만나는 분수령과 전환점이 되곤 한다. 하늘에서 떨어지는 빗방울은 바람이란 타인에 의하여 운명이 결정되기도 한다. 마이산 상공을 흐르는 비구름이 빗방울이 되어 지상으로 떨어질 때, 남풍에 의해 북쪽으로 밀려 떨어지면 금강을 만나 낙화암 삼천궁녀와 속삭이며 서해로 흘러가고, 북풍에 몸이 날리면 남쪽에 떨어져 아기자기한 섬진강 따라 화개장터를 구경하며 남해로 간다. 사람의 운명도 이러하리라. 나뭇잎 역시 무서리를 맞으면 오랫동안 단풍을 보여주지만, 때 이른 된서리를 맞으면 요절해야 한다. 자연의 위대한 힘을 우리 인간 그 누구도 거부할 수 없다. 운명은 의지만으로 헤쳐 나갈 수 없나 보다.

– 〈된서리〉 중에서

수필가 김재환, 그의 시선은 잠시도 쉬지 않고 감시하는 레이더다. 그의 레이더에 법정 스님의 열반과 박춘석 작곡가의 죽음이 잡혔다. 당연히 한 편의 수필로 버무려질 수밖에.

그는 대중음악을 예술적 가치상승이라는 경지로 끌어올린 선구자이다. 대중음악을 세미클래식 장르로 이끈 개척자이기도 하다. 어느 분야건 그 시대의 최고가 된다는 것은 결코 쉬운 일이 아니다. 타고난 능력, 피나는 노력, 시대와의 조율, 우연한 행운 등이 뒷받침되어야 한다. 법정 스님의 열반에 가려 퇴색해진 이 시대의 천재 작곡가 박춘석 선생의 죽음이 재조명되고 더 많은 관심을 가져야 할 것이다. 두 분은 두 살 터울의 동년배이니 어쩌면 저세상에서 친구로 만날 수도 있을지 모른다. ≪무소유≫의 법정 스님은 노랫말을 짓고 〈초우〉의 박춘석님이 곡을 붙이면, 분명 불후의 명곡이 탄생할 것이다.

― 〈황혼의 엘레지〉 중에서

자기의 경험에다 문학의 옷을 입혀야 수필이 된다고 했던가? 수필은 경험의 산물이요, 수필가는 그 경험의 전파자라고도 했다. 수필가 김재환의 소망처럼 법정 스님의 노랫말에 박춘석 작곡가의 곡을 붙이면 그 노래는 분명 K-팝이 되어 지구촌을 감동의 물결로 출렁이게 할 수 있을 텐데……. 상상력의 극치다. 생각만 해도 환상적인 결합일 것 같다. 하지만 이제는 돌이킬 수 없는 꿈이 되어버렸으니 어떡할까?

지천명에서 이순으로 넘어가는 쉰아홉 살 때의 기록이다. 2008년 말에 수필가 김재환이 발표한 〈우리 집 10대 뉴스〉를 보면 험난한 김재환의 인생길을 짐작할 수 있다. 방촌 황희 정승의 후손임을 자랑으로 여기던 어머니가 여든 살에 돌아가신 게 첫 번째 뉴스다. 두 번째 뉴스는 그해 12월 셋째 동생 내외가 교통사고로 목숨을 잃어서, 어린 조카 남매를 장남인 자기가 거두게 되었다는 불행한 소식이다. 시련은 그의 곁을 쉽게 떠나지 않는다. 그러나 2녀1남의 밝은 소식과 아내의 여러 가지 국가자격증 취득 소식, 그리고 자신의 문학과 서도공부 시작, 승마와 초경량항공기 조종 등 희망찬 소식이 뒤를 잇고 있어서 다행이었다.

수필가 김재환, 그는 또 이루기 어려운 엉뚱한 꿈을 꾸고 있다. 초경량비행기를 구입하고, 개인 비행장을 건립하고 싶다는 것이다. 이 소식을 들은 그의 아내 이 여사는 어떤 표정을 지을까?

수필가 김재환의 꿈은 거기서 멈추지 않는다. 아프리카 킬리만자로를 등정하고 싶고 남아메리카의 문화유적을 답사하고 싶다는 등

비싼 세계여행을 꿈꾸고 있다. 이 정도라면 여행도 기쁨이 아니라 일종의 중독이려니 싶다.

> 3년 만의 해외나들이다. 해마다 훽 바람처럼 돌아와야 직성이 풀리는 나로서는 고통의 인내였다. 아내가 동행을 강력히 거부한 탓이다. 가까운 일본과 국내여행을 즐기면서 한사코 나와 동반 해외여행을 거절했다. 이유는 3년 전 중국 스촨성 구채구, 황룡, 설보정, 티베트 여행 시 해발고도 3,500m에서 온 고산병에 호되게 시달린 기억 때문이다. 힘겨워할 때 보살피며 같이 하산치 않고, 나 홀로 목표지점 5,800m를 등반했기 때문이었다.
>
> — 〈하롱베이〉 서두

이런 동반여행이라면 어떤 아내가 다시 해외나들이를 하고 싶겠는가? 7년 동안 5백 통의 편지를 주고받으며 사랑의 탑을 쌓고 결혼한 부부의 해외여행이 이럴 수 있을까? 자녀들이 아내의 회갑기념으로 보내준 지난봄의 유럽여행은 어땠을까?

> 개선문을 중심으로 부챗살처럼 펼쳐진 대로. 나는 개선장군 나폴레옹이 되어 샹젤리제 거리를 걷는다. 의기양양한 병사가 뒤따른다. 좌우 연도에 선 수만 시민들의 환호를 받으며 행진한다. "나폴레옹! 보나파르트!" 우레 같은 함성과 말발굽 소리가 지축을 흔든다.
>
> "위대한 프랑스 만세!" 개선문에 올라 나폴레옹은 승전 보고를 유창하게 갈파한다.
>
> — 〈개선문 앞에서 만난 나폴레옹〉 결미

회갑을 맞은 아내의 보디가드로 유럽여행을 수행한 화자 김재환은 어느 순간 보디가드란 임무를 벗어나서 주인공 역을 연출한다. 상상력을 발휘하여 역사 속에서 위대한 프랑스의 영웅 나폴레옹을 불러내 개선문에 세우고 연설을 하게 한다. 나폴레옹은 수필가 김재환으로 환치된다.

3. 수필가 김재환의 나아갈 길

수필은 겸손의 문학이요, 인품의 문학이며, 역지사지의 문학이고, 정의 문학이다. 수필에는 이런 요소들이 제대로 배어 있어야 독자를 감동시킬 수 있다. 그러기 위해서 수필가는 세 가지 눈을 가져야 한다고 했다. 자기를 보는 눈, 남을 보는 눈, 세상을 보는 눈이 바로 그것이다. 이 세 가지 눈도 육체적인 눈 즉 육안肉眼만이 아니라 마음의 눈 즉 심안心眼이어야 한다. 수필은 삶의 문학이다. 사람의 다양한 문제를 다루면서, 문제를 자신만의 방식으로 풀어 나가야 하는 글이다.

수필가 김재환은 아직도 젊은이처럼 폭넓은 활동을 하고 있다. 체험의 문학인 수필가로서는 바람직한 일이다. 그러나 나이가 있으니만큼 어느 것이 더 적성과 취향에 맞는지를 선별하여 더 깊이 파고드는 선택과 집중을 권하고 싶다.

수필은 문학이요, 문학은 감동의 예술이다. 감동 없는 문학작품은 향기 없는 조화造花와 무엇이 다르겠는가? 한 편의 수필을 쓰고, 한 권의 수필집을 출간하더라도 독자를 사로잡을 수 있는 그런 작가가 되기를 바란다. 수필가 김재환을 사로잡은 패티김의 노래처럼, 김재환의 수필이 누군가를 자신의 영원한 팬이 되도록 좋은 수필을 빚기 바란다. 그러기 위해서는 수필에 대한 불광불급의 정신이 필요할 것이다. 수필은 수필가가 사랑을 주는 만큼만 돌려준다는 사실을 명심하면 좋겠다. 제2, 제3의 수필집이 잇따라 나오기를 기대해 마지않는다.

銀波 김재환 수필집

금물결 은물결

인 쇄	2011년 11월 22일
발 행	2011년 11월 25일
저 자	김 재 환
발 행 인	서 정 환
발 행 처	수필과비평사
출 판 등 록	1984년 8월 17일 제28호
주 소	서울시 종로구 익선동 30-6 운현신화타워 빌딩 2층 207호
전 화	(02)3675-5633, (063)275-4000
홈 페 이 지	http://www.shinapress.com
전 자 우 편	sina321@hanmail.net shina321@chol.com

값 15,000원

ISBN 978-89-5925-934-2 03810

※ 이 책의 발간비 일부는 전라북도 문예진흥기금의 지원을 받았습니다.